新编应用文写作

王彩琴　王素霞　主编

涂承日　刘保亮　邱　贤　王　红　副主编

杨　頔　马正彪　陈增辉

科学出版社

北　京

内 容 简 介

本书依据《国家中长期教育改革和发展规划纲要（2010—2020 年）》的指导精神，结合教育部《关于深化教学改革，培养适应 21 世纪需要的高质量人才的意见》及普通高校教育教学特点，从大学生现实需要出发，将应用文写作思维能力培养与格式规范训练紧密结合、基础理论与写作实践密切联系、传统技法与现代文体特征自然融汇、写作基础知识与人文精神关怀和人格素质培养有机结合编写，旨在提高大学生应用文写作的实际能力。

全书共分八章，详细介绍了党政机关公文、事务文书、科技文书、礼仪文书、经济文书、法律文书和申论的概念、基本写法，并列举了大量有针对性的实例。

本书既可作为本科院校的公共基础课教材，亦可供高职高专院校、成人高校及本科院校的二级职业技术学院和民办高校学生使用，还可作为社会从业人员的参考读物和培训教材。

图书在版编目（CIP）数据

新编应用文写作/王彩琴，王素霞主编. —北京：科学出版社，2017
ISBN 978-7-03-053550-4

Ⅰ. ①新… Ⅱ. ①王… ②王… Ⅲ. ①汉语-应用文-写作
Ⅳ. ①H152.3

中国版本图书馆 CIP 数据核字（2017）第 140366 号

责任编辑：宋 丽 杨 昕 / 责任校对：刘玉靖
责任印制：吕春珉 / 封面设计：东方人华平面设计部

科学出版社 出版
北京东黄城根北街 16 号
邮政编码：100717
http://www.sciencep.com

北京鑫丰华彩印有限公司 印刷
科学出版社发行　　各地新华书店经销

*

2017 年 7 月第 一 版　　开本：787×1092　1/16
2017 年 7 月第一次印刷　　印张：13 3/4
字数：326 000
定价：34.00 元
（如有印装质量问题，我社负责调换〈鑫丰华〉）
销售部电话 010-62136230　编辑部电话 010-62135763-2032

前言

目前我国高校的转型发展对应用型人才培养提出了新的更高的要求。随着当前经济发展与社会进步，以产业提升、企业需求、学生就业为导向培养应用型人才，成为我国高校改革创新的一个重要指向。无论是打造"双一流"大学，还是推进高校的转型发展，培养应用型人才始终是专业建设和学科发展的重中之重。应用文作为一种写作文体，可以帮助人们传递各种信息、处理复杂事务、交流思想感情，以及用来作为凭证和依据，是工作和生活中必不可少的沟通工具，应用文写作是大学生所应具备的一项基本应用技能。因此，高校把应用性作为培养学生和课程设置的重要标准，应用文写作自然成为不同专业广泛开设的一门必修或选修课程。

应用文写作课程不仅是社会发展对大学生提出的现实要求，也是大学生自身素质发展的内在需要。它旨在通过指导学生对各类应用文进行全面训练，并能够写作与行政管理、商务交往和涉外事务等相关的文书，以此增强学生的职业能力和文化素质。应用文在现实社会生活中的使用频率越来越高，然而，从应用文写作课程的实际实施情况看，当下的大学生尚不能熟练进行应用文写作，在主题表达、写作对象、内容布局等方面存在诸多问题。高校应用写作课教学效果与学生及其用人单位的预期有较大的差距，这有教学环境的影响、教师水平的制约、学生自身的原因，而教材也是不可忽略的一个关键因素。

教材是教学活动的主要内容依据，一本"质地"优良的教材不仅能方便教学，还能极大地提升教学效果。洛阳理工学院是省级示范性应用技术本科院校，具有应用型人才培养的办学经验，特别是拥有一支高学历、教学经验丰富和具备双师素质的写作专任教师队伍，这为本教材的编写奠定了坚实的基础。编写小组从如何实现写作理论与写作实践的有机融合出发，围绕培养与提高大学生的应用文写作技能，以 2012 年国务院发布的最新《党政机关公文处理工作条例》为依据编写本教材。本教材注重精选与大学生校园学习、生活及将来工作密切相关的经典范例，强化写作实践训练，旨在提高大学生的写作能力、写作水平和人文素养。

本教材编写过程中，我们始终坚持科学先进、以人为本的原则，力求突出以下特点。

1. 时代性。各部分内容编写与时俱进，力求踏准应用写作知识更新的节奏，吸取最新的应用文写作教学研究成果，反映应用文写作发展的现状。

2. 实用性。理论知识介绍简明扼要，以必需、够用为度，让学生掌握必备的写作理论知识和写作规律；写作要求及写法的介绍以实用、明了为度；精选与大学生学习、生活及将来工作密切相关的经典范例，并加以简要分析，使学生可以直接有所启发、有所参考、有所借鉴。

3. 实践性。为将应用文写作知识转化为写作技能，真正解决"写"的问题，在每种文体之后都设有范文示例与训练设计，为学习者进行实训提供直接的条件，增强了可操作性。

2015 年年底，在确定了本教材的指导思想与编写任务后，主编王彩琴教授立即落实了编写组成员，并委托王素霞拟定了编写大纲，内容包括：第一章应用文写作基础知识、第二章党政机关公文、第三章事务文书、第四章科技文书、第五章礼仪文书、第六章经济文书、第七章法律文书和第八章申论，并确定具体编写分工如下：第一、二、三章由王素霞、王彩琴、杨頔、马正彪编写；第四、五章由邱贤、刘保亮编写，第六章由王红编写，第七章由陈增辉编写，第八章由涂承日编写。在编写人员完成初稿的基础上，编写组不定期召开讨论会，对全书逐章、逐节地进行审读，形成共识，提出修改意见。在编写期间，编写人员对修订稿又进行了多次交叉修改与校对，甘苦自不待言。

现在，通过编写组同志的通力合作，按时完成了本教材的编写任务，并将出版，我们深感欣慰。但由于时间仓促，编者水平有限，因而无论是体例设计，还是具体内容、文字表达等，难免还有不足之处，希望读者在使用过程中提出宝贵意见，以便再版时改正。

本教材在编写过程中，得到了洛阳理工学院有关领导和教师们的大力支持与热情帮助，在这里，谨向他们表示衷心的感谢。

本教材在编写的过程中参考了一些专家、学者的著作和其他院校的相关教材，引用了报刊资料中的部分例文，在此谨致以诚挚的感谢！

编　者

2017 年 1 月

目录

第一章　应用文写作基础知识

第一节　应用文写作概述

应用文是国家机关、企事业单位、社会团体及人民群众办理公私事务、传播信息、表述意愿所使用的实用性文章，是具有直接实用价值和惯用格式的文书。

随着市场经济的日益规范和行政工作的日益严谨，应用文写作的重要性日益凸现出来，能否正确书写应用文关系到信息沟通的成败与日常工作的正常进行，与新时期科学管理效能息息相关。

应用文在我国的发展历史极为悠久，从有文字记载开始就有了应用文，且应用文的发展和社会各历史阶段的发展相辅相成。

一、从应用物画到应用文

最初，原始社会的人们没有文字，人们只能听说，无法书写，相互间的交流主要依靠口耳相传。因此，应用文的产生是在出现文字以后。应用文产生的两个前提条件：文字的产生；阶级集团的出现和国家的产生。公务活动和文字同时具备，才是应用文产生的必要条件。正如斯大林所说："生产向前发展了，出现了文字，出现了国家的萌芽，国家进行管理工作需要比较有条理的文书，商业发展了，需要有条理的书信往来。"由此可见，应用文的产生是因为社会的需要。早在 3000 多年前的殷商时代，我国就已经有了成熟的文字。这种文字刻在龟甲和兽骨上，称作"甲骨文"。甲骨文的内容包括祭祀、征伐、狩猎、年成等，大都是商王朝各种活动的记录和文告，其文辞几乎都是为了实际应用。因此，可以把甲骨文的内容看作是我国最早的应用文。

二、从初具规模到体系完备

为了适应国家政务管理及人们交往的需要，千百年来，应用文从文种到格式，从内容到风格一直处于发展变化之中。这种变化体现在两个方面：一是使用范围越来越广泛，各种文种不断增多，新的形式不断产生，与社会的需要不相适应的形式逐渐被改造或淘汰；二是各种文体越来越完备，要求越来越明确，特别是作为官方使用的公文更是不断趋于完善。不断发展的应用文体系，对于推动社会向前发展起到了不可低估的作用。应用文的沿革大体经历了六个阶段。

1. 西周、春秋战国时期

随着国家行政制度的强化和社会的发展，应用文逐渐有了分工，形成文种。西周时主要的文种有诰、誓、命等。同时期还产生了一些专业文书，如用于登记土地、财务的账簿文书，用于反映结盟关系的盟约文书，用于记载和约束奴隶的奴籍文书等。春秋战国时期，又出现了反映各国兼并和新旧斗争的文书种类，如用于征战号召、揭露敌人、颁布军纪的"檄文"，用于国家间相互往来的"移书"，用于加封晋爵的"玺书"，用于国家间订立盟约的"盟书"，用来向上陈述自己的政治主张和意见的"上书"等。至此，应用文由卜问到记言，文种不断增多，使用范围日趋扩大，行文方式也逐步走向规范化。

2. 秦汉时期

秦始皇统一天下以后，为了加强中央集权，统一了国家行政管理制度，其中就包括文书制度，这对应用文的发展起到了很大的促进作用，奠定了整个封建社会的公文体制基础。文书制度主要有三方面的内容：文体增加，文体内涵发生变化，行文关系开始有了明显的区别。例如，改"命"为"制"，改"令"为"诏"；在以前文种的基础上，确定了"制"和"诏"两种下行文；确立了一种称为"奏"的上行文。

汉承秦制，文书制度有所发展。"汉定礼仪，则有四品：一曰章，二曰奏，三曰表，四曰议。"（《文心雕龙》）公文书不仅增加了文种，而且各种文种的分工和要求越来越明确，形式也越来越完备、固定。在公文发展的同时，民间的契约、书信之类的应用文也随着社会经济和人际关系的发展而发展、完善起来。以后历代文种的沿革都是在秦汉文种的基础上有所增换。例如，魏晋南北朝时期，北朝的北周把"制"改为"天制"，"敕"改为"天敕"，还增加了"令"和"符"两种针对不同行文对象的下行文。上行文如三国时期增加的"启"。

3. 唐宋时期

唐宋时期，公文文种名称发生了一些变化，下行文有册书、制书、慰劳制书、发敕、论事敕书、敕牒御札、诰命等；上行文有奏钞、奏弹、露布、议、表、状等；平行文有移、咨等；此外，还有一种君主用以答复臣下奏疏的批，又称批答，后世的批复就是由此发展而来的。唐宋时期公文的格式逐渐完善并且也比较固定了，惯用的行文方式已经形成，特别是在这些程式中，等级观念得到进一步的强化。宋代不仅对公文首末用语、避讳等作了严格的规定，并且对书写文字的大小、每行的字数、年月、件数等细节，都作出详细的规定。虽然公文格式日趋严格，但行文表达却越来越铺排烦琐了。

4. 元明清时期

元承宋制，公文没有多大的变化。然而，由宋代兴起的繁杂文风，到明清时期已发展到极其严重的地步。这一时期，公文种类名目繁多，重复混杂，多至几十种，其中平行文有数种，上行文和下行文各有十几种。繁文缛节、陈词滥调已成为当时公务文书的一大弊病。明代自朱元璋以来，曾屡禁繁文，但收效甚微。针对这一情况，崇祯年间明官府开始实行公文"贴黄"制度，规定凡大臣上奏章，自己必须写出百字以内的文章提要，贴附在文本之上，以便皇帝查阅。因当时所用的纸是黄色的，故称"贴黄"。"贴黄"

制度虽然无法从根本上制止繁文，但对提高办事效率有一定的作用。清代继承了明代这一制度，只是雍正以后对文稿字数的限制便不那么严格了。

5. 辛亥革命时期

辛亥革命后，公文文种发生了根本性的变化。最大的特点是文种大大简化了。1912年南京临时政府颁布了辛亥革命以来第一个公文程式条例，废除了旧有体式，确立新的公文文种和用途。当时规定的文种有令、咨、呈、示、状。1927年到1928年间国民党政府先后颁布三个公文条例，以加强其政务管理。与此同时，中国共产党领导下的苏区工农民主政府也确立自己的公文文种，当时规定下行文有命令、指令、指示、决定，上行文有报告，平行文有信函，对外宣传有布告、通告等。抗日战争时期，为战时需要，文种有所简化。解放战争时期，由于形势的发展，解放区机关职能的扩大，文种又有所增加，如训令、布告、批复、通知、通报、公函等。历代相承的公务文书的变化、发展，文种由多到少，由繁到简，文辞日趋浅近易懂，为新中国文书制度的确立奠定了基础。

6. 新中国成立至今

新中国成立以来，在健全全国管理体制的同时，人民政府为建立完善和统一的文种制度做了大量的工作。1951年中央人民政府政务院颁布了《公文处理暂行办法》，把国家机关的公文定为7类12种。党的十一届三中全会以后，为适应社会政治经济形势，国务院办公厅对机关公文的处理办法又作了重新审订。1981年印发了《国家行政机关公文处理暂行办法》，正式规定了现行公文的种类、名称、格式，所确定的10类15种公文形式已成为新时期国家管理政务、传递信息的重要手段。2000年8月24日国务院办公厅发布了新的《国家行政机关公文处理办法》，调整了公文的种类及其适用范围。2012年7月1日起施行的《党政机关公文处理工作条例》，使公文处理更加明确、规范、科学，有利于提高办事效率和信息的传递。同时公文以外的应用文也得到了很大的发展，不仅文种增加，而且内容和形式也都提升到新的高度，得到了更广泛的应用，在社会生活中发挥越来越大的作用。

第二节　应用文写作特点、种类及作用

一、应用文写作特点

应用文作为一种文体，与其他文学作品的写法相比较，除具有一定的共性外，还有其独特的个性。一般来说，应用文写作的特点主要有以下几点。

1. 实用性

应用文最大的特点在于"实用"，"实用"是应用文与其他文体文章的主要区别之一。一般文学作品的创作是"有感而发"的，如诗歌、散文、小说等文学作品主要表达人们的喜怒哀乐，抒发理想，反映现实。而应用文的写作主要是为了解决实际问题，是"有事而发，无事不发"。例如，和远方的朋友联系要写信；借款须立字据；向上级汇报工作、反映情况，要写报告；推销产品，要写广告等。总之，应用文是为了解决实际问题而写的，因此又被称为实用文，是"为实用而作之文"。

2. 针对性

应用文的写作有明确、直接的对象。例如，信写给谁，字据立给谁，报告打给谁，都有对象，即使是一些广告、启事也是针对有关消费者、知情者的，只不过对象的范围大一些。而文学作品的阅读对象往往是不明确的，没有严格的针对性，如一首诗、一篇小说、一部电影，谁都可以看，谁都可以不看，老少不分，雅俗共赏。

3. 时效性

应用文是为了解决实际问题而写的，因此它的时间性很强。问题出现，必须及时反映，拖延时间会给生活、工作、生产带来影响。尤其是当今社会，市场竞争激烈，如果信息传递得慢，企业随时有被淘汰的危险；而信息传递及时，就会给企业带来效益。相对而言，文学作品的写作时间性不强，像《红楼梦》写了十年之久，欧阳修的《醉翁亭记》写好后又搁置了很长时间才正式定稿。

4. 真实性

应用文写作必须讲究真实、客观，实事求是地反映问题，反映情况，不允许像文学创作那样，可以虚构，进行艺术再加工；也不能发挥主观想象、夸大其辞，否则就会歪曲事实真相，蒙骗对方，误导消费者，给社会带来不良影响。

5. 程式性

应用文的写作有其特定、惯用的格式，即程式性。这些格式，有些是在长期使用过程中逐渐约定俗成、相沿成习的，有些是由国家有关部门为了实际需要统一规定的。例如，书信的格式，公文的格式，经济合同的格式等，每一种应用文包括哪些内容，哪些内容在前，哪些内容在后，全文分几部分，都应严格遵守，不得标新立异，也不能像有些文学创作那样，随意编排，自由联想，打破时空观，讲究情节的曲折变化等。应用文的格式也不是一成不变的，随着社会的发展，人们生活习惯的变化，观念的变化，应用文写作格式也会变化，使它更加方便人们表情达意的需要，更加顺应社会发展的需要。

6. 平实性

由于应用文注重实用，因此它的语言也讲究务实，即语言要简洁、朴实、明白、准确、规范，便于理解、执行，不能像文学创作那样讲究生动、形象、含蓄、朦胧，或者以取悦、打动读者为目的。平实是应用文写作的基本风格。

二、应用文的种类

按照应用文的使用功用来划分，可将应用文粗分为两大类。

1. 通用类

通用类应用文是指人们在办公或办事中普遍使用的文书。

1）党政机关公文

党政机关公文是指《党政机关公文处理工作条例》中所规定的文种，包括决议、决定、命令（令）、公报、公告、通告、意见、通知、通报、报告、请示、批复、议案、函、纪要等。

2）事务文书

事务文书包括调查报告、工作总结、述职报告、简报、计划、规章制度和会议材料等。

3）个人事务文书

个人事务文书包括日记、读书笔记及各类信函等。

2. 专用类

专用类应用文是指专业性较强的文书，包括科技、财经、司法、传播、外交、军事等类文书。

三、应用文的作用

1. 公关交际的作用

在当前的社会活动中，任何人、任何单位都免不了与外界接触、打交道。例如，开业要向工商管理局申请执照，双方合作需要签订协议合同，销售产品要策划广告、发函等，都需要用应用文联系，以此来促进业务的开展，协调各方的联系。应用文表达清晰、准确，无疑会给企业树立良好的形象，促进企业的发展。

2. 宣传教育的作用

党和政府通过应用文下达各种文件、法规、制度，宣传党和国家的方针、政策；各地区、各部门、各企业也通过应用文推广先进经验，表扬先进人物，批评揭露不良现象和丑陋行为，制裁不法分子，以此来提高人们的思想政治觉悟，规范人们的行为，保障社会的安定，推动各项事业的健康发展。

3. 沟通联系的作用

应用文是加强上下级联系的纽带，也是与各有关方面联系的有效工具。例如，上下级之间的上情下达，下情上报；各单位之间的信息交流、经验交流，以此取人之长，补己之短，互相促进，共同提高，推动社会主义现代化的建设等。

4. 凭证资料作用

在社会生活中，应用文也是开展工作，解决、处理问题的依据和凭证。向下级传达的文件、党和政府颁布的法规、有关方面的规章制度，都可作为开展工作和检查工作的依据；而一些条据、合同文本、公证材料等，也是业务中的凭证，一旦出现问题、纠纷，依靠这些凭证，可通过法律追究对方责任，维护自身利益。另外，一些重要的应用文也是历史档案资料，要了解某一时期的政治、经济情况，或者某一方面的生产经营情况，只要查阅当时存档的应用文，就可以知道。有些冤假错案在事后也能凭借这些档案的应用文得以澄清事实，还其本来面目。

第三节　提高应用文写作水平的途径

一、学习理论，钻研业务

应用文写作是一项表达研究问题，处理工作，进行交流，解决问题的严肃工作。写作应用文要具备各方面的条件：要有鲜明的政策观念，正确的思想认识，丰富的业务知识，敏捷的思维能力，端正的写作态度。

应用文写作不单纯是一个写作技巧和文章形式问题，而是"寓理之具""贯道之器"。没有理，没有道，是难以写出文章来的。应用文体，特别是公务文书，有强烈的思想性和政策性。写作者只有认真学习马克思主义理论，学习党和国家的方针、政策，了解形势的发展，深入社会实际，把握工作情态，才能以正确的立场、观点、方法认识事物、分析问题、解决问题。

除了学习理论知识之外，还要有丰富的业务知识，熟悉自己工作范围内的业务。知识贫乏，不熟悉业务，不深入了解情况，就不可能写出内容充实、材料精确的应用文文章。特别是专业性非常强的应用文文书，如经济类、法律类和科技类的事务文书要有专门的知识和业务能力，才能正确地反映客观事物的规律。因此，必须认真地学好理论，深入钻研业务，这是写好应用文的基本条件。

二、培养自己的综合素质

应用写作课是一门实践性很强的课程，不能仅停留在应用写作理论知识的层面上，还要从培养适应现代社会需要的富有创造精神和竞争力人才的角度出发，通过严格的写作基本功训练，使自己在理论与实践的结合上掌握写作规律，提高应用写作的能力和水平，并在写作实践中培养自己健全的人格、高尚的情操、坚强的意志、认真的态度，提高自己的综合素质。写作实践是强化写作思路的重要环节。以写作一篇调查报告为例，不仅要重视理论，还要重视写作实践。在写作实践中，必须走出课堂，步入社会，深入实际生活，亲自实践"调查—研究—写作"的全部写作过程，从而获得课堂上根本无法学到的实际写作技能。在写作之前，一定要先拟定调查提纲，查阅有关资料，熟悉调查对象的基本情况。在调查过程中，还须仔细观察调查对象的形状、特征，也可以通过提问、谈话、交往、问卷等方式进一步了解深层次的材料，并且把它记住。通过调查，亲自采集大量第一手和第二手资料，获取感性认识，这只是完成了调查报告的第一步。而要把这些感性认识上升到理性认识，还必须对材料进行"去粗取精，去伪存真，由此及彼，由表及里"的科学分析、深入研究，从中归纳出一些规律性的东西，这是调查报告写作的第二步，也是能否写好调查报告至关重要的一步。然后从材料分类、归纳，到观点提炼，再到确立全文主旨，最后到构思、结构安排，最后动笔写作。这样，不仅培养自己科学分析的意识，而且锻炼了自己独立分析研究问题的能力。

三、多读、多写、多练

宋代文学家欧阳修说，为文有"三多"：看多、做多、商量多。看多，就是要多读多看报刊书籍，这对于提高写作能力有着重要作用。它能开阔视野，广泛了解社会；可以增长知识，充实写作内容；可以学习写作方法。对一些佳作名篇，反复研读，仔细揣摩，从中领悟"应该怎么写"和"不该怎么写"。所谓凡操千曲而后晓声，观千剑而后识器，就是这个意思。做多，就是要进行写作实践。古人所说的"不知多读乃藉人之工夫，多做乃切实求己工夫，其益相去远矣"，就是强调进行写作实践的意义。写作是一种能力，如同绘画、游泳一样，光靠"听讲"和"看书"是不行的，还要靠自己去写。著名的语文教育家、作家叶圣陶说得好："所谓能力不是一会儿就能够从无到有的，看看小孩子养成走路说话的能力多么麻烦。阅读跟写作不会比走路和说话容易，一要得其道，二要经常历练，历练成了习惯，才算有了这种能力。"这就是说，学习写作，不但要读书悟理得其道，更重要的是还要变成实际能力，读别人的书和文章是吸收、借鉴，写文章最终还要靠自己去写、去表达。多练，就是要不断地学习，不断地进行训练，养成一种勤学多练的习惯，把知识变成技能，把技能变成技巧。所谓熟能生巧，就是熟练地掌握某种技巧，写作也是一样，写多了，练多了，就能写出得心应手的文章来。

> **训练设计**
>
> 1. 你生活中接触到的哪些文章的写作属于应用文写作的范畴。
> 2. 结合自己的学习和今后工作实际，谈谈学习应用文写作的重要性，并写一篇作文（我与应用文写作），字数不限。
> 3. 说说应用文写作和文学写作有何不同？

第二章 党政机关公文

第一节 党政机关公文概述

一、党政机关公文的概念

党政机关公文（以下简称公文）是党政机关实施领导、履行职能、处理公务的具有特定效力和规范体式的文书，是传达贯彻党和国家的方针政策，公布法规和规章，指导、布置和商洽工作，请示和答复问题，报告、通报和交流情况等的重要工具。为了适应中国共产党机关和国家行政机关（以下简称党政机关）工作需要，推进党政机关公文处理工作科学化、制度化、规范化，自 2012 年 7 月 1 日起施行《党政机关公文处理工作条例》，1996 年 5 月 3 日中共中央办公厅发布的《中国共产党机关公文处理条例》和 2000 年 8 月 24 日国务院发布的《国家行政机关公文处理办法》停止执行。

二、党政机关公文的特点

1. 制发主体的法定性

公文的制作者和撰写人不是一个概念，其制作过程是复杂而规范的。公文的制作者是根据国家的法律、法令、法规而成立或者被授权的且能以自己的名义行使职权和承担义务的组织和个人；公文的撰写由文秘、部门或专人负责；并由主管领导对公文进行审核、批准、签发等。公文只能由法定机关或组织制成和发布。公文发布后具有行政约束力和法律效力。

2. 内容效用的权威性

公文一般代表国家利益和组织的利益，代行国家职能，是国家主权的象征，是政府管理社会的工具。

3. 结构模式的程式性

公文具有特有的法定规范体式。

4. 语言表达的特定性

公文的语言具有特定性。这种特定性要求公文用词要准确，"一字入公文，九牛拔不出"；表达要明白，和文学作品相比，"不一定好文章，但求一清二楚"；用语要简洁，力求做到"句中无余字，篇内无赘语"；用语要庄重、朴实，可以生动，即适当运用修辞手法、形象思维等。

三、党政机关公文的作用

1. 凭证作用

公文可以作为收文机关和个人执行具体工作的依据，是一种"立此存照"的书面依据。例如，介绍信、批复等，显示上下级之间曾经发生过的行政事务，同时以公文行文也表达庄重严肃之意（有的事务可能不需要公文行文）。公文还是一种凭证，是进行行政活动的原始记录，具有很大的保存价值，既是见证历史的权威凭证，也是今后工作的重要参考。

2. 指导作用

公文具有指示和引导的双重作用。指示是指挥、命令的意思，涉及方针政策等；引导是指只提出大致的意见，供执行单位参照执行。一般来说，直接上级的行文指示较多，而越级或业务指导机关的公文"导"的意义明显。

3. 规范作用

公文具有规范公务活动和个人行为的作用。各种法律条文，行政机关的通知、公告等，以及根据社会的需要发布的行业通知等，都具有相应的约束力。

4. 沟通作用

从传播的角度确立了公文的沟通能力，具有信息分享、互通有无、上情下达等作用，以取得更高的行政效率。

5. 宣传教育作用

政府所进行的管理和社会工作，需要调动大多数社会群体和个人的力量；政府制定的方针政策，需要社会大众理解才能执行，因此利用公文进行宣传，同时在内容上对人民群众进行公德和素质教育。

四、党政机关公文的种类

从不同的角度，依照不同的标准，可以对党政机关公文进行不同的分类。

（1）按性质和作用不同，可将党政机关公文分为十五种，包括决议、决定、命令（令）、公报、公告、通告、意见、通知、通报、报告、请示、批复、议案、函、纪要。

（2）按紧急程度的不同，可将党政机关公文分为紧急公文和普通公文。

（3）按保密要求的不同，可将党政机关公文分为无保密要求的普通公文和有保密要求的公文两类。按照机密等级的不同，还可以将有保密要求的公文分为绝密公文、机密公文和秘密公文。

（4）按具体职能的不同，可将党政机关公文分为法规性公文、指挥性公文、报请性公文、知照性公文、联系性公文和实录性公文等。

（5）按行文关系和行文方向的不同，可将党政机关公文分为上行文、平行文和下行文。这是比较常见的分类方法。上行文是指下级机关向所属上级机关呈送的公文，主要有报告、请示等；平行文是指向同级机关或者不相隶属机关送交的公文，主要有函等；

下行文是指上级机关向下级机关发送的公文，主要有命令（令）、决定、批复等。

五、党政机关公文的格式

公文的格式按照《党政机关公文格式》（GB/T 9704—2012）执行。一般可从三个方面来掌握。

（一）用纸要求

公文用纸采用 GB/T 148 中规定的 A4 型纸。特殊形式的公文用纸幅面尺寸，根据实际需要确定。

（二）印制装订要求

1. 制版要求

版面干净无底灰，字迹清楚无断划，尺寸标准，版心不斜，误差不超过 1mm。

2. 印刷要求

双面印刷；页码套正，两面误差不超过 2mm。黑色油墨应当达到色谱所标 BL100%，红色油墨应当达到色谱所标 Y80%、M80%。印品着墨实、均匀；字面不花、不白、无断划。

3. 装订要求

公文应当左侧装订，不掉页，两页页码之间误差不超过 4mm，裁切后的成品尺寸允许误差±2mm，四角成 90°，无毛茬或缺损。

（三）文面格式

公文的文面格式各要素一般划分为版头、主体、版记三个部分。

1. 版头

公文首页红色分隔线以上的部分称为版头。版头一般由份号、密级和保密期限、紧急程度、发文机关标志、发文字号、签发人等组成。

（1）份号。份号是指公文印制份数的顺序号。一般用 6 位 3 号阿拉伯数字，顶格编排在版心左上角第一行。

（2）密级和保密期限。公文的秘密等级和保密的期限。涉密公文应当根据涉密程度分别标注"绝密""机密""秘密"和保密期限，一般用 3 号黑体字，顶格编排在版心左上角第二行；保密期限中的数字用阿拉伯数字标注。

（3）紧急程度。公文送达和办理的时限要求。根据紧急程度，紧急公文应当分别标注"特急""加急"，电报应当分别标注"特提""特急""加急""平急"，一般用 3 号黑体字，顶格编排在版心左上角。

如需同时标注份号、密级和保密期限、紧急程度，按照份号、密级和保密期限、紧急程度的顺序自上而下分行排列。

（4）发文机关标志。由发文机关全称或者规范化简称加"文件"二字组成，也可以使用发文机关全称或者规范化简称。联合行文时，发文机关标志可以并用联署发文机关名称，也可以单独用主办机关名称。发文机关标志居中排布，上边缘至版心上边缘为35mm，推荐使用小标宋体字，颜色为红色，以醒目、美观、庄重为原则。

（5）发文字号。发文字号由发文单位代字（含区域代字、单位代字、发文形式代字三部分）、年份和发文顺序号组成，编排在发文机关标志下空二行位置，居中排布。年份、发文顺序号用阿拉伯数字标注；年份应标全称，用六角括号"〔〕"括入；发文顺序号不加"第"字，不编虚位（即1不编为01），在阿拉伯数字后加"号"字。上行文的发文字号居左空一字编排，与最后一个签发人姓名处在同一行。联合行文时，使用主办机关的发文字号。

（6）签发人。上行文应当标注签发人姓名。由"签发人"三字加全角冒号和签发人姓名组成，居右空一字，编排在发文机关标志下空二行位置。"签发人"三字用3号仿宋体字，签发人姓名用3号楷体字。

如有多个签发人，签发人姓名按照发文机关的排列顺序从左到右、自上而下依次均匀编排，一般每行排两个姓名，回行时与上一行第一个签发人姓名对齐。

（7）版头中的分隔线。发文字号之下4mm处居中印一条与版心等宽的红色分隔线。

2. 主体

公文首页红色分隔线（不含）以下、公文末页首条分隔线（不含）以上的部分称为主体。主体由标题、主送机关、正文、附件说明、发文机关署名、成文日期、印章、附注、附件等组成。

（1）标题。由发文机关名称、事由和文种组成，一般用2号小标宋体字，编排于红色分隔线下空二行位置，分一行或多行居中排布；回行时，要做到词意完整，排列对称，长短适宜，间距恰当，标题排列应当使用梯形或菱形。

（2）主送机关。公文的主要受理机关，应当使用机关全称、规范化简称或者同类型机关统称。编排于标题下空一行位置，居左顶格，回行时仍顶格，最后一个机关名称后标全角冒号。如主送机关名称过多导致公文首页不能显示正文时，应当将主送机关名称移至版记。

（3）正文。公文的主体，用来表述公文的内容。公文首页必须显示正文。一般用3号仿宋体字，编排于主送机关名称下一行，每个自然段左空二字，回行顶格。文中结构层次序数依次可以用"一、""（一）""1.""（1）"标注；一般第一层用黑体字、第二层用楷体字、第三层和第四层用仿宋体字标注。

（4）附件说明。公文附件的顺序号和名称。如有附件，在正文下空一行左空二字编排"附件"二字，后标全角冒号和附件名称。如有多个附件，使用阿拉伯数字标注附件顺序号（如"附件：1. ×××××"）；附件名称后不加标点符号。附件名称较长需回行时，应当与上一行附件名称的首字对齐。

（5）发文机关署名。署发文机关全称或者规范化简称。

（6）成文日期。署会议通过或者发文机关负责人签发的日期，成文日期即公文生效的时间。联合行文时，署最后签发机关负责人签发的日期。成文日期一般右空四字编排，用阿拉伯数字将年、月、日标全，年份应标全称，月、日不编虚位（即1不编为01）。

（7）印章。公文中有发文机关署名的，应当加盖发文机关印章，并与署名机关相符。印章用红色，不得出现空白印章。有特定发文机关标志的普发性公文和电报可以不加盖印章。

加盖印章的公文，单一机关行文时，一般在成文日期之上、以成文日期为准居中编排发文机关署名，印章端正、居中下压发文机关署名和成文日期，使发文机关署名和成文日期居印章中心偏下位置，印章顶端应当上距正文（或附件说明）一行之内。联合行文时，一般将各发文机关署名按照发文机关顺序整齐排列在相应位置，并将印章一一对应、端正、居中下压发文机关署名，最后一个印章端正、居中下压发文机关署名和成文日期，印章之间排列整齐、互不相交或相切，每排印章两端不得超出版心，首排印章顶端应当上距正文（或附件说明）一行之内。

不加盖印章的公文，单一机关行文时，在正文（或附件说明）下空一行右空二字编排发文机关署名，在发文机关署名下一行编排成文日期，首字比发文机关署名首字右移二字，如成文日期长于发文机关署名，应当使成文日期右空二字编排，并相应增加发文机关署名右空字数；联合行文时，应当先编排主办机关署名，其余发文机关署名依次向下编排。

加盖签发人签名章的公文，单一机关制发的公文加盖签发人签名章时，在正文（或附件说明）下空二行右空四字加盖签发人签名章，签名章左空二字标注签发人职务，以签名章为准上下居中排布，在签发人签名章下空一行右空四字编排成文日期。联合行文时，应当先编排主办机关签发人职务、签名章，其余机关签发人职务、签名章依次向下编排，与主办机关签发人职务、签名章上下对齐；每行只编排一个机关的签发人职务、签名章；签发人职务应当标注全称。签名章一般用红色。

（8）附注。公文印发传达范围等需要说明的事项。如有附注，居左空二字加圆括号编排在成文日期下一行。

（9）附件。公文正文的说明、补充或者参考资料。附件应当另面编排，并在版记之前，与公文正文一起装订。"附件"二字及附件顺序号用 3 号黑体字顶格编排在版心左上角第一行。附件标题居中编排在版心第三行。附件顺序号和附件标题应当与附件说明的表述一致。附件格式要求同正文。

如附件与正文不能一起装订，应当在附件左上角第一行顶格编排公文的发文字号并在其后标注"附件"二字及附件顺序号。

3. 版记

公文末页首条分隔线以下、末条分隔线以上的部分称为版记。版记由抄送机关、印发机关、印发日期和页码等组成。

（1）抄送机关。除主送机关外需要执行或者知晓公文内容的其他机关，应当使用机关全称、规范化简称或者同类型机关统称。如有抄送机关，一般用 4 号仿宋体字，在印发机关和印发日期之上一行、左右各空一字编排。"抄送"二字后加全角冒号和抄送机关名称，回行时与冒号后的首字对齐，最后一个抄送机关名称后标句号。

如需把主送机关移至版记，除将"抄送"二字改为"主送"外，编排方法同抄送机关。既有主送机关又有抄送机关时，应当将主送机关置于抄送机关之上一行，之间不加分隔线。

（2）印发机关和印发日期。公文的送印机关和送印日期。印发机关和印发日期一般用 4 号仿宋体字，编排在末条分隔线之上，印发机关左空一字，印发日期右空一字，用阿拉伯数字将年、月、日标全，年份应标全称，月、日不编虚位（即 1 不编为 01），后加"印发"二字。

版记中如有其他要素，应当将其与印发机关和印发日期用一条细分隔线隔开。

（3）页码。公文页数顺序号。一般用 4 号半角宋体阿拉伯数字，编排在公文版心下边缘之下，数字左右各放一条一字线；一字线上距版心下边缘 7 mm。单页码居右空一字，双页码居左空一字。公文的版记页前有空白页的，空白页和版记页均不编排页码。公文的附件与正文一起装订时，页码应当连续编排。

（4）版记中的分隔线。版记中的分隔线与版心等宽，首条分隔线和末条分隔线用粗线（推荐高度为 0.35 mm），中间的分隔线用细线（推荐高度为 0.25 mm）。首条分隔线位于版记中第一个要素之上，末条分隔线与公文最后一面的版心下边缘重合。

另外，公文使用的汉字、数字、外文字符、计量单位和标点符号等，按照有关国家标准和规定执行。民族自治地方的公文，可以并用汉字和当地通用的少数民族文字。

六、行文规则

行文应当确有必要，讲求实效，注重针对性和可操作性。行文关系根据隶属关系和职权范围确定。一般不得越级行文，特殊情况需要越级行文的，应当同时抄送被越过的机关。

1. 向上级机关行文，应当遵循以下规则

（1）原则上主送一个上级机关，根据需要同时抄送相关上级机关和同级机关，不抄送下级机关。

（2）党委、政府的部门向上级主管部门请示、报告重大事项，应当经本级党委、政府同意或授权；属于部门职权范围内的事项应当直接报送上级主管部门。

（3）下级机关的请示事项，如须以本机关名义向上级机关请示，应当提出倾向性意见后上报，不得原文转报上级机关。

（4）请示应当一文一事。不得在报告等非请示性公文中夹带请示事项。

（5）除上级机关负责人直接交办事项外，不得以本机关名义向上级机关负责人报送公文，不得以本机关负责人名义向上级机关报送公文。

（6）受双重领导的机关向一个上级机关行文，必要时抄送另一个上级机关。

2. 向下级机关行文，应当遵循以下规则

（1）主送受理机关，根据需要抄送相关机关。重要行文应当同时抄送发文机关的直接上级机关。

（2）党委、政府的办公厅（室）根据本级党委、政府授权，可以向下级党委、政府行文，其他部门和单位不得向下级党委、政府发布指令性公文或者在公文中向下级党委、政府提出指令性要求。需经政府审批的具体事项，经政府同意后可以由政府职能部门行文，文中须注明已经政府同意。

（3）党委、政府的部门在各自职权范围内可以向下级党委、政府的相关部门行文。

（4）涉及多个部门职权范围内的事务，部门之间未协商一致的，不得向下行文；擅自行文的，上级机关应当责令其纠正或者撤销。

（5）上级机关向受双重领导的下级机关行文，必要时抄送该下级机关的另一个上级机关。

另外，同级党政机关、党政机关与其他同级机关必要时可以联合行文。属于党委、政府各自职权范围内的工作，不得联合行文。党委、政府的部门依据职权可以相互行文。部门内设机构除办公厅（室）外不得对外正式行文。

七、公文拟制

公文拟制包括公文的起草、审核、签发等程序。

公文起草应当做到：符合党的理论路线方针政策和国家法律法规，完整准确体现发文机关意图，并同现行有关公文相衔接；一切从实际出发，分析问题实事求是，所提政策措施和办法切实可行；内容简洁，主题突出，观点鲜明，结构严谨，表述准确，文字精练；文种正确，格式规范；深入调查研究，充分进行论证，广泛听取意见；公文涉及其他地区或者部门职权范围内的事项，起草单位必须征求相关地区或者部门意见，力求达成一致；机关负责人应当主持、指导重要公文起草工作。

公文文稿签发前，应当由发文机关办公厅（室）进行审核。审核的重点是：行文理由是否充分，行文依据是否准确；内容是否符合党的理论路线方针政策和国家法律法规；是否完整准确体现发文机关意图；是否同现行有关公文相衔接；所提政策措施和办法是否切实可行；涉及有关地区或者部门职权范围内的事项是否经过充分协商并达成一致意见；文种是否正确，格式是否规范；人名、地名、时间、数字、段落顺序、引文等是否准确；文字、数字、计量单位和标点符号等用法是否规范；其他内容是否符合公文起草的有关要求。需要发文机关审议的重要公文文稿，审议前由发文机关办公厅（室）进行初核；经审核不宜发文的公文文稿，应当退回起草单位并说明理由；符合发文条件但内容需作进一步研究和修改的，由起草单位修改后重新报送。

公文应当经本机关负责人审批签发。重要公文和上行文由机关主要负责人签发。党委、政府的办公厅（室）根据党委、政府授权制发的公文，由受权机关主要负责人签发或者按照有关规定签发。签发人签发公文，应当签署意见、姓名和完整日期；圈阅或者签名的，视为同意。联合发文由所有联署机关的负责人会签。

八、公文办理

公文办理包括收文办理、发文办理和整理归档。

1. 收文办理主要程序

（1）签收。对收到的公文应当逐件清点，核对无误后签字或者盖章，并注明签收时间。

（2）登记。对公文的主要信息和办理情况应当详细记载。

（3）初审。对收到的公文应当进行初审。初审的重点是：是否应当由本机关办理，是否符合行文规则，文种、格式是否符合要求，涉及其他地区或者部门职权范围内的事项是否已经协商、会签，是否符合公文起草的其他要求。经初审不符合规定的公文，应当及时退回来文单位并说明理由。

（4）承办。阅知性公文应当根据公文内容、要求和工作需要确定范围后分送。批办性公文应当提出拟办意见报本机关负责人批示或者转有关部门办理；需要两个以上部门办理的，应当明确主办部门。紧急公文应当明确办理时限。承办部门对交办的公文应当及时办理，有明确办理时限要求的应当在规定时限内办理完毕。

（5）传阅。根据领导批示和工作需要将公文及时送传阅对象阅知或者批示。办理公文传阅应当随时掌握公文去向，不得漏传、误传、延误。

（6）催办。及时了解掌握公文的办理进展情况，督促承办部门按期办结。紧急公文或者重要公文应当由专人负责催办。

（7）答复。公文的办理结果应当及时答复来文单位，并根据需要告知相关单位。

2. 发文办理主要程序

（1）复核。已经发文机关负责人签批的公文，印发前应当对公文的审批手续、内容、文种、格式等进行复核；需作实质性修改的，应当报原签批人复审。

（2）登记。对复核后的公文，应当确定发文字号、分送范围和印制份数并详细记载。

（3）印制。公文印制必须确保质量和时效。涉密公文应当在符合保密要求的场所印制。

（4）核发。公文印制完毕，应当对公文的文字、格式和印刷质量进行检查后分发。

涉密公文应当通过机要交通、邮政机要通信、城市机要文件交换站或者收发件机关机要收发人员进行传递，通过密码电报或者符合国家保密规定的计算机信息系统进行传输。

3. 整理归档

各级党政机关应当建立健全本机关公文管理制度，确保管理严格规范，充分发挥公文效用。需要归档的公文及有关材料，应当根据有关档案法律法规以及机关档案管理规定，及时收集齐全、整理归档。两个以上机关联合办理的公文，原件由主办机关归档，相关机关保存复制件。机关负责人兼任其他机关职务的，在履行所兼职务过程中形成的公文，由其兼职机关归档。

九、公文管理

党政机关公文由文秘部门或者专人统一管理。设立党委（党组）的县级以上单位应当建立机要保密室和机要阅文室，并按照有关保密规定配备工作人员和必要的安全保密设施设备。公文确定密级前，应当按照拟定的密级先行采取保密措施。确定密级后，应当按照所定密级严格管理。绝密级公文应当由专人管理。不具备归档和保存价值的公文，经批准后可以销毁。销毁涉密公文必须严格按照有关规定履行审批登记手续，确保不丢失、不漏销。个人不得私自销毁、留存涉密公文。

> 训练设计
> 1. 列出一份公文格式各部分具体内容的示意图。
> 2. 选择一份公文，说说它各部分的构成情况及其意义。

第二节 通知和通报

一、通知

（一）通知的概念

通知适用于发布、传达要求下级机关执行和有关单位周知或执行的事项，批转、转发公文，属于下行文。它是把一些事项告诉有关单位和人员知道，上级机关对下级机关，机关、团体对个人，机关或单位互相之间，以及机关内部布置工作、传达事项、召开会议，往往采用通知的形式。

（二）通知的特点

通知具有时效性、执行性、知照性及指导性。

（三）通知的种类

（1）指示性通知。上级机关就某些问题给予下级机关指示的通知，如《国务院办公厅转发财政部〈关于控制行政经费问题的报告〉的通知》《国务院批转教育部关于〈加强教育学院建设若干问题的暂行规定〉的通知》。

（2）告知性通知。告知某些单位有关事项（如人事任免、机构调整、更换名称等）的通知，如《关于启用××公司印章的通知》。

（四）通知的写法

通知一般由标题、主送机关、正文、发文机关和发文日期等组成。

1. 标题

通知的标题格式常用的有两种，一是发文机关、事由加文种，如《××省关于进一步做好城市蔬菜产销工作的通知》；二是事由加文种，如《关于召开省属高校档案工作会议的通知》。

2. 主送机关

所有通知都需有主送机关，必须指定此通知的承办、执行和应当知晓的主要受文机关。

3. 正文

通知的正文由以下三部分组成。

（1）对通知事项的总体概括，按照具体通知的需要交待清楚通知事项的背景、依据的政策文件，然后用"现将有关事宜通知如下"等惯用词句引出第二部分。

（2）通知的事项、具体的要求和安排。采用条款形式，做到条理清晰。

（3）对通知接受单位的要求和希望。这部分通常采用"特此通知，望认真执行"的形式做结语。

4. 发文机关

正文之后左下角写明制发该通知的机关名称，如在标题中标明的则可省略。

5. 发文日期

在落款处写明制发通知的年月日。

（五）通知的写作要求

（1）针对性强，只对具体的政策和行为进行指示性规定，包括针对什么工作，怎么做，以及工作后的检查等，以便于执行和监督。

（2）理由充分，主要是依法或依据单位的现实情况，在陈述具体理由的时候一定要具体写明。

（3）内容具体，通知的内容，基本上限定了对方的行为，越具体就越容易执行。

范文

洛阳市环保局关于转发《淇县环保局
关于开展环保自检、互检工作的总结报告》的通知

各县（区）环保局、各直属单位：

淇县环保局是我省环保工作的先进单位，积累了丰富的经验。近年来，他们通过开展环保自检和互检，有效推动了环保工作的深入开展，并取得了良好效果。他们的经验也基本适于我市。现将《淇县环保局关于开展环保自检、互检工作的总结报告》转发给你们，望参照执行，以推动我市环保工作的深入开展。

洛阳市环保局（印章）

2010 年 2 月 26 日

点评：此文标题采用"发文机关、事由加文种"形式，主送机关、正文内容、发文机关和日期等各部分内容严格按照公文的要求写作，很规范，尤其是正文部分的表达，准确简洁。

训练设计

1. 分析下列通知的标题是否合适，不合适的请纠正。
（1）××市禁止春节期间燃放烟花爆竹的通知
（2）转发县卫生局关于我县中小学生视力普查情况报告的通知
2. 说说公文通知和一般事务文书中的通知有何不同。

二、通报

（一）通报的概念

通报适用于国家机关、社会团体、企事业单位表彰先进、批评错误、传达重要精神或情况，属下行公文。通报的应用比较广泛，可以用于表扬好人好事、新风尚；也可以用于批评错误，总结教训，告诫人们警惕类似问题的发生；还可以用来互通情况，传达重要精神，沟通交流信息，指导推动工作。

通知和通报的区别主要在于：通知重传达、知会，一般要求贯彻执行；通报重报道、传播，以了解为主。通知单位可以区分处理，通报则要求不能例外。

（二）通报的特点

1. 典型性

通报的人和事须具备一定的典型性，能够反映、揭示事物的本质规律，具有广泛的代表性和鲜明的个性。这样的通报发出后，才能使人受到启迪，得到教益。

2. 引导性

无论表扬性通报、批评性通报，还是情况通报，其目的都在于通过典型的人和事引导人们辨别是非、总结经验、吸取教训、弘扬正气、树立新风。

3. 严肃性

通报的内容和形式是严肃的。由于通报是正式公文，是领导机关为了指导面上的工作，针对真人、真事和真实情况制发的，无论是表扬、批评或通报情况，都代表着一级组织的意见，具有表彰、鼓励或惩戒、警示的作用，因而其使用须十分慎重、严肃。

4. 时效性

通报针对当前工作中出现的情况和问题而发。它的典型性、引导性都是就特定的社会背景而言的。随着客观情况的变化，一件在当时看来具有典型意义的事实，时过境迁，未必仍具有典型性。因此，通报作用的发挥，与抓住时机适时通报是分不开的。

（三）通报的种类

根据内容不同，通报可以分为表彰性通报、批评性通报和情况通报三种。

1. 表彰性通报

表彰性通报用来表彰先进单位和个人，介绍先进经验或事迹，树立典型，号召大家学习的。

2. 批评性通报

批评性通报用来批评、处分错误，以示警戒，要求被通报者和大家吸取教训的。

3. 情况通报

情况通报在一定范围内传达重要情况和动向，以指导面上的工作为目的的。情况通报有两种形式：一种只对有关事实作客观叙述；另一种还对有关情况加以分析说明，有时还针对具体问题提出应采取何种对策的指导性意见。

（四）通报的写法

通报由标题、主送机关、正文、发文机关和日期组成。

1. 标题

通报的标题通常有两种构成形式：一种是由发文机关名称、事由和文种组成，如《国务院办公厅关于对少数地方和单位违反国家规定集资问题的通报》；另外一种是由事由和文种构成，如《关于给不顾个人安危勇于救人的王××同志记功表彰的通报》。此外，有少数通报的标题是在文种前冠以机关单位名称，如《中共××市纪律检查委员会通报》；也有的通报标题只有文种名称。

2. 主送机关

除普发性通报可以不写主送机关外，一般通报必须写明主送机关。

3. 正文

通报的正文通常由开头、主体和结尾等部分组成。开头说明通报缘由，主体说明通报决定，结尾提出通报的希望和要求。表彰性通报和批评性通报一般分为三部分。

（1）主要事实。表彰性通报要突出主要先进事迹，批评性通报要抓住主要错误事实。

（2）分析指出事例的教育意义。表彰性通报在阐述先进事迹的基础上，提炼主要经验、意义和值得学习与发扬的精神。批评性通报要分析错误的性质、危害，产生的根源和责任，指出应吸取的主要教训等。

（3）决定要求。表彰性和批评性的通报，应写明组织结论及予以表彰或处理的决定，同时提出对表彰或批评对象与读者的希望、要求。为了防范和杜绝类似错误发生，批评性通报的结尾处，通常要有针对性地提出防范的措施或规定。情况通报一般不写决定要求。

4. 发文机关和日期

在正文右下方标明发文机关名称，加盖印章，写明发文日期。有的在通报标题中已标明发文机关名称，这里就不必再写。

（五）通报的写作要求

（1）通报的内容必须真实。通报的事实，所引材料，都必须真实无误。动笔前要反复调查，对有关情况和事例要认真进行核对，客观、准确地进行分析、评论。

（2）通报决定要恰如其分。无论哪一种通报，都要做到态度鲜明，分析中肯，评价实事求是，结论公正准确，用语把握分寸。否则通报不但会缺乏说服力，而且有可能产生副作用。

（3）通报的语言要简洁、庄重。其中表扬性和批评性的通报还应注意用语分寸，要力求文实相符，不讲空话、套话，不讲过头的话。

📖 **范文**

关于首届大学生公文写作技能竞赛获奖情况的通报

各学院：

×××大学首届大学生公文写作技能竞赛已圆满结束。经×××大学大学生公文写作技能竞赛组委会组织专家统一评审、公示，在全校 300 多名参加个人赛的学生中，评出一等奖 17 个、二等奖 34 个、三等奖 56 个。现将获奖情况予以通报（见附件）。

大学生公文写作技能竞赛对提高大学生公文写作水平，促进公文写作课程教学改革，提高创新意识和实践能力，推动当代大学生政治思想、专业素养、语言表达的全面协调发展，有着重要的作用。

希望各参赛学院认真总结经验，再接再厉，为学生创造条件，主动参与，加快高校应用型课程教学改革的步伐，努力培养更多的高水平公文写作人才。

附件：×××大学首届大学生公文写作技能竞赛获奖名单

×××大学教务处（印章）

2016 年 12 月 6 日

点评：这是一篇表彰性通报。第一段介绍表彰内容并宣布表彰的决定，表述准确简明；第二段说明竞赛的意义；第三段对各参赛学院提出希望，起到了号召鼓励的作用。

××大学关于××同学考试作弊情况的通报

学校广大师生：

我校××学院××专业××班的××同学，在 2015—2016 学年第一学期期末英语考试中，私自夹带与考试有关的资料及通信设备进入考场，并进行抄袭。经老师劝说后，该同学仍然拒不改正，被监考老师取消考试资格。

××同学无视考场纪律，严重破坏正常的考试秩序，在同学中造成极为恶劣的影响。为进一步端正考风，经学校研究决定，给××同学留校察看一年的处分。

广大同学要以××同学的作弊行为为戒，努力学习，采取对学校、对家长、对自己负责的态度，以真实、优异的成绩向学校汇报。

××大学（印章）

2016 年 1 月 10 日

点评：这是一篇批评性通报。正文部分首先写明学生考试作弊的具体情况，然后说明考试作弊的不良影响，同时宣布学校的通报决定，最后对全校所有同学提出希望和要求。

训练设计

1. 根据下文，分组讨论，体会通报的写作方法。

关于"中国梦、公仆情、劳动美"
××机关第二届公文写作技能大赛获奖情况的通报

为深入学习贯彻党的十八大、十八届三中、四中全会精神和中国工会十六大精神，积极动员和组织××机关广大职工立足本职工作、开展岗位建功，经××机关批准，××机关工会联合会在 2014 年下半年举办了××机关第二届公文写作技能大赛。

在活动中，各部门工会组织高度重视、认真组织，广大干部职工积极响应、热情参与，截止 2014 年 12 月，68 个部门围绕参赛主题，组织开展竞赛活动，向××机关工会联合会推荐了 800 余篇优秀作品。经各部门工会投票推选和专家评委认真评审，并报××机关工委同意，本届大赛评选出"百篇好公文"和"十篇好通讯"及优秀奖若干。

根据各部门参赛情况和获奖情况，本届大赛决定授予××法院等 20 个部门"××机关第二届公文写作技能大赛组织奖"。

公文写作是机关干部职工主要劳动形式之一。各级工会组织要把公文写作技能大赛这种形式固定下来，形成机制，通过开展公文写作培训、点评、研讨、交流、比赛等形式，为广大干部职工成长成才、岗位建功搭建舞台、提供服务。希望获得奖项的同志和部门发扬成绩，再接再厉，努力发挥带头示范作用，更好地服务中心工作，服务机关建设，服务基层群众，为××机关各部门顺利完成全面深化改革，全面依法治国各项任务作出新的更大贡献！

××机关工会联合会（印章）

2015 年 2 月 4 日

2. 某学校新生报到期间，一新生不慎将学费遗失，大二学生李某捡到后，立即交给学校相关部门，并联系到了失主。请以此为内容写一篇表彰性通报。

第三节　公告和通告

一、公告

（一）公告的概念

公告是国家权力机关、行政机关向国内外或社会公布重要事项或法定事项时使用的一种公文文种。

（二）公告的特点

1. 内容重要

公告宣布的内容是重要事项或法定事项，如公布宪法。

2. 对象广泛

一般公文发送的对象是特定的地区、单位或个人，而公告的对象则是国内外，有时甚至通过新华社用登报、广播的形式向全国、全世界发布。

3. 制发机关级别高

公告一般是由较高级别的国家领导机关，或者授权新华社制发的，基层单位不能滥用公告。报纸上常见到××单位迁移地址，××公司聘请×××为法律顾问，也用"公告"，都是滥用"公告"。

（三）公告的种类

1. 重要事项公告

凡是用来宣布有关国家的政治、经济、军事、科技、教育、人事、外交等方面需要告知全民的重要事项的，都属此类公告。常见的有国家重要领导岗位的变动，领导人的出访或者其他重大活动，重要科技成果的公布，重要军事行动，等等。例如，《中国人大常务委员会关于确认中国人大代表资格的公告》。

2. 法定事项公告

依照有关法律和法规的规定，一些重要事情和主要环节必须以公告的方式向全民公布。例如，《中华人民共和国专利法》第三十九条规定："发明专利申请经实质审查没有发现驳回理由的，由国务院专利行政部门作出授予发明专利权的决定，发给发明专利证书，同时予以登记和公告。发明专利权自公告之日起生效。"

（四）公告的写法

公告是一种严肃庄重的公文，它内容单一，篇幅较短，或者篇段合一，或者分条列点，表达直截了当，语言简洁明快。公告一般由标题、正文、发文机关和日期组成。

1. 标题

公告的标题格式常用的有三种：一是完全式标题，包括发文机关、事由和文种；二是省去事由，只写发文机关和文种；三是只有文种。标题之下，公告有时可以单独编号。

2. 正文

正文一般由依据、事项和结语组成。开头要简明扼要地写出公告的依据，有时也可以不写。告知性公告，事项简单，用一个自然段写出。规定性公告，事项较多，可分条列点写出。公告的结尾一般用"现予公告""特此公告"做结语，也可以提出要求做结尾，也可不写结语。

3. 发文机关和日期

公告日期有的注在标题下方，也可注在正文末尾落款处。重要的公告落款处除注明发文机关和日期外，还须标明发布地点。

（五）公告的写作要求

事理周密无漏洞，条理清楚不啰嗦，语言通俗不鄙俚，文风严肃不做作，做到易读易懂易知。

■ 范文

城乡建设部关于公布

2017 年第五批造价工程师初始注册人员名单的公告

中华人民共和国住房城乡建设部公告 1587 号

根据《注册造价工程师管理办法》（建设部令第 150 号）及有关规定，经审核，曹才红等 1186 人符合造价工程师初始注册条件，准予注册。

特此公告

附件：2017 年第五批造价工程师初始注册人员名单

住房城乡建设部

2017 年 6 月 8 日

点评：这篇公告，篇幅不长，内容表达却完整清楚。第一部分用一句话交代清楚公告的依据；第二部分两句话直接说明公告的事项，简洁明了；第三部分结语用了公告的专用术语。

■ 训练设计

1．讨论分析《范文示例》的写作格式。

2．思考：现实中有哪些滥用公告的地方？我们应该如何正确使用公告？

二、通告

（一）通告的概念

通告是在一定范围内公布应当遵守或周知的事项的一种公文。它属于下行文，主要用于有关单位开展业务工作需要。

通告与公告的区别主要体现在：

（1）从发文机关看，通告可由各级机关及基层单位发布，公告通常由国家高级权力机关发布。

（2）从反映的事项看，通告是一般事务或业务事项的反映，公告则用以向国内外宣布重大事件、重要事项或法定事项。

（3）从发布范围看，通告只在一定范围内发布，公告是向国内外发布。

（4）从发布形式看，通告可以张贴，也可以广播登报，公告可以在报纸上刊载，也可通过广播、电视播出。

（二）通告的特点

1．法规性

通告常用来颁布地方性的法规，这些法规一经颁布，特定范围内的部门、单位和民众都必须遵守、执行。

2. 周知性

通告的内容，要求在一定范围内的人们或特定的人群普遍知晓，以使他们了解有关政策法令，遵守某些规定事项，共同维护社会公务管理秩序。

3. 实务性

所有的公文都是实用文，从根本性质上说都应该是务实的。但它们之间还是有一些区别的，有的公文只是告知某事，或者宣传某些思想、政策，并不指向具体事务。通告则是一种直接指向某项事务的文种，务实性比较突出。

4. 行业性

不少通告都具有鲜明的行业性特点，如机动车管理部门关于机动车辆年度检验的通告，税务局关于征税的通告，银行关于发行新版人民币的通告，房产管理局关于对商品房销售面积进行检查的通告等，都是针对其所负责的业务或技术事务发出的通告。因此，通告行文中要时常引用本行业的法规、规章，也免不了使用本行业的术语、行话。

（三）通告的种类

按照用途、法规性的强弱不同，通告可分为周知性通告、规定性通告两大类。

1. 周知性通告

周知性通告又叫事务性通告，即在一定范围内公布需要周知或者需要办理的事项，政府机关、社会团体、企事业单位均可使用，主要目的是让受文者了解重要情况、重要消息。因此，文中一般不提直接的执行要求。

2. 规定性通告

规定性通告又叫制约性通告，用于公布应当遵守的事项，只限行政机关使用。主要向受文者交待需要遵守、执行的政策、措施及其他行为规范，具有一定的强制力。

这两种通告之间没有绝对的界限。规定性的通告不可能没有周知性，周知性的通告完全没有规定性内容的也不多见。但二者在性质上毕竟有所区分，如《关于坚决清理非法占道经营的通告》，强制性措施较多，属于规定性通告；关于因施工停水、停电的通告，主要起通知事项的作用，没有强制性措施，属于周知性通告。

（四）通告的写法

通告一般由标题、正文、发文机关和日期组成。

1. 标题

通告的标题格式常用的有三种写法：一是直接用"通告"二字；二是事由加文种的形式，即"关于××的通告"；三是发文机关、事由加文种的形式，即"××关于××的通告"。

2. 正文

正文由原由、通告事项、结语三部分构成。通告的原由要写清楚通告的原因、背景、依据；通告的事项是需要告知的具体内容，措辞要简明扼要，条理清晰；结语一般用专门用语"特此通告"来表达。

3. 发文机关和日期

交待发文机关、成文日期。

（五）通告的写作要求

写通告，要力求结构严谨，语言通俗简洁。在采用分条写法时，要注意各条之间的先后顺序，每条内容的排列一定要合乎逻辑。

📖 **范文**

北京市人民政府关于进一步完善
错时上下班措施的通告

为缓解本市早晚高峰交通压力，市政府决定进一步完善错时上下班措施，并于 2010 年 4 月 12 日起施行。现就有关事项通告如下。

一、在京中央国家机关及所属社会团体和企事业单位、学校、医院、大型商场上下班时间不变。

二、本市各级党政机关、社会团体、事业单位工作人员、承担城市运行和服务保障的企业单位管理人员、本市各级国有资产……

三、各地区、各部门和各单位要妥善安排好工作，切实落实值班制度，加强应急措施，确保各项工作正常有序高效运转。

特此通告。

北京市人民政府（印章）
2010 年 3 月 20 日

点评：这篇通告，第一部分先介绍通告的目的和实施的时间，然后通过专用的过渡句"现就有关事项通告如下"自然引出下文；第二部分采用条段分列形式明确通告的具体事项。由于通告具有公开性，因此可以不必写明主送机关。

〰 **训练设计**

请根据下面的材料试写一篇通告。

按照洛阳市政府工作部署，九都路改造提升工程将于 2013 年 10 月 2 日至 2014 年 3 月 31 日开工建设。其中有关公交车线路及站点需要暂时调整，如 8 路公交车线路调整方案为：从西关发车，沿原线路行至凯旋路王城大道口后，改走凯旋西路、辽宁路，进入南昌路后恢复原线路运营。如果 8 路公交改道路段中的原九都西路丽新路口站点改到辽宁路珠江路口南站点乘车。请以洛阳市公交公司的名义，写一则方便乘客乘车的通告。

第四节　请示和报告

一、请示

（一）请示的概念

请示属于向上级机关请求指示、批准的呈请性、期复性的公文，属于上行文。

请示的功能主要是要求上级对某些工作和请求进行答复，属于双向性公文，和报告等单向性公文的不同之处：一是行文目的不同，报告是呈报性的，请示是呈请性的；二是行文时间不同，报告是工作之后或一个阶段的，而请示是工作开始之前，不能"先斩后奏"；三是收文后处理方式不同，报告一般是作决策参考，"看了就看了"，而请示必须给予答复。特别注意不能将二者混用为"请示报告"。

请示是不能随意使用的，职权范围，有条件解决的，不能请示。请示多了，会给人"扶不起"的感觉，有推托责任的嫌疑，事事请示是能力不强的表现。另一方面，有时候擅自专权，会给人目无上级的感觉，也会造成工作中的失误。一般情况下，对新情况、新问题，要向上级请求处理办法，要请示；涉及全局性重大问题的，要请示；另外，单位增加编制、上项目、要资金、添设备等，也要请示；对上级机关的指示不理解的，也要以请示的方式解决。

（二）请示的特点

1. 行文主体的组织性

请示的行文主体只能是组织行为，不能以个人名义向上级机关和组织发请示类公文。

2. 行文内容的单一性

一件请示公文，只能提出请求就某一方面工作作指示，请求批准某一件事项或者请示解决某一个问题。如果请示几件事，必须是与同一个问题密切相关的几个方面，同时还是受文机关能给予一次性批复和解决的，否则，上级机关不好批复。

3. 行文关系的直接性

即下级机关只能按照隶属关系向直接的主管机关发文请示，不得向无隶属关系的机关发文请示或越级请示。

4. 行文时限的紧迫性

因为所请示的问题一般是急需办理和解决的，所以很注重对时间方面的要求。

（三）请示的种类

请示按其内容性质，可分为三类。

1. 求示性的请示

这是请求上级给予指示、裁决的请示。下级机关本身工作遇到问题，由于缺乏政策依据，无力解决；或者虽有政策规定，但出现新情况，政策上有不适应之处，无所适从，需上级给予明确指示；或者虽有章可循，但下级实施前按规定需上级审批后才能办理，在这些情况下，都要用求示性的请示。

2. 求准性请示

这是请求上级审核、批准的请示。下级机关工作中遇到困难，如涉及人员、经费、机构设置等超出本单位职权范围，需上级帮助解决问题，或者因情况特殊需变通处理的事项，请求上级审核后批准、答复。

3. 求批性的请示

这是请求上级批准并转发的请示。职能部门对具有全局性或普遍性的问题，提出解决办法、处理意见，并需有关单位协同办理，但又不能直接要求这些单位执行，通过上级机关批准后，使请示中提出的意见、办法具有规定性，再转给有关部门执行。

（四）请示的写法

请示一般包括标题、主送机关、正文、制发机关及成文日期五部分。

1. 标题

请示的标题应是规范的公文标题，由发文机关、事由、文种构成。

2. 主送机关

一般只写一个主管上级机关的名称。受双重领导的机关在报送请示时，可同时抄报另一领导机关。

3. 正文

请示的正文包括四部分。

（1）请示缘由。它是正文的开头，也是对整个请示的精炼概括，用三两句简要说明请示的事项和为什么要请示，使人有一个明确清晰的概念。

（2）请示事项。主要写要求上级指示或批准的具体问题和具体事项。要着重写清基本情况和理由。但阐述要扼要，文字要简短，事实、数字要准确。对于比较复杂的问题，应当把上级机关审核时需要了解的有关情况写清或者附在请示之后，为上级审定提供可靠依据。

（3）具体意见。这是对所请示的问题提出解决意见或处理的设想、要求。意见要明确，切实可行，使上级机关一目了然，便于迅速决断。

（4）请示结尾。一般常用"妥否，请批示""当否，请批示"或"请予审批""请批复"等习惯用语。

4. 制发机关名称

在正文之后的右下方，写明制发机关名称，要用全称。如果标题中已有制发机关名称，落款处也可省略。但无论采用哪种形式，均要有公章。

5. 成文日期

在制发机关下方，标明成文具体时间。

（五）请示的写作要求

（1）要坚持一事一请示。如果"一文数事"，不同的事有不同的主送机关，致使文件传来传去，误时误事。

（2）要正确地阐明情况，恰当地提出意见或建议。阐明情况要实事求是，切忌弄虚作假。提出的意见或建议要恰当明确，切忌模棱两可。

（3）标题要规范。请示是国家法定的公文，其标题要符合公文标题拟写规范，不应带有主观随意性。常见的错误是将"请示"这一文种写成"请示报告"。

（4）用语要得体。请示的语言要谦恭、庄重，结尾应用约定俗成的专用尾语，用"要求""必须"等带有命令口气的词语或者用书信末尾的祝颂语，都不妥当。

（5）要严格按照隶属关系行文。一是不要多头主送。如果属于受双重领导的单位，主送负主要责任的上级机关。二是避免越级请示。如果因特殊情况须越级行文，应抄报越过的机关。三是一般不直接报送领导者个人。四是不要抄送下级机关。

📖 范文

××市旅游局关于成立××市旅游饭店协会的请示

××市政府办：

随着党的对外开放、对内搞活经济政策的实施，我市旅游事业蓬勃发展，饭店、宾馆迅速增加。据不完全统计，仅用于接待国外旅游者的饭店已达 15 个，床位 12100 张，而且各区还在不断兴建。用于接待国内旅游者的饭店更是大量增加。为了加强饭店管理工作，有必要成立一个行业性的组织，目的在于维护本行业的合法权益，交流饭店经营管理经验，提高经营管理水平，更好地为发展我市旅游事业服务，并开展国内国际同行间的联系。

一、××市旅游饭店协会拟以全市旅游饭店系统的人员为主体。（略）

二、协会将聘请有关方面和热心于饭店管理的专家、学者担任领导、顾问或理事。（略）

三、拟请××同志担任协会名誉会长。

四、旅游饭店协会挂靠市旅游局，办公地点也设在市旅游局内。

以上请示当否，请批示。

××市旅游局（公章）

××××年××月××日

点评：这份请示的正文，开头说明了请示成立××市旅游饭店协会的原因和理由，阐述充分，有比较强的说服力，为后面请示事项获得预期的解决结果提供了很好的基础与条件，然后把需要上级审批的问题，作出具体切实可行的说明，分条写出，一目了然。

关于我地区三名副厅级领导出访日本的报告

省人民政府：

经地委、地区行署研究，计划今年下半年由××、××、××三位副厅级领导，应日本××协会邀请，于今年××月赴日本参加××艺术交流活动，在日时间××天。

特此报告，请批示。

××地区行署
××××年××月××日

点评：此公文的不当之处很多，主要有：

（1）错用文种。本文是请示省人民政府是否同意××等赴日本参加艺术交流活动的，应用"请示"。

（2）正文结构不合理，先有邀请，后有研究，逻辑混乱。

（3）结语不正确。

训练设计

讨论并修改范文2，思考写请示要注意哪些问题。

二、报告

（一）报告的概念

报告是向上级机关汇报工作、反映情况、提出建议或意见、答复上级机关询问的公文。上级机关是指直接隶属的领导机关和主管的职能指导机关，如洛阳地税局，它的直接上级既可以是洛阳市政府，也可以是省地税局。报告是一种陈述性的上行文，以叙述的表达方式为主，主要用事实、情况和数据为主要汇报内容，主观的评论和分析不能占太多的比例。

（二）报告的特点

1. 真实性

报告以事实为基础，陈述材料和内容注重真实、具体、深刻。报告述及的情况和问题，为上级主管部门及时了解下情提供材料，并为上级作出正确的决策提供重要的依据。因此，书写报告绝不能凭空想象，更不能有丝毫的夸张或虚饰。

2. 针对性

报告要重点突出,有针对性。报告的内容、性质、目的不同,写作的要求和重点也会有所不同。因此要有针对性地把握不同的重点,围绕中心,有话则长,无话则短。

3. 概括性

报告是向上级机关反映情况和说明问题的,要想引起机关领导的注意和重视,就必须做到语言生动朴实,条理清楚,叙述问题概括集中,分析和议论有的放矢。只有这样,机关领导才能在阅读报告时及时抓住要领,从而更好地指导工作。

(三)报告的种类

1. 综合报告

综合报告的内容具有综合性,是全面反映情况的报告。

2. 专题报告

专题报告的内容单一,就某项工作和某一方面的情况做专门的汇报,突出"专"字。

3. 工作报告

工作报告用于汇报一个时期的工作情况。

4. 情况报告

情况报告用于反映工作中出现的新情况、新问题及出现问题后的处理等。

5. 答复报告

答复报告也叫应答报告,属于被动行文,一般用于上级机关询问后的回应。应该有问有答,答须所问,紧扣所问。

(四)报告的写法

报告一般由标题、正文、落款和日期组成。

1. 标题

报告的标题可以是事由加文种,如《关于 2016 年上半年工作情况的报告》;也可以是报告单位、事由加文种构成,如《洛阳理工学院教务处关于 2016 年度工作情况的报告》。

2. 正文

报告的正文要把握三点。

(1)开头,概括说明全文主旨,开门见山,起名立意。将一定时间内各方面工作的总体情况,如依据、目的,对整个工作的估计、评价等作概述,以点明主旨。

(2)主体,内容要丰富充实。作为正文的核心,将工作的主要情况、主要做法,取得的经验、效果等,分段加以表述,要以数据和材料说话,内容力求既详实又概括。

（3）结尾，要具体切实。写工作上存在的问题，提出下步工作的具体意见。最后可写"请审阅"或"特此报告"等作结语。

（五）报告的写作要求

（1）叙述事实，简明扼要。要概述不要细节，要清晰不要笼统，要条理不要杂乱，要关注报告类别不要一概而论。

（2）重点突出，中心明确。即使全面的报告也应有一个侧重，汇报工作也要有一个核心，答复问题在重心上也应心里有数。

（3）反映真实的情况。不夸大事实，不用空话和模糊的数字，不隐瞒工作中的问题。

范文

××理工学院第××次学生代表大会
提案工作报告

各位代表、同学们：

××理工学院第××次学生代表大会的召开是我校学生政治生活中的一件大事，是学生行使民主权利的重要途径。大会召开前，为促进广大同学与学校之间的沟通和交流，创造更好的学习和生活环境，大会筹委会在全校学生代表中开展提案征集工作，并向相关部门征询意见，提案工作收到良好的效果。

一、提案的基本情况

提案工作的开展，在我校学生中掀起了积极参与学校管理和建设的热潮，充分体现了同学们的主人翁意识和民主参与精神，展现了同学们高度的责任感和活跃的思维。提案征集工作于5月10日完成，共征集提案386份，有效提案111份。

其中，东校区的有效提案为100份，涉及保卫处的问题共4项，涉题提案共10份；涉及后勤集团的问题共20项，涉题提案共20份；涉及教务处的问题共17项，涉题提案共26份；涉及体育中心的问题共4项，涉题提案共4份；涉及图书馆的问题共6项，涉题提案共6份；涉及网络与教育技术中心的问题共6项，涉题提案共6份；涉及学生处（团委）的问题共10项，涉题提案共26份；涉及资产后勤处的问题共2项，涉题提案共2份。

西校区的有效提案为11份，其中涉及后勤集团的问题共5项，涉题提案共5份；涉及体育中心的问题共4项，涉题提案共4份；涉及图书馆的问题共2项，涉题提案共2份。

以上的提案内容都能紧密围绕教学管理、校园文化、后勤服务等全校学生普遍关注的热点问题，比较具有代表性。大多数代表在提出意见的同时，也提出了各自经过深入思考且较具可行性的建议。

各代表团积极参与提案组织工作，为提案工作的开展奠定了良好的基础。其中电子工程学院代表团与工商管理学院代表团皆以征集提案数占总提案数约11.7%名列前茅，化学与环境工程学院代表团、计算机学院代表团、文学院代表团的提案数量也较多。在提案质量上，随着学生代表责任心的增强，也得到较大的提升。其中，电子工程学院代表团、能源化工系代表团、工商管理学院代表团，以及建筑工程系代表团的提案有效率名列前茅，分别达51.1%、44.5%、33.3%和33.3%，机械工程学院代表团、计算机学院代表团、化学与环境工程学院代表团的提案有效率也居前列。提案质量的增强有力地提升了提案工作实效。

二、本次大会提案工作的特点

1. 学校领导高度重视。校党委会议专门研究了学代会相关工作，学校有关领导对提案工作作出了批示，要求校内各相关单位（部门）对提案工作高度重视，正确认识提案工作的重要意义，同时要把握机会做好教育、整改等相关工作。

2. 相关单位（部门）工作认真负责。相关单位（部门）积极配合提案工作，安排专人负责落实，大多数单位（部门）对提案进行了认真回复，充分体现了相关单位（部门）对学生代表提案工作的重视，尊重学生代表的民主参与学校管理的权利。

3. 提案工作组织严密，引导有效。大会筹委会成立了提案工作小组，主要负责提案的汇总整理和分类综合，向相关单位（部门）报送提案，提案回复的收集，以及上传下达等工作。大会筹委会组织各代表团团长负责落实提案相关事项。

本次提案首次设置优秀提案和优秀提案组织单位奖项，激励学生代表有序参与提案工作，经过代表团团长推荐和筹备委员会审核，评选出《关于建设书香文化校园的提案》等10份优秀提案和电子工程学院代表团等4个优秀提案组织单位，并在学代会上对获奖单位进行表彰。

4. 提案回复方式直接、新颖。本次提案由校学代会筹备委员会整理归纳，报送学校各相关单位（部门）。由相关单位（部门）对提案进行了逐一回复，并将在本次学代会上举行答询会，与各代表面对面，亲自对提案进行答复，提案形式创新。通过面对面回复的方式，更好地让代表们对问题答复清晰了解，增强提案回复的可信度。

本次提案工作开展以来，广大学生代表紧紧抓住收集工作契机，积极行使民主权利。正确认识提案工作的重要意义，积极建言献策，体现了一定的水平。与此同时，也存在代表不重视提案征集工作的情况，缺乏深入调查研究，提案随意，建议内容缺乏可行性等现象，对于提案的工作态度不够端正，定位不够准确，在今后的提案工作中应予改进。

最后，衷心感谢学校领导的重视和支持，感谢各位代表对提案工作的热情参与。希望今后能保持和发扬光荣传统，不断开拓创新，求真务实，大力开展提案工作，引导学生有序、理性参与学校事务，为学校建设特色鲜明的现代大学贡献青春力量。

××理工学院第××次

学生代表大会筹备委员会（代章）

2015年6月5日

点评：这份报告，背景叙述简明概括；基本情况介绍，用数据说话，很有说服力；对本次大会提案工作特点的综述，分四个方面来阐述，清晰明了。

第五节 函和纪要

一、函

（一）函的概念

函是一种平行文，也是公文中唯一的平行文，主要用于不相隶属机关之间商洽工作、询问和答复问题，或者向有关主管部门请求批准和答复事项。函的使用范围广泛，涉及各方面的公务联系。

为什么函要在不相隶属机关之间流通？因为工作的职权范围不同，对同级机关请求批准的，不能使用"请示"，只能用函。上级机关和主管机关不是同一个概念，只有行政上隶属和业务上归口的指导机关，才是本单位的上级机关。

（二）函的特点

1. 沟通性

函对于不相隶属机关之间相互商洽工作、询问和答复问题，起着沟通作用，充分显示平行文种的功能，这是其他公文所不具备的特点。

2. 灵活性

函的灵活性表现在两个方面：一是行文关系灵活。函是平行公文，但是它除了平行行文外，还可以向上行文或向下行文，没有其他文种那样严格的特殊行文关系的限制。二是格式灵活，除了国家高级机关的主要函必须按照公文的格式、行文要求行文外，其他一般函，比较灵活自便，也可以按照公文的格式及行文要求办。可以有文头版，也可以没有文头版，不编发文字号，甚至可以不拟标题。

3. 单一性

函的主体内容应具备单一性的特点，一份函只宜写一件事项。

（三）函的种类

按照对象性质，函可分为公函与便函两种。按照往来方向，函又可分为去函和复函两种。

按内容和用途，函可分为商洽函、询问函、答复函和请求批准函。

1. 商洽函

商洽函用于单位之间商洽工作、联系事项，如《××大学人事处关于商洽×××同志调动工作事宜的函》。

2. 询问函

询问函是指本机关应当解决但又无据可查，不能解决，需要对方协助调查的函。

3. 答复函

答复函也称复函，主要是针对询问函所作出的回答。答复函一定要在本机关、本部门的职责范围内客观答复，不能超越权限答复或处理问题。

4. 请求批准函

请求批准函是指向有关部门就其职能范围内，求得批准的函，由于平级或不相隶属，只能使用函而不能用请示。

（四）函的写法

2000 年 1 月 1 日《国务院办公厅关于实施〈国家行政机关公文处理办法〉涉及几个具体问题的处理意见》中这样阐述："'函的格式'指公文格式中区别于'文件格式'的'信函格式'。以函的形式行文应注意选择与行文方向一致、与公文内容相符的文种。"照此理解，函的格式为：文头只显示发文机关的名称，不带"文件"字样。

函一般由标题、主送机关、正文、发文机关、日期等组成。

1. 标题

标题由发文机关、事由加文种或者事由加文种组成。一般发函为《关于×××（事由）的函》；复函为《关于×××（答复事项）的复函》。

2. 主送机关

函的主送机关要写全称。

3. 正文

正文一般包括三个层次：首先写清楚函的缘由，简要介绍背景情况；其次写明函告事项，商洽、询问、答复的事项和问题；最后提出希望和要求，通常使用专用结束语，"函复、可否请函复、特此函复、此复"或"务希研究承复"或"敬请大力支持为盼"等。

4. 发文机关和日期

正文右下方的位置写明发文机关的全称及发文日期，也要加盖公章。

（五）函的写作要求

（1）格式规范。具备法定公文的规范格式，在文号的机关代字后加一个"函"字，顺序号走函的系列，不走发文机关的大顺序号。在机关的公文处理上，批复也走这个系列。

（2）用语得体，要体现平等坦诚精神，文字恳切得体、简洁朴实，用语谦和有礼，切不可盛气凌人，主要体现在带感情色彩的结束语"祈请""为盼"等。

（3）一函一事，避免一函中夹杂需要几个部门办理的事情，这样不仅行文不规范，而且常由于辗转传递而延误时间，欲速不达。

范文

××财会学校
关于请求协助解决进修教师住宿问题的函

××大学校长办公室：

　　为了培养师资，提高教学质量，我校今年选派 8 名教师到××学院进修。但该院宿舍紧张，无力解决进修教师的住宿问题。为此特去函与贵校商洽，恳请给予大力支持。有关住宿费用等事宜，按贵校有关规定办理。

　　盼函复。

××财会学校（印章）
2015 年 4 月 2 日

　　点评：这是一份去函，从内容到形式，比较规范。标题采用完全式标题，正文第一句话介绍发函的缘由，"为了培养师资，提高教学质量，我校今年选派 8 名教师到××学院进修"，然后写明函告的事项，即解决进修教师的住宿问题。用语诚恳朴实，谦和得体。

××市轴承厂
关于抓紧归还劳动服务公司借款的函

××市轴承保持器厂：

　　你厂于 2014 年 4 月，从我厂借去资金十万元，作为你厂劳动服务公司开办费，当时双方讲好年内一定偿还。目前已是 2015 年 2 月了，我厂正在编制 2015 年的财务决算，为使我们能及时搞好各类款项清理结账，要求你厂务必将所借之款于 2 月 27 日前归还我厂，切不要一拖再拖，给我厂财务工作的顺利进行带来不应有的困难。

　　此致

敬礼

××市轴承厂（印章）
二○一五年二月五日

　　点评：此文存在的问题有：

（1）语言不够谦和，"务必""切不要一拖再拖"。

（2）语言不够庄重，"讲好"系口语，应改为"议定、商定"等。

（3）标题用语也显生硬。

（4）结束语不应有"此致""敬礼"。

（5）发文日期没用阿拉伯数字表示。

训练设计

1. 修改上面的病文，体会函的写法。
2. 给父母或其他亲朋好友写一封信，体会并交流信和函有什么区别。

二、纪要

（一）纪要的概念

纪要是根据会议记录和会议文件，以及其他有关材料加工整理而成的，适用于记载、传达会议情况和议定事项，并要求有关单位执行的一种文体。它是反映会议基本情况和精神的纪实性公文。有的需要下发执行的会议纪要，可以"通知"形式发出。

会议纪要在发文上按照公文的程序，它没有主送机关和抄送机关，只在抄送的位置上有"发"字，后面是各发送单位的名称。

（二）纪要的特点

1. 综合性

会议纪要是在对会议中各种材料、与会人员的发言及会议简报等进行综合分析和概括提炼基础上形成的，它具有整理和提要的基本特点。

2. 指导性

这一特性包含两层含义：一是会议本身的权威性；二是会议纪要集中反映了会议的主要精神和决定事项。一经下发，将对有关单位和人员产生约束力，起着类似于指示、决定或决议等指挥性公文的作用。

3. 备考性

一些会议纪要主要不是为了贯彻执行，而是向上汇报或向下通报情况，必要时可作查阅之用。

（三）纪要的种类

根据会议出席人员来划分，有全体会议纪要、办公会议纪要、例会会议纪要、工作会议纪要、联席会议纪要等。

根据会议纪要的内容来划分，有决议型会议纪要、部署型会议纪要、务虚型会议纪要、学术型会议纪要等。

（四）纪要的写法

纪要一般由标题、正文和结尾三部分组成。

1. 标题

一般使用公文式标题，研讨、座谈等会议纪要则有的使用文章式标题，如《×××

矿务局×月关于安全生产会议纪要》《抓住机遇，扩大开放——沿长江五市对外开放研讨会会议纪要》。

2. 正文

正文第一部分一般应写明会议概况，包括会议进行的时间、地点、届次、组织者、出席和列席人员名单、主持人、会议议程和进行情况，以及对会议的总体评价等。

第二部分是纪要的中心部分，反映会议的主要精神、讨论意见和议决事项等。根据会议性质、规模、议题等不同，可以有以下几种写法。

（1）集中概述法。这种写法是把会议的基本情况，讨论研究的主要问题，与会人员的认识，议定的有关事项（包括解决问题的措施、办法和要求等），用概括叙述的方法进行整体的阐述和说明。这种写法多用于小型会议，而且讨论的问题比较集中单一，意见比较统一，容易贯彻操作，写的篇幅相对短小。

（2）分项叙述法。大中型会议或议题较多的会议，一般要采用分项叙述的办法，即把会议的主要内容分成几个大的问题，然后另上标号或小标题，分项来写。这种写法侧重于横向分析阐述，内容相对全面，问题也说得比较细，常常包括对目的、意义、现状的分析，以及目标、任务、政策措施等的阐述。这种纪要一般用于需要基层全面领会、深入贯彻的会议。

（3）发言提要法。这种写法是把会上具有典型性、代表性的发言加以整理，提炼内容要点和精神实质，然后按照发言顺序或不同内容，分别加以阐述说明。这种写法能比较如实地反映与会人员的意见。某些根据上级机关布置，需要了解与会人员不同意见的会议纪要，可采用这种写法。

3. 结尾

多数会议纪要不写结尾，研讨性的会议纪要会在结尾部分提出希望和要求等，如参加会议的人员名单过长，可以放到结尾部分专列。

（五）纪要的写作要求

（1）准确把握会议要点。了解会议宗旨，认真学习会议所涉及的政策、法规，翻阅会议涉及的专业知识和学术资料，以便能领会会议的精神。在会议过程中详细地记录与会人的发言，掌握和了解会议的全部情况。在写作时，关键要抓住会议上形成共识的内容，围绕会议宗旨和讨论情况进行概括，不能把个别意见当成决议。

（2）综合提炼会议结论。会议纪要是为了形成一个结论性的东西便于下发，因此在整理和概括发言时，要弄清哪些是讨论意见，哪些是结论，要紧紧抓住会议主持人、主要领导和权威人士的发言；对没有形成结论的，也要说清多数人的意见和少数人的观点。

（3）格式规范，结构清晰。纪要主要有两种结构：不定期召开的工作性会议纪要和协调性会议纪要，定期召开的领导人参加的决策性会议纪要。工作性会议纪要使用会议召开机关的名称；协调性会议纪要则要加盖牵头单位的公章和成文日期，以突出权威性；召开领导人参加的决策性会议纪要，要使用专门的带职务名称的纪要格式。

📖 范文

××大学校长办公会议纪要

2016 年 12 月 10 日,在办公楼三楼会议室召开了 2016 年第 21 次校长办公会议。胡学军、陈正中、陈光明、肖达、陈永林、戚明星等同志出席了会议,保卫处、财务处、器材处、学生处、产业办等单位的负责人列席了会议。本次会议由××校长主持,主要决定了下列事项:

一、关于发行蓝印户口问题。会议决定……

二、关于自筹资金建家属楼问题。会议决定……

三、关于给予学生李健勒令退学处分的问题。……

四、关于产业办起草的两个文件的修改问题。……

五、复议各单位自筹资金购买计算机的问题。……

点评:这份纪要,开头按照纪要的要求,交代清楚了会议的基本情况;正文部分采用分项叙述的方法来叙写,内容全面,每一部分都概括出了会议上形成共识的内容。

✍ 训练设计

1. 上网查找资料,说说会议纪要和会议记录有何异同。
2. 以组为单位写一份会议纪要,并进行课堂交流。

第三章 事务文书

第一节 事务文书概述

一、事务文书的概念

事务文书是国家行政机关、企事业单位和其他社会组织处理行政管理事务的一种非公文性质的其他事务性文件，主要用于指导工作、处理政务、交流情况等。由于工作的性质不一样，需要的文种也有较大的区别。调查报告是用来了解具体情况、研究分析解决问题、安排工作需要计划类的文书；实现计划和完成目标以后要写总结；机关内部进行情况交流要写简报；领导出席会议讲话，需要写讲话稿等。行政公文和事务文书是机关和企业开展工作不可缺少的两个文种，常常是以行政公文作为权威性立言，事务文书作为附件，使文件的内容详实和具体。

与党政机关公文相比，事务文书的制作者可以是法定作者，也可以是个人作者，一般不以单位的名义明确发出。事务文书的内容具有事务性，更具体，更注重细节和过程，但没有公文那样严格的规范意义。

二、事务文书的特点

1. 管理性

管理学认为，现代管理活动的流程大致包括决策、计划、组织、控制四个阶段。事务文书在这四个管理阶段中发挥着重要的作用。调查报告为决策提供依据；计划为决策的实施进行合理的筹划；总结为下一个决策提供经验教训等，这些都符合机关事务中管理的要件要求。

2. 咨议性

咨议性主要是指不同种类的事务文书所反映现实和客观的情况，为机关的工作提供不可缺少的信息保证。

3. 具体性

同行政公文相比，事务文书的篇幅一般较长，更注重以详尽的事实和具体可信的数据来说明观点和立场。在表达上，事务文书最常使用的方式是叙述。

三、事务文书的作用

事务文书是以机关的行政管理需要为标准产生的，因此它在机关的事务管理中必然发挥巨大的作用。

1. 对领导和上级机关的决策具有参谋的作用

所有的事务文书都会提供在现实生活中得到的信息，对于决策的部门来说，都起到参谋和参考的作用。"调查报告""简报""计划"等建立在科学的分析和细致的判断上，充当"眼睛"的角色，帮助领导者科学决策。

2. 对具体的工作有规定和约束作用

以法定作者制作的事务文书，如单位计划、简报等，对单位的成员具有一定的约束作用；以个人作者制作的文书，如总结、述职报告、个人计划等，对个人的行为具有一定的约束作用。无论是对未来工作的规划，还是对过去的回顾，都能使人从中得到启发，从而约束自己的行为。

3. 对读者有认识作用

普遍的读者，通过对事务文书的阅读，可以了解情况、增长见识、丰富工作和社会经验，与文章的作者进行跨越时空的交流。

四、事务文书的种类

（1）计划类。计划类包括计划、规划、方案、安排、要点、打算、设想等。

（2）报告类。报告类包括总结、述职报告、调查报告等。

（3）简报类。简报类包括工作简报、工作动态、内部参考、信息快报等。

（4）制度类。制度类包括规则、章程、制度、条例、职责、办法、细则、规章制度等。

（5）会议类。会议类包括会议记录、会议议程、讲话稿、发言稿、开幕词、闭幕词等。

五、事务文书的写作要求

1. 掌握充分的材料

大量、详尽、充分地占有材料，最好从实际工作和调查研究中获得第一手材料；在取得材料时必须熟悉工作过程，做好原始记录；同时，也要重视对文献和其他途径得来的第二手材料进行认真分析。从写作的角度看，事务文书使用的材料主要有以下几种。

（1）背景材料。围绕写作对象的外围材料，包括由社会环境和自然环境组成的与对象有一定联系，但非直接联系的材料。例如，北京奥运会与一个学校举行的一次文艺活动。

（2）典型材料（核心材料）。典型材料是指协作活动中占据核心的、主要位置的材料，或者由此反映写作的主旨和作者立场的材料。例如，环境污染调查报告中对严重污染企业的调查材料，在计划写作里的具体实施条款的陈述等。

（3）过程材料。过程材料是指在事件和对象中包含发展变化的材料，如时间的变化、事件性质的变化等。

（4）评价性材料。评价性材料是指他人，主要是专家、权威及旁观者对某些事项的评价的观点和立场。

2. 要有前瞻意识

要求作者能站在时代和未来的高度对待事务文书的写作。计划要着眼未来，简报、总结等既要对以往工作进行回顾，也要将经验和教训同未来的工作相结合。要注重纵向比较，从事物的发展进程中找出影响事物未来发展的规律。

3. 要有实事求是的写作态度

态度不浮夸、不浮躁，观点突出，立场鲜明，有政策水平和业务水平。材料准备绝对真实，对事物和人的评价客观公允。写作过程按步就班，不轻易放弃任何获得对写作过程坐实的机会。

第二节 计划和总结

一、计划

（一）计划的概念

计划是为了实现某一管理目标，完成某个任务，开展某项工作而预先做的安排和设计，并用书面形式表达的文书。

（二）计划的特点

1. 预想性

所有的计划都是在预测的基础上，对未来的工作和任务的构想。其目标、任务和完成的步骤都是根据现实情况确定的，计划一定要符合实际，对未来要做的事情做充分的估计，才会切实可行。

2. 可行性

可行性是指计划的制订应在一个合理的范围内，具有现实可能性。主要表现在两个方面：一方面，计划得有挑战性，激发人的潜能和热情；另一方面，计划如果不具备可行性，盲目地脱离客观实际，那就不能保证实现，反过来会损害行动的热情。

3. 具体性

计划是建立在科学和实际的基础上制订的，它指导着行动和实践，这种指导并不是一般意义上的思想指导，而是具体的步骤和方法，行动之中比照进程，完成后进行检查。因此，制订计划，要写明计划的具体完成方法、措施及时间限制等要素，这样才是一份完整的计划。

4. 业务性

计划要根据不同的部门、行业和具体的工作情况来制订，熟悉本部门、本专业和本职工作的人了解一些业务指标，才能制订计划，外行制订的计划常常是不合实际的。

（三）计划的种类

从特征上划分，计划包括规划、设想、计划、要点、方案、安排等。

1. 规划

规划是计划中最宏大的一种，一般要在三五年以上完成。从范围上说，大都是全局性工作或涉及面较广的重要工作项目；从内容和写法上说，往往是粗线条的，比较概括，如《××省经济和社会发展十年规划》《××省工业结构调整规划》等。规划是为了对全局或长远工作作出统筹部署，相对其他计划类公文而言，规划带有方向性、战略性、指导性，因而其内容往往要更具有严肃性、科学性和可行性。

2. 设想

设想是计划中最粗略的一种。在内容上是初步的，多是不太成熟的想法；在写法上是概括地、粗线条地勾勒。但时间不一定都是远的，范围也不一定都是宏大的。一般说来，时间长远的称为"设想"；范围较广的称为"构想"；时间不太长、范围也不太大的称为"思路"或"打算"。设想是为制订某些规划、计划所作准备，是一些初步想法。设想在严肃性、科学性和可行性方面的要求相对差一些，只要基本成形就可以，且在提出任务或目标时，往往还有一些简短的论述语句。设想与规划一样，在内容的写法上具有原则性和概括性，不可能也没有必要写得太细、太具体。

3. 计划

狭义的计划是广义工作计划中相对适中的一种。这个特点表现在，时间一般在一年、半年左右，范围一般是一个单位的工作或某一大项重要工作，内容和写法要比规划具体、深入，要比设想正规、细致，要比方案简明、集中，要比安排扩展、概要。

4. 要点

要点，实际就是计划的摘要，即经过整理，把主要内容摘出来的计划。一般以文件下发的计划采用"要点"的形式。

5. 方案

方案是计划中内容最为复杂的一种。由于一些具有某种职能的具体工作比较复杂，不作全面部署不足以说明问题，因而公文内容的构成势必要繁琐一些，一般有指导思想、主要目标、工作重点、实施步骤、政策措施、具体要求等项目。

6. 安排

安排是短期内要做的，且范围不大、内容单一、布置具体的一类计划，如《××系第×周工作安排》。

（四）计划的写法

完整的计划一般包括：标题、前言、主体、制订者和日期四个部分。

1. 标题

计划的标题格式常用的有三种：一是制订计划的单位名称、计划使用期限、计划内容范围加文种；二是计划期限、计划内容加文种；三是制订计划的单位名称、事由加文种。

2. 前言

前言部分概括性地说明计划的制订依据和理由、指导思想。为什么做，根据什么做，能不能做等，属于纲领性的部分。一般不进行论述，但可以展开理由。

3. 主体

计划的核心部分，具体回答做什么，怎么做，何时完成等问题。

首先写清楚计划的目标和任务，其次写明白完成计划的目标和任务的措施与方法，最后再具体写出完成计划的步骤与安排。

4. 制订者和日期

计划的制订者和名称，以单位名义制订的计划只能使用单位名称。如果需要上报和下达计划，还应加盖单位的公章。

（五）计划的写作要求

（1）正确处理好当前和长远、局部和整体的关系。
（2）集思广益，使计划制订得更具现实基础。
（3）注意灵活性和连续性。

范文

××学院2015—2016学年第二学期
学生会工作计划

在新学期里，本学生会有信心战胜各种困难，以更加饱满的热情迎接挑战，精心打造本学院的品牌活动，营造更加和谐的校园文化氛围。具体工作计划如下。

一、加强学生会自身建设，树立优秀学生组织形象

1）开学初始，团总支、学生会将进一步对学生会的章程和制度及相关说明进行系统的整理和归纳，制定具体的学生会管理文件。

2）学生会办公室与宣传部将对学生会的工作证、博客、电子邮箱、qq群和档案等方面进行规范管理，加强学生会自身的文化建设。

3）学生会将根据实际需要组织一系列有关自身建设的工作与活动，在注重理论学习的同时，进一步加强学生干部队伍的团队建设，打造"和谐学生会"，提高战斗力与凝聚力。

4）学生会干部要以切实的行动提高自身的业务素质和工作的透明度，真诚服务于同学。为提高学生干部的工作积极性和责任心，学生会将实行每月工作汇报制度，不仅检验学生会各部门每个月的工作成果，还锻炼学生干部的演讲能力。

二、将本学院的活动进行整合，注重品牌建设

1）开学初期，再次在新生中进行学生会的宣传，树立学生会的整体形象，为学生会的品牌建设打下良好的基础。

2）学生会将与本学院的各年级学生及其他学生组织一起，以五月科技文化节为主线，对本学院的活动进行整合，树立本学院活动的品牌。

① 全力打造本学院的特色活动。今年将在往年《模拟企业大赛》的基础上有所创新，如《股市评论》等，力争将其建设成为本学院的品牌活动，并在校内和校外进行推广，以便于同学们更好地了解和参与现代经济学和金融学的前沿发展，把握自己的兴趣方向，扩大其在校外的影响。

② 将学院科技文化节建设成为本学院的品牌活动。认真组织策划本学院科技文化节的各项活动，以精细化的作风打造本学院高质量的获奖科技项目，使学院科技文化节成为暨运动会、金秋歌会等大型活动之后的展现本学院风采的又一个舞台。

③ 本学期，学生会将注重学生在实践活动中的自我教育，积累活动经验，为下一届学生会的工作提供参考和模板。本学院第四届团总支学生会的整体形象，也是学生会精心打造的另一个和另一种意义上的品牌。

④ 在树立本学院活动的品牌的同时，组织全院学生认真学习两会精神，加强理论学习，提高理论修养。

三、与校内、校外的学生会或其他学生组织进行交流与合作

1）本学生会将积极地配合校学生会的工作，认真开展各项活动，为推动学校的学生文化活动的顺利开展，丰富校园文化贡献力量。

2）本学生会将积极地与校内、校外的学生会或其他学生组织进行交流与合作，弥补自身的不足，提高自身的竞争力与影响力。

3）本学生会将与校内、校外的学生会或其他学生组织进行长期的合作，扩大本学院的影响力，丰富本学院的学生文化活动。

四、围绕"本科教学评估"，促进学院"迎评促建创优"工作

1）本学生会与学院的其他学生组织一起开展"本科教学评估"的宣传活动，通过举办知识竞赛等活动，让同学们了解本科教学评估的意义。

2）配合学院的领导和老师加强本学院的学风建设，做好校学生会开展的"学风状况"调研活动，及时了解同学们的学习情况，促进同学们自主学习积极性的培养，提高学习效率。

3）积极开展其他相关活动，展示本学院特色，配合学校的"迎评促建创优"工作。

五、全力备战学院科技文化节，力争再创辉煌佳绩

1）整体协调本学生会各部门的科技文化节工作，做到分工明确，责任到人。

2）根据本学院的领导和老师制订的科技文化节的活动方案和预期目标，组织开展各项活动。

3）及时了解本学生会各部门的科技文化节相关活动的组织情况，并给予适当的建议和指导。

在本学期的工作中，本学生会将注重自身的文化建设，使各方面的工作更加完善。同时，强调品牌活动建设，使学院活动更加丰富，充分调动同学们的积极性，提高同学们的综合素质。本学生会坚信，在新学期里将会为本学院创造新的辉煌，因为我们很优秀!加油!

点评：这份计划，从五大方面叙写了新学期的工作计划，每一方面的工作安排具体、缜密，执行操作性非常强，计划既展示了学生思想的成熟，也体现了大学生积极进取的精神风貌。

训练设计

1. 每个同学都是班级的一员，要有集体荣誉感，请站在班级的角度写一份班级本学期的工作计划。
2. 认真思考，结合个人实际，写一份大学四年的学习计划。

二、总结

（一）总结的概念

总结是单位或个人对过去一个时期内的实践活动作出系统地回顾、分析和评价，从中得出规律性认识，用以指导今后工作的事务性文书。计划和总结是工作中两个不可缺少的部分，计划是总结的前提的和依据，总结是计划的认识和评价。这正体现了人对事物认识的阶段性，只有在完美计划实现的基础上总结经验，才能不断前进，使工作迈上新的台阶。

（二）总结的特点

1. 真实性

总结在回顾过去时要用事实说话，从本单位（或本人）自身的实践活动中选取材料，并从这些材料中提炼观点，得出结论。

2. 理论性

总结工作不是记流水账，不能停留在事实的表层作一般的陈述，而应进行理性分析，认真评论得失，对大量的事实材料进行科学分析，就事论理，揭示客观事物带有规律性的结论。

3. 目的性

如果说总结工作回顾过去，回答"做了什么"体现了真实性；评论得失，回答"为什么"体现了理论性；那么指导未来，回答"怎么做"则体现了目的性。总结的根本目的在于指导今后的实践，肯定成绩是为了增强信心，鼓足勇气，做好以后的工作；总结经验是作为后事之师，发扬光大，不断前进；找出教训是为了明白失利原因，以便记取，使今后走上坦途，避免重蹈覆辙。

（三）总结的种类

从性质、时间、形式等角度划分，主要有综合总结和专题总结两种。综合总结又称全面总结，它是对某一时期各项工作的全面回顾和检查，进而总结经验与教训。专题总结是对某项工作或某方面问题进行专项的总结，以总结推广成功经验居多。

从内容上划分：工作总结、学习总结、思想总结等。

从时限上划分：年度总结、季度总结、月份总结、阶段总结等。

从范围上划分：地区总结、部门总结、单位总结、个人总结等。

（四）总结的写法

总结一般有陈述性和论述性两种。

陈述性总结的写法：以事实为主，陈述工作进行情况、成绩、教训、今后的努力方向。常用于事务性强的年度总结和常规性总结。

论述性总结的写法：以议论表达为结构主体，尽管也陈述事实和过程，但依附于观点和认识里，以这些观点和认识统领全文。

总结的结构一般由标题、正文、落款三部分内容构成。

1. 标题

总结的标题，常用的有三种。

（1）文件式标题。文件式标题一般由单位名称、时限、内容、文种名称构成，如《××局19××年度拥军拥属工作总结》。随意性的总结也可以简单以"学习小结""工作总结"的形式出现。

（2）文章式标题。文章式标题以单行标题概括主要内容或基本观点，不出现总结字样，但对总结内容有提示作用，如某高校的专题总结《我校实行教学与科研相结合的经验》。

（3）双行式标题。双行式标题分别以文章式标题和文件式标题为正副标题，正标题揭示观点或概括内容，副标题点明单位、时限、性质和总结种类，如《让道德的力量深入人心——××大学德育工作总结》。

2. 正文

总结的正文由前言、主体、结尾三部分组成。

（1）前言。前言即正文的开头，介绍工作背景、基本概况等，也可交待总结主旨并作出基本评价。

（2）主体。主体应包括主要工作内容、成绩及评价、经验和体会、问题或教训等。这些内容是总结的核心部分，可按纵式或横式结构形式撰写。纵式结构，即按主体内容纵向所做的工作、方法、成绩、经验、教训等逐层展开。横式结构，即按材料的逻辑关系将其分成若干部分，标序加题，逐一论述。

（3）结尾。可以归纳呼应主题、指出努力方向、提出改进意见或表示决心信心等语作结尾，要求简短精练。

3. 落款

一般在正文右下方署名、署时。如果是报刊杂志或简报刊用的交流经验的专题总结，应在标题下方居中署名。

（五）总结的写作要求

（1）充分占有材料，突出重点。用大量的事实和数据来说明问题，对本单位和本部门的工作情况做深入的了解。

（2）突出个性，写出特色。要结合部门的工作特点和专业特色进行总结和述职，以独特的视角认识事物和解决问题。

（3）功过分明，有的放矢。要态度明确地对待成绩和失误，不要含糊其词；要在写作时有目的地对本单位和本部门的工作进行评价，得出结论，凸显文章的主旨。

范文

××学生个人总结

宝贵的四年大学生活已经接近尾声，我感觉非常有必要在此总结一下自己四年来的得失，以便于发扬优点，改正不足。同时，回顾自己走过的路，也是为了更好地看清自己将来要走的路。

虽然我的学习成绩不是非常好，但是我却在学习的过程中收获了很多。

1）端正了学习态度。我刚进大学时，满脑子想的就是好好放松自己，然而我很快就明白了在大学里仍然需要认真努力地学习。看到身边的同学们都在拼命地学习，我也打消了偷懒的念头，从此开始了我的大学学习旅程。

2）提高了自学能力。由于大学的授课已经不再是高中的填鸭式，并且老师在一节课中要讲述很多知识，学生只靠在课堂上听讲是完全不够的。因此我在课后除了练习巩固课堂上所学的知识之外，还经常去图书馆查阅相关资料，自己努力钻研。随着日积月累，我的自学能力得到了提高。

3）懂得运用学习方法，同时注重独立思考。学好功课，只靠埋头苦学是不够的，要掌握正确的学习方法。"授人以鱼不如授人以渔"，我学习的目的就是要学会"渔"，但是说起来容易做起来难，因此我换了好多种学习方法，做什么事情都勤于思考，每次遇到不懂的地方都积极向老师请教。我将"独立思考"作为自己学习的座右铭，时刻警诫自己。随着学习的进步，我不仅学到了公共基础学科知识和很多专业知识，在心智成熟方面也有了质的飞跃，能够在较短的时间内快速地掌握一种新的技术知识，我认为这对于个人将来的发展很重要。

4）在学习知识的过程中，我与老师之间建立了深厚的师生情谊。老师们的谆谆教导，使我体会到了学习的乐趣。

5）我与身边的许多同学之间也建立了良好的学习关系，互帮互助，攻克难关。

6）现在我已经大四，正在做毕业设计，这一阶段更培养和锻炼了我的分析问题、解决问题的能力及动手实践能力，受益匪浅。

我一直注重自己的品行，追求人格的升华。我崇拜有巨大人格魅力的人，并且一直希望自己也能成为这样的人。在大学生活中，我始终坚持自我反省，并且努力地完善自己的人格。四年来，我通过阅读相关书籍，越来越清楚地认识到，只有拥有良好的品行，才能树立正确的人生观和世界观。因此，无论在何种情况下，我都以"品德至上"要求自己。无论何时何地我都奉行严于律己的信条。在日常的学习生活中，我尊师重道，友爱同学，乐于助人。以前我只是觉得乐于助人是一种传统美德。现在我知道，乐于助人不但能够塑造助人者高尚的品德，而且其自身在帮助别人的同时也会得到很多益处，帮助别人其实也是在帮助自己。我很高兴自己能够在同学们有困难的时候帮助他们，同时，在我有困难的时候我的同学们也向我伸出无私援助之手。而对于老师，我一向是十分敬重的，因为他们曾经在我彷徨的时候指导我，帮助我。如果没有老师的帮助，我在人生的路途上很可能将不知道何去何从。我现在领悟到，与其说品德是个人的人品操行，不如说是个人对整个社会的责任。一个人活在这个世界上，就得对社会承担起一定的责任和义务。一个人只要拥有了高尚的品德，就能正确地认识自己承担的责任和义务，在对国家、对社会的贡献中实现自身的价值。

我的人际交往能力和社会实践能力都有了很大提高。大学期间，我参加了很多校内的活动和一些社会实践活动。参加校内的活动，我不仅认识了更多的同学，也增加了与其他同学之间相互交流、相互学习的机会，既锻炼了自己的人际交往能力，又能够取长补短。此外，我还一直是班委成员和寝室长，这对自己既是压力又是动力。我还参加过一些社会活动，如做过家教、志愿者、推销员和设计员等，虽然有时我会感到很累，但是所有这些让我的大学生活更加丰富多彩，因而我乐此不疲。

我的体育成绩一向很好。虽然我的体质并不出色，但是通过刻苦练习和对体育项目的准确理解，我还是能够很好地完成体育课教授的项目。我喜欢运动，几乎对所有的运动项目都感兴趣，尤其是足球。经过四年的磨炼，我的球技已经有了质的提高。踢足球不仅让我锻炼了身体，还增强了我的团队精神和集体荣誉感。

上述是我对自己四年的大学学习生活的总结。我认为这个世界上并不存在完美的人，每个人都有自己的优点和缺点，关键是自己能否正视并对其善加利用。

点评：这份总结，比较全面地总结了四年大学生活的得失，详略安排得当，语言朴实无华，反思深刻，不论是优点还是缺点，都让人感觉到他（她）在不断地进取，不断成长，他（她）的四年是充实的，丰富的。

训练设计

1. 以班为单位，举行一次每个同学都要参与的有关上学期或本学期的学习工作述职报告会，然后根据大家的述职情况，以组为单位，写一份相应的班级工作总结。
2. 根据自己的实际情况，写一份个人年度总结。

第三节　调查报告

一、调查报告的概念

调查报告是作者有目的地对社会生活中的某项工作、某个事件、某个问题，经过深入细致的调查后，将调查中收集到的材料加以系统整理，分析研究，以书面形式向组织和领导汇报调查情况的一种文书。

调查报告与调研工作有着密切的关系，调研工作是调查报告写作的前提，完美的调查报告是调研工作的理想结果。

二、调查报告的特点

1. 写实性

调查报告是在占有大量现实和历史资料的基础上，用叙述性的语言实事求是地反映某一客观事物。充分了解实情和全面掌握真实可靠的素材是写好调查报告的基础。

2. 针对性

调查报告一般有比较明确的意向，相关的调查取证是针对和围绕某一综合性或专题性问题展开的。因此，调查报告反映的问题集中而有深度。

3. 逻辑性

调查报告离不开确凿的事实，但又不是材料的机械堆砌，而是对核实无误的数据和事实进行严密的逻辑论证，探明事物发展变化的原因，预测事物发展变化的趋势，提示本质性和规律性的东西，得出科学的结论。

三、调查报告的种类

1. 按照内容来划分

（1）情况调查报告。是比较系统地反映本地区、本单位基本情况的一种调查报告。这种调查报告是为了弄清情况，供决策者使用。

（2）典型经验调查报告。是通过分析典型事例，总结工作中出现的新经验，从而指导和推动某方面工作的一种调查报告。

（3）问题调查报告。这种调查报告针对某一方面的问题，进行专项调查，澄清事实真相，判明问题的原因和性质，确定造成的危害，并提出解决问题的途径和建议，为问题的最后处理提供依据。

2. 按照功能划分

（1）指导性调查报告。以社会生活中的突出事件和典型事例为调查对象，通过调查研究，从中得到值得借鉴的经验和学习的东西。

（2）定性型调查报告。属于查明问题型的调查报告，通过对一件或几件有争议的事或一些人的调查，查明真相，在政策的高度上给予定性的评价。以核对事实、明断是非、得出结论为写作目的。

（3）咨议型调查报告。对事关全局的问题和国情、民情的调查，通过分析、研究和评述，为有关部门的重大决策提供依据。

四、调查报告的写法

一般来说，调查报告的内容大体有：标题、前言、概况介绍、资料统计、理性分析、总结和结论或对策、建议，以及所附的材料等。由此形成的调查报告结构包括标题、前言、正文、结尾和落款。

1. 标题

调查报告的标题有单标题和双标题两种类型。单标题就是一个标题形式，又可分为公文式标题和文章式标题两种。公文式标题由"事由+文种"构成，如《浙江省农村中学语文教学情况的调查报告》。文章式标题，如《××市的校办企业》；标明作者通过调查所得到的观点的标题，如《调整教育政策，增加教育投入》。双标题就是两个标题形式，即一个正题、一个副题，如《为了造福子孙后代——××县封山育林调查报告》。

2. 前言

前言又称引言。它是调查报告的导语，简洁明了地介绍有关调查的情况，或者提出全文的引子，为正文写作做好铺垫。常见的前言有三种写法：①简介式，对调查的课题、对象、时间、地点、方式、经过等作简明的介绍；②概括式，对调查报告的内容（包括课题、对象、调查内容、调查结果和分析的结论等）作概括的说明；③交代式，即对课题产生的由来作简明的介绍和说明。前言起到画龙点睛的作用，要精练概括，直切主题。

3. 正文

正文是调查报告的主体。它对调查得来的事实和有关材料进行叙述，对所作出的分析进行议论，对调查研究的结果和结论进行说明。正文的结构有不同的框架。

（1）根据逻辑关系安排材料的框架，有纵式结构、横式结构、纵横式结构。这三种结构，以纵横式结构常被人们采用。

（2）按照内容表达的层次组成的框架，有"情况—成果—问题—建议"式结构，多用于反映基本情况的调查报告；"成果—具体做法—经验"式结构，多用于介绍经验的调查报告；"问—原因—意见或建议"式结构，多用于揭露问题的调查报告；"事件过程—事件性质结论—处理意见"式结构，多用于揭示案件是非的调查报告。

4. 结尾

结尾的写法比较多，可以提出解决问题的方法、对策或下一步改进工作的建议；或者总结全文的主要观点，进一步深化主题；或者提出问题，引发人们的进一步思考；或者展望前景，发出鼓舞和号召。调查报告的结尾方式主要有补充式、深化式、建议式、激发式等。

5. 落款

调查报告的落款要写明调查者的单位名称和个人姓名，以及完稿时间。如果标题下面已注明调查者，则落款时可省略。

五、调查报告的写作要求

（1）用事实说话。将调查得来的典型事实、代表性事实和新颖的事实陈列于其中，以此来支撑文章的基本观点，以便为自己的调查目的和写作目的服务。

（2）处理好叙述和议论的关系。叙议结合是调查报告写作的基本表现手法，既要注重事实的叙述，又要在事实之间穿插必要的议论，以分析议论等手段提升叙述事实的说服力。叙述为主，议论为辅；叙述是议论的基础，议论是叙述的升华。

（3）使用第三人称和被动语态。使用第三人称或直接称呼对象的名称。被动语态的基本句式："调查结果显示""调查表明""事实使我们不得不认为"等，表明调查者是根据事实说话，是有根据的评价或分析。在判断时，不能使用"可能""也许"等模糊性语言，使读者产生怀疑而降低文章的可信度。

📖 范文

关于北京市交通拥堵问题的社会实践调查报告

一、内容摘要及背景

交通拥堵，又称交通拥挤、交通堵塞、塞车或堵车，是指一种车多拥挤且车速缓慢的现象，通常在假日或上下班高峰出现。此情形常出现于世界上各大都市区内或连接两个都市之间的高速公路上。北京作为我国的政治、经济和文化中心，是汽车普及率高且全国流动人口聚集的一个主要城市，近年来，其人口规模快速膨胀。非常庞大的人口总量和高比例的流动人口，使北京的交通面临着极大的挑战，市区堵车现象十分严重，尤其是在二环内和三环内，每天早高峰和晚高峰车辆都行驶得非常缓慢。人们将经常容易塞车的路段称为交通瓶颈。交通拥堵致使人们的出行时间大大延长，人们上下班花费在路上的时间普遍长达一两个小时。

二、调查目的

随着中国社会的不断发展，交通问题越来越成为国家、社会及每个人关注的焦点。尤其是北京，虽然拥有世界先进的交通体系，却依然深陷交通拥堵之中。这无疑成为我在北京体验最深，也最让我深思的问题。因此，我尝试分析其中的原因，并针对问题提出我个人的意见，希望人们对于交通问题不再一味地抱怨，而是能够共同努力，改善我们的生活环境。

三、调查对象

公交车、出租车司机；交通管理人员；出行市民；其他。

四、调查方法

人员采访；实地观察；其他。

五、调查结果

通过调查采访，我发现造成北京交通拥堵问题的原因如下。

1）人口基数庞大。目前北京人口超过 2000 万，核心区域，如东城区、西城区和朝阳区的人口密集程度已经达到 23953 人/平方公里。如此庞大的人口数量无疑成为造成北京交通拥堵的最直接的原因。因此，在朝阳区比较密集的商务区内，我采用询问和记录的形式进行了部分抽样调查。家庭地址在三环和四环之间的上班人员，平均上下班时间在 1 小时至 1 小时 30 分钟之间；家庭地址在北京四环和五环之间的上班人员，平均上下班时间在 1 小时 30 分钟至 2 小时之间；家庭地址在相对偏远或在北京郊区一带，上下班时间就会超过 2 个小时，甚至更长。由于各公司的上下班时间基本是在同一时间段，导致在上下班时间段的人流量超过交通饱和状态，从而导致交通拥堵。因此，无论多么发达的交通系统都会因为地域及客观条件的限制，拥有自己的承受极限，当突破该承受极限时，再发达的科技也只能枉自兴叹。

2）政策的预见性。我要说明的是，针对交通拥堵问题，政府出台了很多有针对性的政策。但是出台的政策都是在弥补或是解决已经发生的问题。由于长时间形成的社会习惯，很多政策在出台后并没有收到预期的效果。现在很多城市都开始实行汽车出行限号、汽车购买摇号等政策。不得不说，这些政策在一定程度上会缓解交通压力，但是能否收到明显的效果还是值得商榷的。出台的政策只是解决当前存在的问题，但是其对社会发展或是由其引起的整体连锁反应是否真的有利呢？如果只是短暂地解决问题，没有持续性，那么这个政策的出台也只能是昙花一现。表象的改变是否能够满足我们对于交通畅通的期待呢？这样的期待最终会变成什么？这些问题真的很值得我们深思。

3）人员素质问题。通过查阅资料，很多国家也存在车辆多，人员基数大的问题，但是其交通拥堵情况却比北京好很多。相对同等的条件下，为什么会有这样的反差？道路上每条标注的线，每个路口设置的红绿灯，都有其存在的意义和价值。每条线都是在规范车辆的行进区域，每个红绿灯都是路段畅通及安全的保障。然而，有相当比例的人忽视这些问题，甚至熟视无睹。很多路段拥堵就是由于前方出现交通事故引起的。而交通事故也是由于一方没有按照规范及规定操作而导致的。也许只是为了争取那几分钟的时间，却耽误了更长的时间。人们听到"丢了西瓜，拣芝麻"都会一笑而过，但是殊不知这样的做事方式何尝不同于西瓜与芝麻间的选择？无视交通规则、抢占其他车道、强行超车、加塞都不是帮你节省时间的捷径，这只能体现一个人的素质、心态，只能让人离要去的方向越来越远。

六、解决方案

以上造成交通拥堵的原因虽然是概括，但是都是直接导致交通问题的源头。事情的改变不是从细节开始改变，而是要回归正确的方向。如果方向都不对，改变细节又有什么意义？故以下三点是我提出的解决意见。

1）人口基数庞大。我们不是要疏散或是通过生活压力的方式，让更多的人无法生存而选择离开。北京之所以人口数量庞大是因为更多更好的就业、生活的机会相对较多。更多的人愿意离开家，到北京寻找发展机会。如果经济落后地区能加速发展，那么就会有越来越多人可以在自己的家乡生活和工作。而这样的调整需要国家的扶持和改变。这不是在短时间内能解决的，但是需要明确方向，逐步调整。

2）针对政府出台政策的问题。政府出台的政策不是短暂的解决问题，而是在符合整体发展方向的同时改善目前的交通现状使人们慢慢改变和培养新的交通意识和理念，形成新的社会习惯，跟上社会发展的步伐。就像国家的五年规划，规划的是方向，是预期，是细节，是结果。

3）人员素质。这不是贬低，不是羞辱，而是同为一族的人所发出的声音。点滴均是长时间社会演变所塑造出来的惯性。一点一滴的改变就会成为发展的源动力。只需要每个人做一些改变，就会有更多人效仿，就会成为社会的风气，最终成为每个人的习惯。不要因为这件事太遥远而不做，因为不做就永远达不到成功，迈出一步，我们就可以离成功更近一步。我愿意从我做起，去改变、去影响。

七、总结

交通问题不是一朝一夕能够解决的。只有当越来越多的人不是只抱怨交通拥堵，而是开始思考如何能从自身改变，配合国家宏观调整，才能更好地解决问题。

点评：这份调查报告，篇幅虽然不长，但内容丰富，结构完整，背景分析入情入理，切中要害；调查目的清楚明白；调查对象典型全面，调查结果的概括条理清晰到位，解决措施合理。

> **训练设计**
>
> 以大学校园为范围，选取学习生活中大家最关注的一个热点问题，以组为单位，写一份调查报告。

第四节 讲 话 稿

一、讲话稿的概念

讲话稿是各级领导者在各种会议上所作的指示性发言，是一种事先准备的事务性文书。讲话稿一般专门就某一方面的问题发表意见，内容集中，中心突出，容易讲深讲透。讲话稿是会议的主要文件。

二、讲话稿的特点

1. 权威性

宣传政见、安排部署工作的有效形式。贯彻上级的指示精神，实施本级的决定，提出指导性意见。具有一定的权威性。

2. 思想性

领导讲话一定要有理论水平，用自己的思考和理解分析问题，说服他人。

3. 鼓动性

通过讲话起到激励、鼓动的作用。

三、讲话稿的种类

讲话稿主要有礼仪性讲话稿、演讲性讲话稿和工作性讲话稿等。工作性讲话稿又有会议报告、开幕词和闭幕词。

四、讲话稿的写法

讲话稿一般由标题、称谓、正文组成。

1. 标题

（1）提要法，揭示讲话的要点。例如，《关于科学和教育工作的几点意见》。
（2）直接表明某人在某某会议上的讲话。例如，《××校长在××会议上的讲话》。
（3）会议名称和文种组成。例如，《在国家科学技术奖励大会上的讲话》。

2. 称谓

在不同的环境下，因人而异，但基本要做到礼貌和准确。例如，各位代表、同志们、尊敬的来宾、女士们、先生们、朋友们：……。

3. 正文

（1）开头。根据会议的性质、内容、讲话者的身份和听众的基本情况等，以精练的语言抓住听众的注意力。工作性讲话稿以工作的意图和对某项工作的布置、回顾等为发端；传达会议精神的讲话稿直接概要地说明传达什么精神；动员性质的讲话稿常常说明因为什么事情要大家做什么等；开幕词则比较自由，可以从季节、天气等各方面传达喜庆和欢乐的信息。

（2）主体部分。主体部分可采用以下几种写法。

① 并列式的写法。一般的工作性讲话稿采用这种写法，以小标题或数字将内容分开，逐一进行表述和分析，事实和个人的理解分散式地分布其中。

② 围绕式的写法。以一个事件或工作为中心，不同结构层次的内容都是对这个内容的不同角度的陈列、论述或总结。例如，开幕词，对某次会议或活动的目的、意义、具体的布置及影响等一一说到。

③ 纵深式的写法。对一件事情、一个活动、一种工作、一项任务，先具体地说明基本情况，再进行深入地分析，这类讲话稿一般适用于知识水平和文化素质较高的群体。

（3）结尾部分。结尾部分要求简短有力，具有一定的警示效果，或者号召动员，或者归纳概括或者告别寄语，都有着明确的标志，告诉听众内容结束。常见的表达形式有：概括式，总结讲话说到的要点；希望式，表示一种对事件或人（观众）的祝愿，或者提出一些善意的要求；宣布式，在礼仪性的场合，以"开幕""闭幕""庆典开始"作为结束语。

五、讲话稿的写作要求

（1）要研究宣讲人的特点。在写作以前，要具体地考虑讲话稿的宣讲人的各种基本条件，如职务、性别、专业、年龄、说话特点等，在写作中加以利用，才能引起观众的兴趣，收到较好的效果。从内容上讲，要保证内容的完整和条理，有一个明确的中心。

（2）词语的使用上要与观众的喜好和兴趣联系，保证可听性。由于讲话稿的基本内容与政策、工作有关，在内容上对听众是排斥的，因此在语言的使用上必须做到观众喜闻乐见。口语多一些，专业术语和政治术语少一些；短句和沟通性的词语多一些，难懂的词语和太书面的句子少一些，充分做到"上口"和"入耳"。书面的浅俗和内容上的深刻要结合好。

（3）广泛地征求意见。对于一些涉及政策和集体决议的讲话稿，要在起草完成后，在内容、语言词句上征求相关人的意见。

📖 范文

北京大学校长周其凤在新生开学典礼上的讲话

看着你们欢快地走入燕园，我常常想起我的"初入燕园"。尽管路途辛苦，但满怀憧憬，无比兴奋和激动。不同的是，你们大多不必像我那样光脚走路和站乘火车了。这种"不同"，从一个侧面反映了45年来、特别是改革开放以来我们国家取得的巨大进步。这种进步，源于党的正确领导和父辈们锲而不舍的艰苦奋斗！当前，面对新的形势和任务，我们国家提出，必须加快转变经济增长方式，走全面、协调、可持续的发展道路。这预示一个新时代的来临。作为新时代的主人，今后几年的北大生涯将奠定你走向未来的深厚根基。怎样打好根基，真正成为"新时代的主人"，我想给大家几点建议。

第一，学会"包容"，养成泰山不弃抔土、河海不择细流的胸怀。

大学之所以为大学，首先在于她的包容之大。今年暑期，杜维明先生给我写了一封长信。杜先生是新儒家的代表人物、哈佛燕京学社的前任社长，我校高等人文研究院院长。他在信中说："中华文明是学习的文明、对话的文明、包容的文明。"我对杜先生的这些理念是非常认同的。上个世纪初，我们的老校长蔡元培先生曾以"思想自由，兼容并包"的理念，成就了北大的辉煌。100多年来，包容始终都是北大人所坚守的传统。对同学们来说，包容是眼界、是胸怀、是气度，但也是修行。你们非常优秀，但我还是特别希望你们努力放下身段，要谦虚谨慎，善于学习，甚至要善于向"不如自己"的人学习。我校前辈教授、著名社会学家费孝通先生主张"各美其美，美人之美，美美与共，天下大同"，就是要求我们不仅欣赏自己的优点和长处，也要认识并欣赏他人的优点和长处，大家互相尊重、互相欣赏、互相学习、互相促进，人类的理想社会就能实现。

第二，学会"生存"，树立人与自然和谐共存理念，倡导绿色环保生活。

相比"绿色生存"，同学们可能更擅长"数字化生存"，网络上虽然可以"种菜""偷菜"，但网络上没有鲜活、多样的生命，更没有融会北大精神的美丽燕园。燕园的美不仅在于其古朴典雅，更在于和谐自然。为了使校园更加美丽，我们提倡"低碳"生活；为了支持我国政府关于"减排"的国际承诺，北大和国际研究型大学联盟的其他9所世界一流大学一起，提出并展开了绿色校园和可持续发展校园的建设。这一行动得到了北大师生的热烈响应。希望各位新同学，从我做起，从身边的小事做起，养成绿色、低碳、环保的学习、生活方式。

第三，学会"专注"，要静得下心、沉得住气，坐得了冷板凳，努力从人类社会一切文明成果中汲取营养和力量。

校园有形的围墙不可能带给你内心的宁静和专注，海量的信息会带来很多新的诱惑，很容易把你们的注意力从学习上带走，使你们忙着追热闹赶风潮。但是，要成就大学问、大事业，就必须保持平静的心态、练就专注的本领。我希望同学们能珍惜好利用好学校为你们提供的优质资源。我还向同学们特别强调，学习期间不仅要掌握学科知识，更要培养强烈的求知欲、好奇心和对现有知识的反思与批判精神，不断提升自己发现问题、分析问题、解决问题的创新能力。

最后，学会"担当"，培养"士以天下为己任"的使命感、抱负和情怀。

我给大家讲个故事。1958年，我国决定完全靠自己的力量研制原子弹。我们的校友邓稼先先生在接到任务后，回家对妻子说："往后家里的事我就不能管了，我的生命就献给未来的工作了，做好了这件事，我这一生过得就很有意义，就是为它死了也值得。"从此邓老隐姓埋名，与世隔绝26年，为祖国献出了自己的一生。与邓稼先一样，我们北大还有很多杰出的教师和校友。

我希望同学们能够牢牢记住的是，只有当你将自己的生命和力量都奉献给了国家发展和民族振兴的伟大事业的时候，你才是一个真正的北大人，一个真正的"新时代的主人"！

祝福大家！

谢谢大家！

点评：这篇讲话热情洋溢，充满号召力。从四个方面告诉新生如何打好根基，真正成为"新时代的主人"，即要学会包容，学会生存，学会专注，学会担当。语言深邃与素朴相结合，不仅能打动人心，更催人奋进。

训练设计

1. 体会总结范文中讲话稿的写作方法。
2. 自拟一个场景一个身份，写一篇讲话稿，然后课堂模拟领导讲话。

第五节　求　职　信

一、求职信的概念

求职信是求职者向用人单位自荐谋求职位的书信。

二、求职信的特点

1. 针对性

针对性是指求职信要针对求职单位的实际情况、读信人的心理和个人的求职目标写。

2. 自荐性

自荐性是指在求职信中要恰当地推销自己。求职信是沟通求职单位与用人单位的一种媒介，在相互不熟悉、不了解的情况下，写作者要善于推介自己，并恰如其分地表现自己，用己方的成绩、特长、优势，以及个性、自身的"闪光点"吸引对方，使对方在即使未曾谋面的情况下，产生一种心动和值得一试的感觉。

3. 独特性

独特性是指求职信的内容和形式的不同一般。求职就是竞争，要想在竞争中取胜，必定要出类拔萃，不同一般。这一点要在求职信中得到充分体现。

三、求职信的种类

求职信分自荐信和应聘信两种。自荐信是指求职者通过向用人单位介绍自己的个人情况、专业技能及自己能胜任当前工作，并具备招聘要求而主动向目标单位自荐的求职书信。应聘信是根据用人单位发出的用人信息，有针对性地向用人单位发出个人资料的求职书信。

四、求职信的写法

求职信一般由标题、称谓、正文、结尾、署名和日期、附件等部分组成。

1. 标题

求职信的标题通常只有文种名称，即在第一行中间位置写上"求职信"三个字。

2. 称谓

称谓是对受信人的称呼，写在第一行，要顶格写受信单位名称或个人姓名：单位名称后可加"负责同志"；个人姓名后可加"先生""女士""同志"等。求职信不同于一般私人书信，受信人未曾见过面，所以称谓要恰当，要郑重其事。

3. 正文

正文要另起一行，空两格开始写求职信的内容。正文内容较多，要分段写。

（1）写求职信的原因。首先简要介绍求职者的自身情况，如姓名、年龄、性别等。接着要直截了当地说明从何渠道得到有关信息及写此信的目的。例如，"我叫张浩，现年 22 岁，男，是一名财会专业的大学本科毕业生。从报上我看到贵公司招聘一名专职会计人员的消息，不胜喜悦，以本人的水平和能力，我不揣冒昧地毛遂自荐，相信贵公司定会慧眼识人，使我有幸成为贵公司的一名会计人员。"这段是正文的开端，也是求职的开始，介绍有关情况要简明扼要，对所求的职务、态度要明朗，而且要吸引受信者有兴趣将你的信读下去，因此开头要有吸引力。

（2）写对所谋求的职务的看法，以及对自己的能力作出的客观公允的评价，这是求职的关键。要着重介绍自己应聘的有利条件，要特别突出自己的优势和"闪光点"，以使对方信服。例如，"我于 1996 年 7 月毕业于东北财经学院财会专业。毕业成绩优秀，在省级会计大奖赛中，获得'能手'嘉奖（见附件），在海南金融杂志上发表过多篇学术论文（见附件）。我在有关材料上看到过关于贵公司的情况介绍，我喜欢贵公司的工作环境，钦佩贵公司的敬业精神，又很赞赏贵公司在经营、管理上的一整套的切实可行的规章制度。这些均体现了在当前改革开放的经济大潮中，贵公司的超前意识。我十分愿意到这样的环境中去艰苦拼搏，更愿为贵公司贡献我的学识和力量。我相信，经过努力，我会做好我的本职工作。"写这段内容，语言要中肯，恰到好处；态度要谦虚诚恳，不卑不亢，达到见字如见其人的效果。要给受信者留下深刻印象，进而相信求职者有能力胜任此项工作。这段文字要有说服力。

（3）向受信者提出希望和要求。例如，"希望您能为我安排一个与您见面的机会""盼望您的答复""敬候佳音"之类的语言。这段属于正文内容的收尾阶段，要适可而止，不要啰唆，不要苛求对方。

4. 结尾

另起一行，空两格，写表示敬祝的话。例如，"此致"之类的词，然后换行顶格写"敬礼"或者祝"工作顺利""事业发达"等相应词语。这两行均不加标点符号，不必过多寒暄，以免"画蛇添足"。

5. 署名和日期

写信人的姓名和成文日期写在信的右下方。姓名写在上面，成文日期写在姓名下面。姓名前面不必加任何谦称的限定语，以免有阿谀之感，或者让对方轻看你的能力。成文日期要年、月、日俱全。

6. 附件

有说服力的附件是对求职者的鉴定的凭证，是不可忽视的组成部分。附件可在信的结尾处注明，如附件1、×××××2、×××××3、×××××……然后将附件的复印件单独订在一起随信寄出。附件不需要太多，但必须有分量，足以证明求职者的才华和能力。

五、求职信的写作要求

（1）语气自然。语言和句子要简单明了。写信就像说话一样，语气可以正式但不能僵硬，语言要直截了当。

（2）通俗易懂。写作要考虑读者对象的知识背景，不要使用生僻词语、专业术语。

（3）言简意赅。在重点突出、内容完整的前提下，尽可能简明扼要，切忌面面俱到。

（4）具体明确。不要使用模糊、笼统的字眼；多使用实例、数字等具体的说明。

范文

求 职 信

尊敬的李先生：

　　您好！

本人欲申请贵公司网站上招聘的网络维护工程师职位。我自信符合贵公司的要求。

今年7月，我将从×××大学毕业。我的硕士研究生专业是计算机开发及应用，毕业论文内容是研究 linux 系统在网络服务器上的应用，这项研究不仅使我系统地掌握了网络设计及维护方面的技术，也使我对当今网络的发展有了深刻的认识。

在大学期间，我多次获得各项奖学金，而且发表过多篇论文。我还担任过班长、团支书，具有较强的组织和协调能力。很强的事业心和责任感使我能够面对困难和挑战。

互联网促进了整个世界的发展，我愿为中国互联网和贵公司的发展作出自己的贡献。

随信附有我的简历。如有机会与您面谈，我将十分感谢。

此致

敬礼   李宏

×××年××月××日

点评：此封求职信，格式规范，求职目标清楚，求职条件具备很强的说服性，语言简洁明晰，体现了求职人过人的专业技能和综合素质。

训练设计

根据个人的情况，按求职信的写作要求，针对自己将来喜欢的某个工作岗位，拟写一封求职信。

第六节 海 报

一、海报的概念

海报是在一定范围内向公众报道或者介绍有关戏剧、电影、比赛、报告会、展销等消息的一种张贴式应用文。

二、海报的特点

1. 张贴性

海报大多是为某项活动而做的前期广告和宣传，其目的是让人们参与其中，及时了解相关信息。海报可以张贴于不同的公共场所，这是海报和其他文体最大的不同。

2. 灵活性

为了使来去匆忙的人们留下视觉印象，制作海报所用的纸张尺寸、文字大小、色彩选择、图案设置等，可根据海报的具体内容、张贴位置、地点不同而作及时相应的调整。

3. 宣传性

海报是广告的一种。海报可以张贴于人们易于见到的地方，也可以在媒体上刊登、播放，达到吸引人们从中了解相关信息、加入相关活动的目的。

三、海报的种类

1. 按照题材不同分类

（1）公益海报。这类海报以社会公益性问题为题材，如环境保护、卫生宣传等。

（2）商业海报。这类海报以促销商品、满足消费者需求等内容为题材，如产品宣传、品牌形象宣传、企业形象宣传、产品信息等。

2. 按照内容不同分类

（1）文艺类海报。这类海报主要是指告知电影、戏剧、文艺演出和大型公众综艺活动的信息海报。

（2）体育类海报。这类海报主要是指介绍体育赛事和活动的海报。

（3）报告类海报。这类海报主要是指告知举办各种讲座，学术报告、英模报告，政治形势、国际形势报告等内容的海报。

（4）展销类海报。这类海报是指告知各种展览活动的海报，如商品展销、科普展览等。

四、海报的写法

海报写作的内容和结构包括标题、正文、结尾、落款四部分，以及整体创意和美术设计。海报的美术设计，形式灵活多样，讲究新颖独特。

1. 标题

海报的标题相当关键，是海报的主题和内容的焦点。标题必须醒目、简洁、新颖。设计时要在字体的大小、颜色和形式上下功夫。海报的标题写法较多，大体可以有以下几种形式。

（1）单独由文种名构成。即直接采用"海报"做标题，在第一行中间写上"海报"字样。

（2）直接由活动的内容承担题目。例如，"舞讯""影讯""球讯"等。

（3）根据活动内容拟定标题，适当使用修辞手法可以突出海报的效果。例如，"×××再显风彩、××寺旧事重提""奇异的世界——海洋生物展览"等。

2. 正文

正文部分是海报的中心内容，因海报的种类不同而不同，一般由两项内容组成。一是必备内容，明确活动名称种类（如电影、报告、比赛等），简要交代活动具体情况。例如，比赛的是什么球队，演出的是什么剧种，报告会的内容和报告人，展览的主题和内容等。二是辅助内容，要交代举行活动的时间、地点、票价等。例如，报告会须写明×日及具体时间，地点须写明准确位置，必要时还要标出乘车路线，票价也要明确标出，有的海报还有一些说明性文字。

正文部分的内容可根据版面的大小设计格式、字体和文字位置，以清晰、美观为标准。

3. 结尾

海报可以有结语，在正文之后另起一行，书写"欢迎参加""机不可失"等，也可没有。

4. 落款

结语之后另起一行的右下角书写举办单位名称；在名称下面一行，右下角书写海报的张贴日期。

5. 海报的整体创意与美术设计

整体创意和美术设计在海报这种张贴式的应用文中越来越受到重视。良好的创意和精美的设计既能体现它的审美价值，更能表现它的社会价值。海报可以是设计精美的艺术宣传张贴，还可以写在大小不等的纸上张贴，既可以用质量不错的展板设计制作，也可以用黑板写清楚告知的内容。重要的海报需要通过报刊、电台、电视台等媒体进行宣传。总体来说海报的整体创意与美术设计必须新颖、美观、醒目。

五、海报的写作要求

（1）单纯。形象和色彩必须简单明了。
（2）统一。海报的造型与色彩必须和谐，要具有统一的协调效果。
（3）均衡。整个画面须具有魄力感与平衡效果。
（4）惊奇。无论在形式上或内容上，海报都要出奇创新，具有强大的惊奇效果。
（5）技能海报设计需要有高水准的表现技巧，无论绘制或印刷都不可忽视技能性的表现。

范文

足球友谊赛

大学生足球队——解放军足球队
对抗激烈　扣人心弦
时间：9 月 15 日 15 时
地点：八一体育馆
门票：五元

×××市体育局
2015 年 9 月 10 日

点评：这份海报标题简洁直接，明确活动的内容；正文用两句话，说明了比赛在哪两支足球队之间进行，并预测球赛进行的激烈程度，更能引起足球爱好者的兴趣；关于赛事的时间、地点等安排清楚具体。如果此海报再辅助一些恰当的美术设计，效果会更好。

训练设计

以组为单位就某一活动，如讲座、辩论会、音乐会等制作一张海报，要求不仅有文字、图案，还要有创意、设计。

第七节　会议记录

一、会议记录的概念

会议记录是开会现场把会议的情况，如发言人姓名、会上的报告内容、讨论的问题、与会者的发言、通过的决议等如实地记录下来的书面材料。它是由会议组织者指定专人，准确地记录会议的组织情况和会议内容的一种应用性文书，要求真实、全面地反映会议的本来面貌。

会议记录有别于会议纪要。二者的主要区别如下。

（1）性质不同。会议记录是讨论发言的实录，属事务文书。会议纪要只记要点，是法定行政公文。

（2）功能不同。会议记录一般不公开，无须传达或传阅，只作资料存档；会议纪要通常要在一定范围内传达或传阅，要求贯彻执行。

（3）载体样式不同。会议纪要作为一种法定公文，其载体为文件，享有《中国共产党机关公文处理条例》《国家行政机关公文处理办法》所赋予的法定效力。会议记录的载体是会议记录簿。

（4）称谓用语不同。会议纪要通常采用第三人称的写法，以介绍和叙述情况为主。会议记录中，发言者怎么说就怎么记，会议怎么定就怎么写，贵在"原汤原汁"，不走样。

（5）适用对象不同。作为公文的会议纪要，具有传达告知功能，因而有明确的读者对象和适用范围。作为历史资料的会议记录，不允许公开发布，只是有条件地供需要查阅者查阅利用。

（6）分类方法不同。会议纪要种类很多。按其内容可分为决议性纪要、意见性纪要、情况性纪要、消息性纪要等；按会议的性质可分为常委会议纪要、办公会议纪要、例会纪要、工作会议纪要、讨论会纪要等。而会议记录通常只是按照会议名称来分类，往往以会议召开的时间顺序编号入档。对会议纪要的分类，有助于撰写者把握文体特点，突出内容重点，找准写作角度；对会议记录的分类则主要是档案管理的需要。

二、会议记录的特点

1. 真实性

会议记录的执笔者与其他文章的写作者有一个重要的区别，那就是他只有记录权没有改造权。会议是个什么样就记成什么样，与会者发言时说了些什么就记下什么，记录者不能进行加工、提炼，不能增添、删减，不能移花接木，不能张冠李戴。

2. 原始性

会议记录是会议情况和内容原始化的记录。原始就是未经整理，未经综合。在这一点上，它跟会议简报、会议纪要有着很大不同。会议简报和会议纪要也是真实的，但不是原始的。虽然在内容上可能没有太大差别，但在存在形态上，会议记录跟会议简报和会议纪要的差异甚大。

3. 完整性

会议记录对会议的时间、地点、出席人员、主持人、议程等基本情况，对领导讲话、与会者的发言、讨论和争议、形成的决议和决定等内容，都要记录下来，一般没有太多的选择性。

三、会议记录的种类

按照会议性质来分，会议记录大致有办公会议记录、专题会议记录、联席（协调）会议记录、座谈会议记录等。办公会议记录是记述机关或企业、事业单位等对重要的、综合性工作进行讨论、研究、议决等事项的一种会议记录。办公会议记录一般有例行型办公会议记录，即记述例行办公会议情况及其议决事项的会议记录，以及现场办公会议记录，即为解决某重大问题而召集有关方面和有关单位在现场研究、议决或协商的办公会议记录。专题会议记录是专门记述座谈会讨论、研究的情况与成果的一种会议记录。其主要特点是主题的集中性与观点意见的分呈性相结合，既要归纳比较集中、统一的认识，又要将各种不同观点和倾向性意见都表达出来。

四、会议记录的写法

一般会议记录的格式包括两部分：一部分是会议的组织情况，要求写明会议名称、时间、地点、出席人数、缺席人数、列席人数、主持人、记录人等；另一部分是会议的内容，要求写明发言、决议、问题。这是会议记录的核心部分。会议结束，记录完毕，要另起一行写"散会"二字，如中途休会，要写明"休会"字样。

会议记录的内容主要包括以下几方面。

标题：×××办公会议记录

时间：××××年××月××日××时

地点：××× ……

出席人：××× ××× ××× ××× ……

缺席人：××× ××× ××× ……

主持人：×××

记录人：×××

主持人发言：（略）

与会者发言：×××（略）；×××（略）

散会

主持人：×××（签名）

记录人：×××（签名）

（本会议记录共×页）

五、会议记录的写作要求

（1）准确写明会议名称（要写全称），开会时间、地点，会议性质。

（2）详细记录会议主持人、出席会议应到和实到人数，缺席、迟到或早退人数及其姓名、职务，记录者姓名。如果是群众性大会，只要记录参加的对象和总人数，以及出席会议的较重要的领导成员即可。如果某些重要的会议，出席对象来自不同单位，应设置签名簿，请出席者签署姓名、单位、职务等。

（3）忠实记录会议上的发言和有关动态。会议发言的内容是记录的重点。其他会议动态，如发言中插话、笑声、掌声，临时中断及别的重要的会场情况等，也应予以记录。

记录发言可分摘要与全文两种。多数会议只要记录发言要点，即把发言者讲了哪几个问题，每一个问题的基本观点与主要事实、结论，对别人发言的态度等，作摘要式的记录，不必"有闻必录"。某些特别重要的会议或特别重要人物的发言，需要记下全部内容。有录音机的，可先录音，会后再整理出全文；没有录音条件，应由速记人员担任记录；没有速记人员，可以多配几个记得快的人担任记录，以便会后互相校对补充。

（4）记录会议的结果，如会议的决定、决议或表决等情况。

会议记录要求忠于事实，不能夹杂记录者的任何个人情感，更不允许有意增删发言内容。会议记录一般不宜公开发表，如需发表，应征得发言者的审阅同意。

📖 范文

××市城南开发区管委会办公会议记录

时间：20××年××月××日上午××时

地点：管委会会议室

主持人：李××（管委会主任）

出席者：杨××（管委会副主任）、周××（管委会副主任管城建）、李××（市建委副主任）、肖××（市工商局副局长）、陈××（市建委城建科科长）及建委、工商局有关科室 宣传人员。街道居委会负责人。

列席者：管委会全体干部

记录：邹××（管委会办公室秘书）

一、讨论议题

1. 如何整顿城市市场秩序。

2. 如何制止违章建筑、维护市容市貌。

二、杨主任报告城市现状

我区过去在开发区党委领导下，各职能单位同心协力、齐抓共管，在创建文明卫生城市方面取得了一定成绩，相应的城市市场秩序有了一定的进步，市容市貌也较可观。可近几个月来，市场秩序倒退了，街道上小商贩逐渐多起来，水果摊、菜担、小百货满街乱摆……一些建筑施工单位沿街违章搭棚，乱堆放材料，搬运泥土撒落大街……这些情况严重地破坏了市容市貌，使大街变得又乱又脏，社会各界反应很强烈。因此，今天请大家来研究：如何整顿市场秩序？如何治理违章建筑、违章作业、维护市容……

三、讨论发言（按发言顺序记录）

肖××：个体商贩不按规定到指定市场经营，管理不得力、处理不坚决，我们有责任。这件事我们坚决抓落实：重新宣传市场有关规定，坐商归店、小贩归市、农民卖蔬菜副食到专门的农贸市场……工商局全面出动抓管理，也希望街道居委会配合，具体行动方案我们再考虑。

罗××（工商局市管科科长）：市场是到了非整不可的地步了。我们的方针、办法都有了，过去实行过，都是行之有效的，现在的问题是要有人抓，敢于落到实处。……只要大家齐心协力问题是能够解决的。

秦××（居委会主任）：整顿市场纪律我们居委会也有责任。我们一定发动群众配合好，制止乱摆摊，乱叫卖的现象。

李××（建委副主任）：去年上半年创建文明卫生城市时，市上出了个7号文件，其中规定施工单位不能乱摆"战场"。工棚、工场不得临街设置，更不准侵占人行道；沿街施工要有安全防护措施……今年有的施工单位在人行道上搭工棚、堆器材。这些违章作业严重地影响了街道整齐、美观，也影响了行人安全。基建取出的泥土，拖斗车装得过多，外运时沿街散落，到处有泥沙，破坏了街道整洁。希望管委会召集施工单位开一次会，重申市府7号文件，要求他们限期改正。否则按文件规定惩处。态度要明确、坚决。

陈××：对犯规者一是教育，二是严格按规定办事。我们先宣传教育，如果施工单位仍我行我素不执行，那时按文件规定处理，他们也就无话可说。

周××：城市管理我们都有文件、有办法，现在是贵在执行，职能部门是主力军，着重抓，其他部门配合抓。居委会把居民特别是"执勤老人"（退休职工）都发动起来，按7号文件办事，我们市区就会文明、清洁，面貌改观……

四、与会人员经过充分讨论、协商，一致决定

1. 由工商局牵头，居委会和其他部门配合，第一周宣传、第二周行动，监督实施，做到坐商归店、摊贩归点、农贸归市，彻底改变市场紊乱状况。

2. 由管委会牵头，城建委等单位配合，对全区建筑工地进行一次检查。然后召开一次施工单位会议，对违章建筑、违章工场限期改正。一个月内改变面貌。过时不改者，坚决照章处理。

散会。

主持人（签名）

记录人（签名）

××××年××月××日

点评：这份会议记录，格式规范，所记内容全面详实，尤其对每个人的发言，记录细致，对与会人员商讨的结果，也做到了恰到好处的概括。

训练设计

1. 根据《范文示例》，分组讨论，写出此会议记录的格式。

2. 按照会议记录的格式，就某次团日生活会或班会，做一次会议记录，然后进行课堂交流。

第四章 科技文书

第一节 科技文书概述

一、科技文书的定义

科技文书也称科技论文，是指某一学术课题在实践性、理论性或观测性上具有新的科学研究成果、创新见解和知识的科学记录。科技文书广义上是指经济科学、人文科学等方面的文书，狭义上是指自然科学、工程技术等方面的文书。

二、科技文书的特点

科技文书简称科技论文，虽然其种类繁多，但具有以下共同特点。

1. 科学性

科学性是指能够准确把握事物的规律和本质特征。科学性是科学技术的重要属性，也是科枝文书的基本特性。科技论文的撰写必须论点正确、论据充分、论证严谨，既能反映所写对象领域的发展规律和本质特点，也能表现作者在撰写科技文书过程中的思维方式和基本观点。

2. 规范性

科技文书的规范性具有标准化的特性，是科技写作不同于文学创作或人文科学写作的一个重要特点，包括内容上的规范、写作方法的规范和文体格式的规范。科技论文侧重于对事物进行抽象的概括和论证，描述事物发展的内在本质和规律，因而内容上表现为知识的专业性和系统性。写作方法上，因为内容的客观性和严谨性，作者更多地选择说明、记叙、描写、制表等方式阐明自己的学术理念，而较少采用议论和抒情的表达方式。文体格式上，科技文书种类较多，每种科技论文都有自己固定的写作模式，如毕业论文必须有摘要、关键词、致谢和参考文献等，实验报告必须分条罗列报告时间、地点、内容和小结等。

3. 创新性

科技创新主要是指作者在前人研究的基础上，针对某一观点或现象，提出新的见解和认识，论文的内容必须有所发现、有所发明、有所创造、有所前进，而不是简单地复述、模仿或解释。创新性是判断科技论文学术水平高低的重要标志，是科技论文写作者追求的目标。值得一提的是，科技文书的创新不是凭空想象和随意捏造，它必须遵循客观性和科学性。

4. 实用性

科技文书与现实生活紧密相连，它的产生是为了解决实际生活的具体问题，是记载和描述科学技术发展、产品更新换代、交流科技信息的重要工具，具有实用性的特点。将一项发明转化为产品，其发明的专业论文和专利申请书就具有鲜明的实用性。一篇经济论文，研究探讨了经济形势的发展，无疑对现实经济工作会产生影响，因而不仅具有实用性，而且具有现实性。

5. 严谨性

科技文书的严谨性反映在表述上，就是用语精准、结构合理，忌拖泥带水，忌模棱两可；反映在方法上，就是用事实说话，注重论证、论据的科学性、合理性。

三、科技文书的种类

科技文书按内容和表述方式可分为三大类，即论文类、报告类和说明类，具体又可分为科技论文（毕业论文、科学论文、研究论文、交流论文和课程论文等）、科技报告（实验报告、论证报告和工作报告）、科技说明书（毕业设计、产品设计和产品说明书）、科技情报（科技文献、科技综述）和科普说明文。

四、科技文书写作的基本要求

（1）坚持实事求是、认真踏实的科学态度，忌弄虚作假、忌急功近利。
（2）熟悉专业领域的知识体系，熟悉并遵守各类科技论文的规范、要求。
（3）提升科学的思维能力、表达能力和思辨能力。
（4）积极参加实践活动，增加阅读量，扩大知识面。

> **训练设计**
> 1. 比较科技文书与文学文体的区别。
> 2. 科技文书的特点有哪些？

第二节　学术论文

一、学术论文的定义

学术论文又称科研论文，是表述科学研究成果、科学观点的文章体裁，以论文的形式探讨和揭示某一学科领域的规律和新发现，系统研究某个学术问题或学术现象，具有一定的学术水平和学术价值。

学术论文对材料的选择有很强的专业性、针对性和重组性，而不是简单地罗列和描述；是作者根据自身知识体系对某一问题或现象所产生的新的认识和看法，而不是重复别人的观点和言论，它是衡量作者学术水平和科研能力的重要标志。

二、学术论文的特点

学术论文不是一般的议论文，也不是学位论文。一般议论文是作者采用议论的表达方式反映自己对社会、对生活的看法，尤其是文学文体的议论文，具有一定的主观色彩。学术论文是作者对某一专业领域中的问题或现象进行研究和探讨，如有专门研究非物质文化的学术论文和研究文学作品的学术论文等。学术论文和学位论文的共同点为两者都是对特定领域的科学研究，不同之处在于学位论文有固定的学习期限（如四年的本科毕业论文即学士学位论文，三年的研究生毕业论文即硕士学位论文，三年的博士毕业论文即博士学位论文），侧重于对学习能力和学历级别的认可，而学术论文虽是长期研究的结果，但无具体时间限制，它是对一个人创新能力和专业能力的认可。具体而言，学术论文具有以下特点。

1. 学术性

学术指较为专门的、有系统性的学问。学术论文属于学术成果的其中一种，具有系统性和专门性，学术论文的主要特点是学术性，没有学术性的文章不能称之为论文，只能称其为作品。论文的学术性决定了它的叙述方式侧重为说理、评论，而且内容必须深刻而专业。

2. 科学性

通常所说的科学，是指反映自然、社会、思维等客观规律的知识体系。学术论文的科学性是指作者能否用科学、客观的思维进行研究，论文内容是否符合客观实际，是否反映事物的本质和内在规律，即概念、定义、论点是否正确，论据是否充分，实验材料、实验数据、实验结果是否可靠等。科学性是学术论文的灵魂，可以说，没有科学性的论文，都属于"伪学术"。

3. 理论性

学术论文的理论性包括三方面：一是作者选择的材料必须具备理论性；二是作者在论述过程中必须用理性的方法阐明自己的学术观点；三是作者最后得出的结论必须具备一定的理论高度。

首先，作者所选的材料必须是真实可靠的，而且大多数材料其实也是前人的研究成果。因此，一篇好的学术论文，它所研究的对象，以及为证明自己的观点而选择的材料，必定是客观且有一定高度的。其次，学术论文的本质是用理论并站在理论的高度来回答现实问题，作者通过归纳、总结、查找文献等方法对研究对象进行深入研究，试图从中发现问题、解决问题。这些查找资料、文献互译及实验等研究方法本身就具备理论性，它不是作者的主观情感，不随作者的意愿而改变。最后，学术论文是用理论来分析具体事物或现象，从中找出规律和本质，并得出一个或多个理论结果和方向指引。一篇学术论文的最终观点是作者在前人理论成果的基础上提出自己的新观点，这个新观点只有上升到一定的理论高度才能有所超越，才能体现它的学术价值，否则就变成了对前人研究成果的重复和堆砌。

4. 创新性

创新性是体现作者学术能力的要素之一，也是评价一篇学术论文优劣的重要标志。学术论文的创新主要表现在选择的课题、论证的方法及论证的角度等方面。学术领域不是一两个人的天下，不管哪个领域，都有很多专家学者进行研究，作者想要取得新的突破，必须能想人所不能想，做人所不能做，必须根据自身的学识结构、研究专业及其特长爱好等找到适合自己的研究对象，通过扎实的研究，提出富有创见的观点和看法。学术论文的创新性给作者带来成果的同时，也要求作者具备更高的专业素养，它不能一蹴而就，而是一个长期积累的过程。

三、学术论文的种类

学术论文所指范围很广，凡是对某个科学领域中的学术问题进行研究后表述科学研究成果的理论文章，都可称为学术论文。按照不同的标准，学术论文可以分为不同的种类。

1. 按照研究的学科划分

按照研究的学科划分，可以把学术论文分为自然科学论文和社会科学论文两大类。每大类又可分出多种小学科，有多少种小学科就有多少种学术论文。例如，社会科学论文又可分为文学、历史、哲学、政治、教育等，但这种划分过于繁琐，不利于研究学术论文的共性和写作规律。

2. 按照写作目的和发挥作用划分

按照写作目的和发挥作用划分，可将学术论文分为一般性学术论文和学位论文两大类。一般性学术论文是指在学术刊物上发表的或者在学术会议上交流的论文，学位论文是申请者经过长期学习，为了获得某一学位而撰写的论文，有学士论文、硕士论文和博士论文三种。通常，学位论文的篇幅要比一般性学术论文的长，内容的广度和深度也有所增长。此外，在高等学校，根据学习的阶段划分，学术论文还包括学年论文。学年论文是指每学年或特定学年完成的一篇学术论文，其目的在于让学生初步了解学术论文的特点，指导他们对一学年所学的专业知识进行研究，为日后撰写毕业论文、学位论文打下基础。

四、学术论文的写法

学术论文的完整结构应包括题目、作者信息（姓名、单位）、摘要、关键词、摘要和关键词的英文翻译、正文和参考文献。不同期刊对学术论文的格式标准有所不同，有些期刊不需要摘要和关键词的英文翻译，有些期刊不仅需要参考文献，还需要页下标注等。尽管如此，学术论文的核心部分是较为固定的，撰写学术论文应注意以下几点。

1. 选题

选题不是题目，选题是指在撰写学术论文之前，作者应综合考虑"写什么，怎么写"的问题，它是一个完整的范畴，是统领全文的核心，只有研究有意义的课题才能取得有价值的研究成果，如果课题本身价值不大，就算论证得再细致严谨，那么论文的理论价值和实践价值仍然是有限的。

此外，学术论文的创新性也体现在选题上，如果选题有新意、有特色，那么就避免了与别人的研究成果雷同，作者可写出一番新意，相关领域的研究就会有新的突破，在一定程度上可填补学术上的空白甚至开创新的研究领域。

再者，选题应难易适中，有利于展开。要秉持实事求是的科学态度，根据自己的主客观条件量力而行，太难的选题可能完不成，太简单的选题不仅不能体现学术价值，很可能还会削弱作者的学术能力和斗志。

撰写学术论文并不是一两个小时的事情，它是一个长期的积累，在选题确定之前，要查阅大量文献资料，以便了解研究领域的发展流变及国内外研究现状，明确现阶段的研究达到了什么程度，以及哪些问题尚未得到解决。

2. 题名

题名也称标题或题目，是学术论文的必要组成部分。它要求用最简洁、恰当的词组反映文章的特定内容，明确表达论文主题。

题名不宜长，国内外期刊对题名的用字都有所限制。一般来说，题名总字数不宜超过 20 个汉字，外文题名不超过 10 个实词。如果作者觉得题名简短而语意未尽，或者系列工作分篇报告，则可用副标题名来补充。

题名除必要的书名号、引号或破折号之外，尽可能不用化学结构式、数学公式等符号或简称。

3. 摘要

摘要一般控制在 300～400 字。从摘要中大体能够判断一篇学术论文的原创程度和大概内容。如果读者没有时间通看全文，可通过快速浏览论文摘要来了解论文大意。

4. 关键词

学术论文的关键词一般为 3～5 个，关键词要求能够概括文章的主要内容，提炼文章的核心思想，使读者看到关键词后能大概猜测论文大意，并能判断论文的创新性和学术价值。

5. 中图分类号、文献标识码、文章编号

此三类用"[ ]"符号标志（也有部分刊物不用），如"[中图分类号][文献标识码][文章编号]"，位于关键词下边。该部分内容作者可以不填写，由采用论文的编辑部具体负责，但有部分期刊要求作者把这个空框架写进去。

6. 收稿日期

收稿日期、基金项目名称与作者简介三部分位于论文首页的页脚处，或是与论文首页正文之间用一道"—"线隔开。收稿日期主要证明论文的发表周期，此外也是对作者知识产权的保护。

7. 基金项目名称

基金项目主要指作者的学术论文有不同级别的在研项目，所发表的论文是在研项目的阶段性成果或最终成果。须列出项目级别（国家级、省部级或市厅级）、课题名称、批号。在同等情况下，编辑部会优先选用有基金项目支持的学术论文。

8. 作者简介

作者简介包括姓名、出生年份、性别、籍贯、工作单位、学位、职称和邮箱等内容。读者可以通过该部分了解作者的基本情况，也可通过邮箱进行学术交流。

9. 参考文献

作者在撰写论文过程中一般都会参考、借鉴他人的研究成果来充实自己的学术论文。为了尊重他人成果，也为了保护知识产权，所有的参阅都必须以参考文献的方式呈现出来。参考文献位于论文之后，包括著作类[M]、期刊类[J]、论文集类[C]、报告类[R]、报纸类[N]、学位论文类[D]等。著作类要标明作者、书名、出版地、出版机构、出版年份（如苏晓芳.网络与新世纪文学[M].北京：中国社会科学出版社，2011.），论文类要标明作者、论文题目、出版刊物、出版时间、论文所在期刊页码（如许苗苗.网络小说：类型化现状及成因[J].文艺评论，2009（5）：32-36.）等。所有参考文献按[1]、[2]、[3]……排序。一般是先著作类，后期刊类，再学位论文类或其他。

10. 注释

注释与参考文献不同。注释是对一个具体问题的说明或解释，基本上是引用他人观点或成果，正文里按①、②……上标排序，随页脚注，与参考文献一样需标明年代、作者、书名、出版地、出版机构、出版年份，不同之处在于，有些注释必须注明具体内容。

11. 表、图

如果论文中有涉及表格或示图的，则表名上标，图名下标，且都要注明图表来源。

五、学术论文的写作要求

（1）选题应准确客观，量力而行，不可过难或过易。
（2）学术态度应端正，引用他人研究成果须标注说明。
（3）应严格遵守学术论文的写作规范，语言不可口语化。

📖 范文

从张爱玲小说看月亮的中西方意蕴及象征意义

×××（×××××××大学×××××××）

摘要：意象艺术是张爱玲小说有别于传统通俗小说的一个重要特征，也是区别于其他作家作品的突出标志。文章通过对张爱玲一系列月亮小说的分析，展现了其笔下月亮的丰富意蕴，集中国的古典风韵和西方的现代色彩为一体，把月亮丰富的形象内涵展现得淋漓尽致。

关键词：张爱玲；月亮；意蕴；象征

Abstract: The art of image differs Zhang Ailing's novels from the traditional ones and the ones written by other novelists. Based on the analysis of several novels of Zhang Ailing's, this paper clearly explores and vividly shows the plentiful meanings and the symbols of the moon, the moon endowed with Chinese classical characteristics and western modern colors.

Key Words: Zhang Ailing; the moon; meanings; symbols

科研项目：该论文是××大学×××年×××资助课题"××××××"的研究成果之一。

收稿日期：××××年××月××日

月亮在中国文学中是一个无所不在的象征，淡淡的月光移动世界之际首先移动的是人的心灵世界。于是有人说过，"我们的文学至少有一半是月光文学……"从古到今，关于月亮的神话数不胜数，如蟾蜍食月、白兔捣药、吴刚伐桂，以及著名的"嫦娥奔月"等。至于在诗词歌赋中，月亮更是常客。唐代诗人李白的诗歌中尽显月亮的足迹，如有关月亮的诗高达300多首。古代诗人们发挥想象，赋予了月亮许多的美名，如太阴、玉兔、霜蟾、桂魄、金盘、瑶镜、冰轮等。无数文人墨客的赞美和忧思，缔造了月亮神秘而诗意的意蕴，在中国传统美学中极富艺术魅力。

在张爱玲的文集中，最动人心弦的便是她的月亮意象了。在她的许多小说中，月亮本身的暗示意义和多重指示，透射出不同人物带有极大诧异的心理内容和情感取向，代表作如《金锁记》《沉香屑》《倾城之恋》。而且在故事情节的关键时刻和人物命运的重要关头，月亮的意象都会出现。苏珊·朗格认为：意象的真正功能是它可作为抽象之物，可作为象征，即思想的荷载物。而"她小说里的意象的丰富，在中国现代小说家中可以说是首屈一指的"。这就是说，张爱玲之所以选择月亮作为其小说文本的主导意象之一，和中国历史传统中悠久的月文化有着不可分割的血缘关系。而张爱玲在继承了中国传统文学的同时，又渗透了西方现代主义文学的元素，通过现代性转换激活了月亮这个古老的原型，从而建构起自己关于月亮意象的独特的艺术话语，实现了对中国月亮意象文化传统的继承、拓展、丰富和超越，构成其月亮意象的独特文化底蕴。

……

参 考 文 献

[1] 苏珊·朗格. 情感与形式[M]. 北京：中国社会科学出版社，1986.

[2] 傅雷. 论张爱玲的小说. 张爱玲文集(第四卷)[M]. 合肥：安徽文艺出版社，1996.

[3] 王一川. 语言乌托邦－20世纪西方语言论美学探究[M]. 昆明：云南人民出版社，1994.

[4] 叶芝. 丽达与天鹅[M]. 桂林：漓江出版社，1987.

[5] 张爱玲. 私语. 张爱玲文集第四卷[M]. 合肥：安徽文艺出版社，1992.

[6] 余彬. 张爱玲传[M]. 桂林：广西师范大学出版社，2001.

[7] 张爱玲. 金锁记[A]. 张爱玲文集第二卷[M]. 合肥：安徽文艺出版社，1992.

[8] 戴维·洛奇. 小说的艺术[M]. 北京：作家出版社，1998.

[9] 夏志清. 张爱玲小说述评[A]. 张爱玲与苏青[C]. 合肥:安徽文艺出版社，1994.

[10] 余彬. 张爱玲传[M]. 桂林：广西师范大学出版社，2001.

作者简介：

×××（1978—　），女，××××人。讲师，硕士。研究方向：××××××××××××××××××。

点评：该论文严格遵守学术论文规范要求，摘要简洁明了，关键词能指出论文核心思想。收稿日期、作者简介及参考文献都标注明确，有利于读者获取信息。该论文为某一科研项目的阶段性成果，因此做了特别说明。

训练设计

1. 学术论文的特点有哪些？
2. 学术论文与普通说明文、议论文有何区别？
3. 自选研究角度，按学术论文规范要求，拟写一篇学术论文，2000字左右。

第三节　毕业论文

一、毕业论文的定义

毕业论文是高等院校的学生在毕业前写作并提交的论文，有专业教师的指导，讲究学科性和专业性。从广义上说，毕业论文也属于学术论文，但它比一般的学术论文要求更多，篇幅也更长。

二、毕业论文的特点

1. 学术性

毕业论文是学术论文的一种，首先应具备学术性。学术性是把专业知识系统化，然后进行探索研究，提出新的观点。一般来说，毕业论文的学术性往往和科学性结合在一起，论文研究内容应客观准确，思维缜密，条理清晰。材料的收集、整理、分类和取舍必须科学化，且不能脱离主题。这就要求学生有能力分析某一专业领域中的文献资料与理论研究现状，找出以往研究存在的问题和不足，进而提出自己的观点，这些观点是在长期的专业学习过程中积累和迸发的。

2. 规范性

毕业论文和学术论文一样，在篇幅、格式、文献、内容等方面有严格的要求，此外，毕业论文篇幅较长，且作为学生学历证明的一种方式存档于各学院，因此有装潢存档方面的特殊要求。

3. 创新性

学术研究的目的是探求新知，创新性是学术论文也是毕业论文的生命灵魂，通常所说的创新性即原创性，指不照抄、不照搬他人成果，不人云亦云。创新性可表现在三个方面：①观点的创新。在探索研究的基础上提出别人不曾提过的观点，这不是对前人或他人观点的总结，而是开拓了一个新的视角，这是最难达到也是每个作者孜孜以求的创新境界。此外，观点的创新还包括在前人论述的基础上有所扩展和延伸，以及纠正前人研究出现的错误或弥补其不足等。②材料的创新。材料的创新是指作者运用别人不曾使用过的材料来论证自己的观点。材料的创新意义见于新出文献及实验等数据，这也被称为"第一手资料"或"原始资料"。对于众多学者来说，谁掌握第一手资料，谁就掌握了很大的发言权。③研究方法的创新。毕业论文尽管有常用的研究方法，但传统的研究方法往往被用得很多了，这就需要作者从新的角度考虑能不能用新的研究方法进行阐述。本质上，研究方法的创新也是作者看待问题或现象的角度的创新，如古代文学传统研究方法大致有以意逆志论、推源溯流论、意象批评论、选本论等，但换一个视角思考，用西方的结构主义、心理学文艺理论等方法探讨、研究，这就属于研究方法的创新。

4. 独立性

论文的独立性表现在作者独自完成论文的撰写，从选题、查找资料到开始撰写及结束，都应是作者独立完成的任务，指导老师只是给出大致方向，在学生百思不得其解的时候指点一二，不能越俎代庖。同时，论文的独立性往往与创新性联系在一起，只有在已有资料的基础上不断进行独立思考，才能有观点的创新、材料的创新和研究方法的创新。

5. 专业性

毕业论文是即将毕业的学生结合自己专业所写的学术性理论文章，是作者运用系统的专业知识，论证专业领域里某一个具体的学术问题或现象。因此，毕业论文的专业术语和专业图表都非常明显，甚至有些毕业论文，不是本专业的读者是看不懂的，这也对应了一句古话，"隔行如隔山"。

三、毕业论文的种类

从教育程度上划分，毕业论文可分为专科毕业论文、本科毕业论文、硕士研究生毕业论文和博士研究生毕业论文。

专科毕业论文是指高等学校三年制的学生撰写的毕业论文，包括封面、标题、中文摘要及关键词、目录、正文、参考文献等部分，要求结构完整、选题准确，论证科学合理，字数要求一般在1万字以内。

本科毕业论文也称学士论文，是指高等学校本科学生撰写的毕业论文，组成部分与专科毕业论文相同，但是要求标准稍高一些，要求作者能掌握并运用所学专业理论和专业技巧，解决专业领域的问题，初现从事科研的能力。

硕士毕业论文是指高等学校或科研机构的硕士研究生所写的毕业论文，要求能充分反映独立从事科学研究工作的能力，对研究对象有深入了解，提出的观点有一定深度，对专业理论和实践有一定的创新和贡献。

博士毕业论文是指高等学校或科研机构的博士研究生所写的毕业论文，它要比硕士毕业论文的层次更高，要求作者应有渊博的专业学科知识体系，并具备熟练精湛的科研表达能力，博士毕业论文反映了作者的学科造诣，一份优秀的博士毕业论文往往会提出新的学术观点，甚至会成为专业领域里重要的科学著作和文献。

四、毕业论文的写法

《科学技术报告、学位论文和学术论文的编写格式》严格规范了毕业论文的编写格式。从大的方面来说，毕业论文由前置、主体、附录、结尾四个部分组成，每一部分又可分为几个小部分，具体如下。

（一）前置部分

毕业论文的前置部分包括封面、题名、作者、前言、摘要、关键词、目录等。各高等院校会根据实际情况制定毕业论文前置部分的格式，学生按照相关表格填写即可。一般来说，毕业论文封面会设计高等院校的校徽标记。

1. 封面及题名

毕业论文（设计）封面由学校统一印制。题名又叫做题目、标题，是论文的首要信息，要求语言简洁明了，除必要的书名号、引号或破折号之外，尽可能不用化学结构式、数学公式等符号或简称。题名一般为黑体小二号字体，不宜超过 20 字。如果作者觉得题名不能完全概括所述对象，可用副题名补充说明，如"论沈从文的乡土小说——以《边城》为例"。

2. 作者及单位

该部分要标明作者的姓名、所在院系、专业、班级的名称及指导老师姓名，这样做主要也是为了保护知识产权及文责自负。

3. 摘要

摘要一般控制在 300～400 字。从摘要中大体能够判断一篇学术论文的原创程度和大概内容。如果读者没有时间通看全文，可通过快速浏览论文摘要来了解论文大意。摘要常采用一段式结构，"摘要"二字用小四号黑体，内容用小四号宋体。

4. 关键词

关键词一般为 3～5 个，关键词要求能够概括论文的主要内容，提炼文章的核心思想，使读者看到关键词后能大概猜测论文大意，并能判断论文的创新性和学术价值。"关键词"三个字用小四号黑体，内容用小四号宋体，关键词之间用"；"隔开。

5. 目录

目录是论文的提纲，也可看成是每部分的小标题。目录独立成页，列至四级标题，以阿拉伯数字分级标出。

（二）主体部分

主体部分是毕业论文的核心与重点。一般由引言、正文、结论、致谢、参考文献等项目构成。

1. 引言

引言又叫做绪论或前言，在论文正文前，起到介绍全文内容的作用。引言应阐述课题来源、研究目的和范围、相关领域国内外研究现状、研究构思、采用的研究方法及本论文所要解决的问题等。

2．正文

正文是毕业论文的核心部分，主要包括：研究对象、研究方法（实验步骤）、数据文献资料、研究结果（观点或实验结果）等。正文部分应文字简练通顺、内容实事求是、结构完整、主次分明、条理清晰，应符合学科与专业的规定要求，正文中出现的符号、记号、缩略词和首字母缩写字，应采用专业学科的权威机构或学术团体公布的统一符号。引用他人观点或资料须标明出处。正文因研究课题性质不同可分为三种类型：①过程（材料与方法）论述，是指作者对自己研究工作的详细表述，要求论理正确、论据确凿、逻辑性强、层次分明、表达确切。②结果与分析，是指对研究过程中所获得的主要数据、现象进行分析，从而得出结论。③结论与讨论，是指对整个研究工作进行归纳和综合，阐述本课题在研究过程中存在的不足及解决措施，或者进一步开展研究的见解和建议。

3．结论

结论是论文最终的、总结性的观点，是对整个研究工作的归纳和综合。在这一部分，作者要认真阐述自己的研究工作在本领域的地位和作用、所提观点的意义所在，同时也可提出本课题研究尚待解决的问题及解决问题的相关措施。结论应该明确、精炼、完整、准确。

4．致谢

致谢也称谢辞，是作者对指导教师及其相关人员表示的感谢语，感谢他们在作者撰写论文的过程中所给予的支持和帮助。致谢应情感真挚、简洁明了、实事求是，一些好的致谢相当于一篇优美的散文，可以从中体会作者一路走来的学术艰辛与毅力。

5．参考文献

参考文献是毕业论文不可缺少的一部分，它是论文撰写过程中参考的一些文献资料，反映了毕业论文的取材来源、可靠程度与权威程度。编号"参考文献"四个字用四号黑体字居中排列，根据著作类、期刊类、论文类等按顺序罗列。

6．附录

附录是与毕业论文有关，但不宜放在正文部分，却又直接反映作者研究成果的内容，如程序流程图、源程序清单、公式的推导、图样、数据表格等。附录可为读者提供更多关于课题的详细资料，也为作者提出的新观点、新数据作出更有力的论证。

五、毕业论文的写作要求

毕业论文的写作要求包括内容要求和格式要求。内容要求就是以上所说内容结构须完整、论点正确、论据详实、论证充分；格式要求则是各院校对字数、排版、字体等方面的规定。总体而言，在撰写毕业论文的过程中应注意以下几点。

（1）选题要恰当、贴切、难易适中，符合专业要求。题目选择是否合适，是论文成败的关键，作者应结合自己的专业知识，听取指导老师的建议，选择一个适合自己研究特长的课题进行研究。

（2）科学、合理地选择文献资料。文献资料在一定程度上影响了论文的深度和广度，而文献资料的选择也反映了作者的学术能力和对专业领域的敏感度，这种能力和敏感度也是长期学习、积累的结果。

（3）选择恰当的研究方法。针对选题和材料，选择一个或几个研究方法进行研究。研究方法运用得当即研究视角的创新，则可令论文脱颖而出。

（4）正确使用图表、符号、公式等书面表意符号。

📖 范文

曹禺戏剧中的女性形象研究
——以《雷雨》《原野》《日出》为例
××系　　×××
指导教师　×××

摘要：曹禺在他的剧作中塑造了千姿百态的女性形象，其中以《雷雨》《原野》《日出》这几部戏剧中的女性形象较为突出。本文在这三部作品的基础上对曹禺笔下的女性形象进行分析，并与中国的传统女性形象进行比较，发现其特点主要表现在两个方面：一是颠覆传统女性"天使"与"妖孽"的两级分化形象，既描写女性天真善良的本质，又描写女性在封建制度压迫下的人性弱点，使人物的形象多面化、立体化；二是曹禺塑造的女性处于新旧交替的时代，她们都具备一定的觉醒与反抗意识，但现实社会与自身解放思想的不彻底性又导致她们无路可走。本课题通过研究曹禺戏剧中的女性形象，探究曹禺创作的文学意义和现实意义。

关键词：曹禺；戏剧；女性形象；意义

目　录

前　言

　　曹禺是中国现代一位独具个性的剧作家，他打破了传统文学塑造人物形象的模式，成功塑造了一批异于传统女性的叛逆的女性形象。曹禺注重人物形象的心理描写与剖析，使这些女性形象各具特色，栩栩如生。《雷雨》《日出》《原野》是曹禺早期创作的戏剧作品，这三部戏剧与后来的《北京人》被并称为曹禺的"四大杰作"，代表了曹禺戏剧的最高成就……

　　一、曹禺及其"女性观"

　　（一）曹禺简介

　　曹禺（1910—1996），原名万家宝，生于天津一个没落的封建官僚家庭，是中国现代杰出的戏剧家，号称"中国的莎士比亚"。曹禺是中国史上继往开来的剧作家，他既继承了先驱者们反帝反封建的民主精神，同时又广泛借鉴和吸收了中国古典戏剧和欧洲近代戏剧的表现方法，把中国的话剧艺术提升到了一个新的高度。孙庆升这样评价他："文明戏的观众，爱美剧的业余演员，左翼剧动影响下的剧作家"，这句话大致概括了他的戏剧人生。

　　……

结　论

　　曹禺打破了传统文学塑造女性人物的模式，不再把女性形象简单的"天使"化和"妖魔"化，而是真实地将女性天真、善良的本性和扭曲、叛乱的人格都一一表现出来，肯定了她们追求独立人格和个性解放的行为，赞扬了她们与命运作斗争、企图自己主宰自己命运的精神。在这些形象中，曹禺挖掘女性自我意识的觉醒和对旧思想、旧传统的大胆叛逆，以及由此产生的苦闷彷徨的心境，或者着力揭示劳动妇女的悲惨人生，或者揭开旧社会家庭妇女头上看似权势者的神秘面纱，揭示旧礼教鲜为人知的残酷和罪恶，以深深的同情和严肃的社会责任感为被侮辱与被损害者鸣冤呐喊。曹禺是伟大的，他的伟大不仅在于塑造了栩栩如生的经典女性形象，还在于他的社会责任感和对民族深深的爱。

　　……

谢　辞

　　不经意间，在×××学院四年的学习生活即将结束了。回首过去所经历的点点滴滴，我感慨万千。难忘的，是我的本科岁月，我的似水年华。

　　我要感谢我的导师××老师。××老师在我毕业论文的开题、初稿、格式、定稿上，都给予了很大的帮助。抽身于百忙之中对我悉心指点，从文章布局到语言表达都进行了细致的修改，还无私地提供本人论文写作的重要资料。同时，我还得到了××老师在思想上的帮助，帮我度过艰难的写作过程。

　　我要感谢××系的所有老师，给我创造了一个学习的良好氛围，也感谢他们在生活中所给予的帮助。

　　所有恩情，点点滴滴，我将永远铭记于心。

参 考 文 献

[1] 曹禺. 论戏剧[M]. 成都：四川文艺出版社，1985.

[2] 田本相. 曹禺论创作[M]. 上海：上海文艺出版社，1986.

[3] 曹禺. 原野[M]. 北京：人民文学出版社，1994.

[4] 陈晓兰. 女性主义批评与文学诠释[M]. 兰州：敦煌文艺出版社，1999.

[5] 陆葆泰. 曹禺剧作魅力探缘[M]. 上海：华东师范大学出版社，2000.

[6] 毕静枝. 论曹禺戏剧中的女性形象及其"围城"下的反抗精神[J]. 名作欣赏，2010（32）：86-88.

点评： 该文从选题及格式上严格遵守毕业论文要求，从目录上看，论文内容饱满，结构完整，思维严谨。

> **训练设计**
>
> 1. 毕业论文与一般学术论文有何异同？
> 2. 毕业论文的前言和结论分别向读者说明什么问题？
> 3. 评价毕业论文优劣的标准是什么？

第四节　实验报告和实习报告

一、实验报告

（一）实验报告的定义

实验报告是指作者（可以是个人，也可以是集体）通过实验中的观察、分析、综合、判断等方法，以文字记载的方式如实记录实验的全过程和实验结果的材料。实验报告往往是为了检验某一科学理论或假设而产生，既可帮助实验者积累原始的研究资料，也有利于实验者总结研究成果。

（二）实验报告的特点

1. 客观性

客观性是实验报告的基本特性，主要指研究对象和研究过程的真实性。实验报告以客观存在的事实为写作对象，这一事实可以是一个数据，也可以是一段结论，甚至是一种现象，可以被人反复研究，也可以从未被人发现，但它必须是存在的，而不是作者虚构的。客观性还表现在作者对实验过程和结果的真实记录，虽然实验报告也要表明作者的观点和意见，但所有的观点和意见都必须在尊重客观事实的基础上才能成立。

2. 准确性

实验报告的准确性主要反映在研究对象、实验步骤和方法、实验结果或结论上。写作对象是科学实验的客观事实，表述应准确无误，尤其是研究数据和研究步骤方面，不能有半点马虎和模棱两可的态度，因为一个数据或一个步骤的失误会造成最终结论的偏差，有时甚至会造成不可估量的损失。

3. 确证性

确证性是在实验报告准确性的基础上产生的，主要指实验报告中记载的实验结果可以被重复证实。也就是说，任何人都可以在相同的实验条件下重复这项实验，并且都能得到相同的实验结果。实验报告的确证性为实验者提供了便利，对于公认的实验数据和结论，实验者可以直接引用而不必亲自实验，这在一定程度上大大节省了不必要的实验开支。

4. 综合性

实验报告的撰写除了要求作者具备较强的专业知识外，还要求作者具备顺畅的表达能力和严谨的思维能力。作者为了表述完整而复杂的实验过程，除了用文字叙述和说明外，还常常借助图像、表格等方式，所以说实验报告具备综合性的特点。

（三）实验报告的种类

按照科目划分，实验报告可分为化学实验报告、物理实验报告等。

按照专业划分，实验报告可分为型式试验报告、拉伸试验报告、盐雾试验报告、土工试验报告、电气试验报告、水压试验报告、变压器试验报告、拉拔试验报告、动力触探试验报告和击实试验报告等。

（四）实验报告的写法

实验报告主要包括以下几个部分。

1. 实验名称（标题）

实验名称直接反映实验内容，要求语言规范简洁，如"验证×××""分析×××"。

2. 作者基本情况

写明作者姓名（个人或多人）、单位全称，以便保护知识产权。

3. 实验时间和地点

试验时间：××××年××月××日　　　实验地点：××××楼×××实验室

4. 实验目的

实验目的是实验者说明实验研究的意义和作用。只有明确实验目的，且实验目的客观合理，试验才能有所依据、有所意义。

5. 实验内容

实验内容是实验报告的重点，包括理论和实践两方面，主要是指为了实现实验目的需要研究哪方面的具体事项，要求写明依据什么原理和方法进行实验。

6. 实验环境

实验环境是指进行实验所使用的软硬件环境，包括配置和器材。

7. 实验步骤

实验步骤即实验的先后顺序，这是实验报告必不可少的一部分，直接影响实验结果。该部分要求客观详细、简明扼要，不可漏掉每一环节，除了必要的文字数据外，还可配以相应的表格或示图。

8. 实验结果

实验结果是指实验者经过一系列推算、求证后最终得出的实验数据或观点。实验结果的表述有以下三种方法。

（1）文字叙述：实验者根据实验目的，用标准的专业术语客观地描述实验结果，让读者和相关研究者对实验的最终结论一目了然。

（2）图表：实验者用图表的方式标出实验结果，且每一张图表应有相应的表题和计量单位，能够说明实验者的实验目的或问题。图表的方式要比文字表述更直接形象。

（3）曲线图：实验者用记录仪器标出的曲线图，这些指标的变化趋势形象生动、直观明了，一般用于阶段性数据的比较。

9. 讨论

讨论属于实验的拓展部分，是实验者根据相关的专业知识对所得到的实验结果进行解释和分析。一般有两种情况，一是所得的实验结果和预期的结果一致，二是所得的实验结果和预期的结果有误差或完全相反。如果是第一种情况，应阐明该结果的主客观条件分别是什么，实验结果的意义是什么等。如果是第二种情况，则应找出失误或失败的主客观原因，以及应对措施、经验教训等。此外，讨论部分也可以写一些实验心得和体会。

10. 结论

实验报告的结论必须简练、准确、客观、严谨，它是实验的最终论断，也是实验的最终目的。

11. 致谢

致谢是实验者在报告中感谢别人对此次实验的支持与帮助,应情感真挚，语言简洁。大部分实验报告可省略这一部分。

12. 参考资料

为了完成实验所参考的文献资料，相关格式与学术论文相同。

（五）实验报告的写作要求

（1）实验对象客观存在，不可随意编造。

（2）实验数据、实验步骤、实验结论须科学合理，不能弄虚作假。

（3）严格遵守实验报告的格式规范。

范文

实 验 报 告

实验课程：<u>新型传感器技术</u>
实验名称：<u>聚苯胺复合薄膜气体传感器的制备与测试</u>
实验地点：<u>光电 420</u>
学生姓名：<u>　×××　</u>
学　　号：<u>　××××　</u>
指导教师：<u>　××　</u>
实验时间：　　年　　月　　日

一、实验目的

熟悉电阻型气体传感器的结构及工作原理，进行基于聚苯胺复合薄膜的气体传感器的结构设计、材料制作、材料表征、探测单元制作与测试、实验结果分析，通过该实验获得气体传感器从设计到性能测试完整的实验流程，锻炼学生的学习能力、动手能力和分析问题能力。

二、实验内容

1. 理解电阻式气体传感器的工作原理。
2. 进行传感器的结构设计。
3. 进行敏感材料的合成与测试。
4. 开展气体传感器制作。
5. 器件性能测试与分析讨论。

三、实验原理

气体传感器是化学传感器的一大门类，是气体检测系统的核心，通常安装在探测头内。从本质上讲，气体传感器是一种将某种气体体积分数转化成对应电信号的转换器。根据气敏特性来分类，主要分为半导体气体传感器、固体电解质气体传感器、接触燃烧式气体传感器、光学式气体传感器、石英谐振式气体传感器、表面声波气体传感器等。
……

四、实验器材

电子天平 BS2245：北京赛多利斯仪器系统有限公司。
KSV5000 自组装超薄膜设备:芬兰 KSV 设备公司。

Keithley2700 数据采集系统:美国 Keithley 公司。

⋯⋯

五、实验步骤

1. 电阻型气体探测器工作原理认识（见三、实验原理）。
2. 器件结构设计。

电阻型气体探测器基于敏感薄膜电阻变化来进行气体浓度测定，因此电阻是探测器件的一个重要参数。叉指电极结构测量出的电导可由下式表示

$$G = \frac{NW}{d}\left(\frac{L}{N} - d\right)\sigma = \left(\frac{L}{d} - N\right)W\sigma$$

⋯⋯

六、实验结果（数据和图表）

⋯⋯

NH₃ 浓度（ppm）	T_1/s			
	PANI/TiO₂	PANI	PANI/TiO₂	PANI
23	6	9	11	17
47	2	5	6	11
70	2	6	4	8
94	3	7	4	8
117	1	5	4	8
141	1	4	3	9

⋯⋯

七、结果分析与结论

针对实验测试结果的分析讨论在前一节实验结果中已经进行了对比和分析，详见前一节。其中重要的结论如下⋯⋯

八、实验心得体会和建议

通过聚苯胺复合薄膜气体传感器课题的实验课程的学习，掌握了气体传感器的工作原理、结构设计、敏感薄膜制备方法与器件性能测试方法，形成了完整的电阻式气体传感器的认识，激发了对气体传感器的研究兴趣。同时，通过该课程锻炼了自己针对目标的学习能力、分析能力和动手能力。

实验评分：_____

指导教师签字：_____

　　　年　　月　　日

点评：该范文通过分条罗列的形式，把实验目的、实验内容、实验步骤、实验结果等一一列出，语言简洁明了，数据详实，结论明确，让读者一目了然。

二、实习报告

（一）实习报告的定义

实习报告是实习人员把实习经过、结果及体会用书面文字写出来的文本，属于应用文的一种文体。写实习报告的过程，实际上是对实习内容的巩固和深化，有利于提升专业知识和写作能力。

（二）实习报告的特点

1. 真实性

实习报告的真实性是指作者在实习报告中所涉及的实习单位名称、实习单位基本情况、实习内容、实习心得和实习成绩必须是真实的，这是实习报告的基本特点。

2. 时效性

实习报告的时效性是指实习报告的撰写有一定的时间限制，可以在实习过程的某一阶段撰写，也可以在实习结束后的规定时间内撰写。如果超过了规定时间，实习报告也就失去了它的参考价值和评定价值。

3. 总结性

实习报告是对某一阶段某个学习过程的总结，涵盖内容广泛。

（三）实习报告的种类

按照学科专业划分，可分为法律实习报告、文秘实习报告、社会工作实习、会计实习报告等。

按照写作目的和作用划分，可分为一般实习报告和毕业实习报告。

（四）实习报告的写法

实习报告包括封面、标题、前言、正文、实习总结和体会等内容。

1. 封面

封面写明实习时间、实习地点、实习单位及实习部门等基本情况，一般来说，高校毕业实习报告封面还需填写学生院系、专业、班级、姓名、指导教师、实习报告题目等。

2. 前言（摘要）

实习报告的前言或摘要，主要介绍实习报告的中心思想，要求语言简洁，字数控制在800字以内。在不少的实习报告中，前言（摘要）部分可以省略。

3. 正文

正文是实习报告的核心,包括实习目的、实习主要内容等。

（1）实习目的。介绍实习目的和意义、选题的发展情况、方案论证、实习要求等。

（2）实习任务、时间、地点。实习任务最好分条罗列，时间、地点越详细越好，以便了解实习者的具体情况。

（3）实习企业概况。实习单位的基本情况，包括成立时间、人员构成及部门职能等。

（4）实习内容。每阶段实习的具体内容、实习中资料的收集、总结体会。该部分是实习报告的重点。

（5）实习结果。实习结束后，实习单位相关负责人对实习者的评价，反映实习者在实习期间的表现和成绩。

（6）实习总结或体会。实习者在实习结束后的实习感想，是对实习最终的体会，不是正文中各段小结的简单重复。一般写在实习期间学到了什么，得到什么锻炼和进步，等等。

（7）参考文献。实习参考文献是实习过程中查阅的、对实习过程和实习报告有直接作用的资料。该部分可省略。

（五）实习报告的写作要求

（1）语言、格式必须符合公务文书的规范要求。在撰写实习报告的过程中，尽量避免过多出现人称代词，不可避免的情况下，以"本人"代替"我"。实习报告的字数一般要求 3000 字以上，有些单位或学校要求的字数会更多。

（2）实习报告的目的、内容、时间、地点等必须详尽真实。

（3）实习总结应真诚客观，不可弄虚作假。

📖 范文

大学生实习报告

实习是每个大学生都拥有的一段经历，它使我们在实践中了解社会，既打开了视野，又增长了见识，让我们学到了很多在课堂上学不到的知识，使我们体会了将所学的知识具体应用到工作中的重要性，为今后走向社会打下基础。

一、实习目的

新闻学，是一门以实践为主的学科，它所接触的对象包罗万象，是真实的、新鲜的。真实是新闻的生命，怎样观察事物，怎样捕捉有价值的新闻信息，怎样用事实说话，怎样才能做到新闻的及时报到，这些只有在实习中才能深刻体会。

到新闻单位实习，主要是要锻炼新闻采访和写作能力，掌握采访的基本方法，掌握新闻及电视节目制作的基本流程，向有经验的记者、编辑学习，交流经验；深入现场采访，接近群众，从群众中来，到群众中去；深刻体会，用真情写出有生命力的新闻作品。

二、实习时间

××××年××月××日~××××年××月××日

三、实习地点

××市×××路××栋××室

四、实习单位

××市××报社

五、实习主要内容

1. 实习单位简介

《××日报》于××××年××月××日创刊,作为中共×××委员会机关报,及时、准确宣传党和国家的方针、政策、法律、重大部署、中心工作,迅速传递国际、国内和地方经济、政治、文教、社会等各方面的重要信息,尤其注重报道地方改革开放的新进展、新成就、新经验。她立足地方、面向全国,国内外公开发行。

目前,《××日报》是星期一至星期五每日出版对开12版,星期六、星期日出版对开8版,彩色印刷,是××市第一大综合性日报。创刊以来,《××日报》以报道××市重大新闻的权威性深得读者看重,是××市300万人民了解国家及××市重大时政、经济、社会信息的重要媒体,也是外界观察了解××市的重要窗口。

2. 实习内容

1)实地采访

只有深入现场做实际调查,才能懂得采访的基本流程,懂得什么是采访,才能写出有意义的新闻作品。新闻采访学的突出特点是实践性强,偏重于应用与操作。实地采访是新闻信息采集、新闻报道的第一步。

2)访后写作

新闻写作是新闻制作的第二步,是对采访中采集的信息、新闻事实做进一步加工制作的过程,是对采访的进一步补充。亲自动手采写一些东西,才能更好地掌握新闻写作的基本方法,力争做到"从群众中来,到群众观众去",把时代精神写进作品,写一些有价值的事,写一些老百姓关心的事。

3)编辑整理

当完成初稿后,编辑、整理和修改稿件是新闻作品的最后一个环节。俗话说:"文怕修改",只有修改,才能写出精辟的文章。同时,还要提炼新闻主题,因为新闻主题是新闻报道的"灵魂",可以通过素材的取舍、结构的安排和导语的构思各个方面提炼主题,还可以通过综合思维提炼主题。另外,还要熟练运用各种新闻写作的笔法,巧妙运用各种新闻语言写好新闻导语。

六、实习总结和体会

1. 实习收获

在短短的实习期内,我深入多地采访,真正锻炼了自己的采访能力,提高了自己的提问水平,锻炼了心理素质。真正做到了不怯场,运用自如,现场处理灵活。在采访后我写了多篇新闻稿件,熟练地掌握了各种新闻文体的写法,如动态消息、综合消息、人物消息、评述性消息、特写性消息、人物通讯、事件通讯、工作通讯、风貌通讯、人物专访等,还有电视新闻和广播新闻的写作,涉及经济、社会多个领域。通过实习,我深刻地认识了作为一名记者应具备的基本素质,体会了作为一名记者怎样才能做到"识""才""学",并认识了记者和编辑的关系。

　　通过这次实习，我的社会实践能力有了很大的提高，适应社会的能力增强了，语言运用能力提高了，写作能力提升了，真正跨出了新闻道路上的第一步。

　　2. 实习中存在的主要问题

　　通过实习发现，我在各方面还存在着不少问题，包括文化知识的欠缺，真是"书到用时方恨少"，所学知识涉及的面太窄，掌握的知识太单一，没有形成一个很好的体系；联系实际的能力较差，将学到的知识不能熟练运用到实践中去，没有一个知识储备体系；在采访中，一些先进的新闻采访设备的熟练运用能力还不够，普通话水平不高。这些问题的存在让我意识到自己在今后的学习中还需要在各方面努力提高自己的综合的能力。

　　3. 对实习工作的一些想法

　　实习主要是面向社会的过程，应尽量做到以下几个方面：

　　（1）尽可能多的让每一个实习者走到新闻采访的第一线。只有这样，才能采集更多的有价值的新闻信息。

　　（2）尽可能扩大社会接触面，深入到广大群众中去。只有深入到每一个层面中去，才能扩大记者的知识面，开阔眼界，使报道更有特色。

　　（3）在采访、写作、编辑等一系列过程中应当教会实习者使用先进的新闻采访设备，教会实习者如何把握事件的闪光点。新闻单位应尽可能多地为每一位实习者提供锻炼平台。

　　（4）新闻单位应鼓励记者开拓创新，不要被一些陈旧的模式所束缚，要创新思维，更新观点。

　　（5）实习者的经验不足，应当更多地接触一些新闻的制作过程，并运用到实践中去。

　　实习，不仅仅是实践，更重要的是通过实践获得某种认识，从而能指导今后的实践。通过实习，使我对新闻行业和新闻工作有了更具体、更直接、更深刻的认识。通过实习，我也深刻意识到了积累和掌握广博的专业知识、熟练新闻业务的重要性。实习给我提供了一个机会和平台，使我得以将课堂所学予以运用和发挥，锻炼了自己的新闻业务技能，也为我观察社会、接触社会提供了一个平台，在与采访对象的交流中，与人打交道的能力也在不知不觉中不断提升。此外，在实习过程中，也让我明白了怎样克服种种困难完成任务。这些就是我在这次实习中最为宝贵的收获。

　　点评：该范文明确指明实习目的，实习时间、地点和实习内容，最后还有一份实习心得，思路清晰，语言表达顺畅。

　　训练设计

　　1. 实习报告与实习小结、工作总结有何区别？
　　2. 比较实验报告与实习报告的异同。
　　3. 以即将毕业的大学生作为身份背景，按实习报告的要求拟写一份毕业实习报告，单位名称、实习内容自定，字数不少于3000字。

第五章　礼仪文书

第一节　礼仪文书概说

一、礼仪文书的基本概念

礼仪文书是上至国家，下至单位、集体甚至包括个人在一些社交场合，如婚庆、丧礼、迎来送往及其他场合等，用以表示基本礼仪的具有高度规范的写作模式的文书。

随着社会经济和文明程度的不断提高，人们在社交中的礼仪活动越来越多，而在规模较大或隆重的社交活动中使用规范的礼仪文书，可使活动气氛变得更加高涨或隆重。

二、礼仪文书的基本特点

1. 规范性

礼仪文书通常具有相对固定的格式及用语，是一种较为规范的应用文体，使用时要十分注意其中的基本问题。例如，写信，不仅正文之前的称呼语、文末的问候语、祝福语有很多用法，还要留心写作中的款式问题，如有的信件的开头是表达尊敬之意，如果错用在了收信对象、不合适的场合或不合适的信件内容上，就会伤及对方感情，影响彼此之间的交流效果。当然，礼仪文书虽有较强的写作模式，但也并非像正式公文那样有法规的规定，它主要是人们在使用中逐渐形成了相对固定的格式，大家在使用时都会遵循。

2. 交际性

礼仪文书的基本作用是体现交际双方或多方的期望意愿、个人喜好、某种情感等，表现的是一种双方互动关系，只不过它主要是通过书面的形式来进行情感交流、信息互通、相互接触，从而达到彼此了解、相互吸取对方的积极因素和长处的目的，为加强了解、增进合作、促进共享起催化作用。

3. 礼节性

礼仪文书强调以礼待人，注重根据具体环境、具体情况开展不同形式的交流方式。在对待良辰美景、赏心乐事等人生中各种美好事物的祝愿上，大多是以社会上通用的人生重大礼仪方式进行写作，像婚姻礼仪、生日寿辰礼仪及具体的节日礼仪等，在日常生活交际中的普通礼仪，如接待友人来访、拜访他人、宴会聚餐等。

三、礼仪文书的分类

礼仪文书的分类有很多，最为常用的是政府机关、社会团体、普通百姓在节假日和喜事、丧事中使用的请贴、祝福词、欢迎词、欢送词、题辞、祭文、悼词、贺电、贺信、唁电、讣告、碑文、对联等。

四、礼仪文书的写作要求

（1）严格遵守礼仪文书的书写规范。
（2）礼仪文书的语言应简单明了，情感应真挚。

> **训练设计**
>
> 1. 礼仪文书的特点有哪些？
> 2. 如何理解礼仪文书的种类？

第二节　祝辞、贺词和贺信

一、祝辞、贺词和贺信的定义

祝辞又作祝词，是指在某些欢庆场合对相关人物或事件表达祝福或祝贺的语言、文章等，其主体主要包括政府机关、事业单位、企业、社会团体或个人等。祝辞通常是在事情没有开始至少还没有结束时表达的祝贺。

贺词是政府机关、事业单位、企业、社会团体或个人等在某些欢庆场合对相关人物或者已经完成并取得成功的工作、事业表达祝贺的文字。贺词通常是在某件事情完成之后表示的祝贺之词。

贺信是从古代祝辞中演变而来的，是指政府机关、事业单位、企业、社会团体或个人向其他单位或个人表示祝贺的一种专门书信。当今贺信已转变成为表扬、赞颂、祝贺对方在相关领域作出贡献的一种常用文体，它还具备赞扬和慰问的作用。

祝辞与贺词是有区别的。祝辞是在事件发生之前，表示祝福、愿望，而贺词是在事件发生之后，表示祝贺、喜庆。但在一些特殊场合下二者又可以通用。

二、祝辞、贺词和贺信的特点

1. 喜庆性

祝辞、贺词和贺信都是在某种具有喜庆的场合对祝福对象表达的真诚贺颂、庆祝和美好愿望，故喜庆性是三者的根本特征。在言辞用语上一定要表现出喜庆、欢悦之情。

2. 体裁多样性

祝辞、贺词没有文体限制，二者是根据祝贺对象的具体情况而采用具体的体裁，既可以使用通常意义的应用文体，又可以使用诗歌、词曲、对联等各种灵活的文体样式。贺信则有具体的格式。

三、祝辞、贺词和贺信的种类

1. 按祝贺对象可分为四类

（1）祝寿庆生。祝寿的对象是长辈或老年人。在祝词中，既要赞美对方已取得的成就，又要祝福他健康且长寿。祝寿的对象可以是自己，称之为自寿。自寿主要抒发个人的抱负、感慨等，也可自勉。庆生的对象是新添子女的夫妻，主要贺其喜得子嗣、后继有人，祝福其生活更加甜美。

（2）祝福事业。事业有成的祝福涉及面可以很广。例如，某位朋友考上研究生，可以祝其鸿途大展；某个学术会议召开之时，可以祝其圆满成功；某位朋友出了一本著作，可以祝其功业有成，等等。

（3）祝贺婚嫁。这种类型的祝贺词既要祝贺新婚，又要祝福新人今后和谐美满，如琴瑟共鸣、永结同心等。祝贺婚嫁是每个人经常遇到的事情，因此选词尽可能稍雅一点，有陌生化的效果。

（4）祝贺宴会。这种类型的祝贺词当今使用得较少，它主要是以酒祝兴，注重的是社交活动。酒只是大家在相互交流中的一种媒介而已。宴会上的贺词、祝辞，主要是向与会客人表示的一种祝福和感谢。

2. 表达形式可分为两类

（1）即席致辞，现场祝贺。通常意义上来说，某些不太正式，较为随意的场合，是即兴祝贺的最好场合。但是如果是在较为庄重的场合下，为谨慎起见，发言人应先草拟贺词，然后发言。

（2）信电庆贺。现实生活中，很多时候祝贺人不能亲自到场，在这种状况下，可以使用写信的方式进行祝贺，也可以用电子邮件或发传真来表示祝贺。

四、祝辞、贺词和贺信的写法

祝辞、贺词和贺信一般由题目、尊称、贺词正文和署名四个部分组成。

1. 题目

由致辞人、致辞场合和文体类型共同构成，如《李克强在澳大利亚总理特恩布尔欢迎宴会上的致辞》。还有一种是由致辞的收受者和致辞的具体内容一起构成，如《贺王城公园五一集体婚礼》《在张××先生和李××小姐婚礼上的祝辞》。贺信的题目一般由具体的文体类型名称构成，且书写于第一行正中位置，可以将"贺信"二字书写于纸张第一行正中位置。

2. 尊称

尊称一般可笼统称之为称呼，必须写在第一行的顶格处，写明姓名。此外一般还要在姓名后面加上称呼或职务头衔，以示敬重，如"尊敬的××主席""女士""教授"等，然后要用冒号。

3．正文

祝辞、贺词、贺信的正文一般由三部分内容组成。

（1）向收受方祝贺需要表达清楚自己代表什么人、什么组织前来贺喜。

（2）整体性评价对方已取得的成就。

（3）展望前程，再一次向收受方表达祝贺。这一部分要写出自己能够前来祝贺的喜悦心情，同时还要衷心地表达自己最为诚挚的问候和祝愿。要提出希望和理想，并多写些夸奖和鼓励的话。

4．落款

落款处要写上讲话者完整的姓名或单位名称，贺辞的最后一行要署上具体日期。

五、祝辞、贺词和贺信的写作要求

（1）语言要求充满热情、喜悦、鼓励、希望、褒扬之意，以便使对方感到温暖和愉快，受到激励与鼓舞。

（2）祝辞不应使用辩论、谴责、批评等词句和语气。

（3）颂扬与祝贺要恰如其分，过分的赞美之词会使对方感到不安，自己也难免有谄媚之嫌。

📖 范文

庆"八·一"祝酒辞

各位首长、战友们：

今天是八一建军节，是我们军人特有的节日，我们欢聚一堂，庆祝建军××周年。

中国人民解放军在党的领导下，为了使中华民族屹立于世界民族之林而前赴后继，浴血奋战，用鲜血染红了五星红旗，用骨肉筑起了新的长城。新中国成立后，我军坚决捍卫祖国的独立、主权和尊严，保卫祖国的领士完整和人民的和平劳动，积极参加社会主义建设事业，促进祖国统一大业，忠实地履行党和人民赋予的神圣使命。

过去的一年里，连队在上级党委的正确领导和全连官兵的共同努力下，全面地完成各项任务。我们的战士个个争先创优，各方面的素质都有长足的进步；我们的干部人人爱岗敬业，成为连队全面建设的带头人。我相信，只要我们官兵齐心协力，我们连还会取得更大的成绩。

让我们大家共同书写我连的辉煌连史。祝我们连队的明天更加美好，祝大家节日愉快、捷报频传。

干杯！

元 旦 贺 词

春华秋实，岁月更叠，轻轻地翻过一页，我们送走了令人难忘的×××年，充满希望的×××年已向我们挥手致意！在这激动人心、催人奋进的时刻，我们谨向兢兢业业、任劳任怨的全校教职员工致以诚挚的敬意和新年的祝贺，向勤奋好学、顽强拼搏的全校同学表示良好的祝愿和新春的问候！

沐浴着新世纪的曙光，×××附属中学又走过了一载筚路蓝缕的创业历程，曾经的意气风发，曾经的拼搏进取，都已沉淀为一段红色的记忆，美丽而辉煌。××××年，是学校不平凡的一年，这一年，我们圆满实现了第一个五年计划的即定目标——五年建成×××名校，为学校今后的发展奠定了坚实的基础。这一年，高考的佳绩、中考的辉煌，令我们激动，充分显示了×××附中的综合实力；这一年，×××附中挂牌、学校规模的扩大、招生质量的突破令我们振奋，这些都为学校后续的发展积蓄了力量；这一年，学校顺利通过了××市政府督学办学水平的评估，我们以96.1分的优异成绩被评为一级学校。

回首××××年溢彩的光阴，我们感到骄傲和自豪。然而在这一年，我们经受了检验和考验，我们经历了难得的发展机遇，我们也经受了前所未有的挑战，××××附中人以顽强的意志和必胜的信心克服了重重困难，实现了学校发展史上的又一次质的飞跃。"山阻石拦，大江毕竟东流去"，我们的学校终于走上了稳定发展的健康之路。我们感谢××区的各级领导，在学校发展的关键时刻，给予我们无微不至的关怀，我们感激各界朋友，在困难时期给予的帮助和温暖。

生命的年轮即将进入××××年，新的一年令人神往。作为教育工作者，作为第一个五年的创业者，我们都深知自己肩负的重任，我们在书写学校的历史，我们在承载学校的未来。新的一年，必须清醒地看到学校发展还面临着诸多的问题和挑战；未来的竞争要求我们必须有一支具有创新精神和实践能力的教师队伍。我们必须快速完成由规模化办学向规范化办学的转变。我们必须用前卫的理念指导教育实践，充分整合优势的教育资源，全面提升学校的竞争实力。征程漫漫，任重道远，面向未来，我们充满希望。

青春的脚步走进××××年，对于全校同学，新年的到来，不仅仅是岁月的更新，也是实现远大理想的新起点，这就要求我们勤奋顽强，要求我们与时俱进，更要求我们敢于质疑，敢为人先。××××年6月，是收获的季节，初三、高三的同学将接受中考、高考的考验，愿你们用智慧与汗水谱写人生绚丽的篇章。

×××年是充满机遇、充满挑战、充满希望的一年。生生之意，天地之本，新的一年，我们将上下求索、和衷共济、阔步向前，以我们厚重的生命，承托起×××附中这片蔚蓝的天空。

祝全校师生新年快乐！

贺　信

××广播电视报社：

值此××广播电视报创刊20周年之际，谨向报社全体同志表示热烈的祝贺！

××广播电视报创办20年来，你们辛勤耕耘，自主创新日益壮大，与时代同行，和百姓同心，报纸办得有声有色，精彩纷呈，深受读者喜爱，报社的各项事业蓬勃发展，红红火火，蒸蒸日上，走在前列。

希望以 20 周年报庆为契机，不断开拓进取，实现科学发展，坚持"三贴近"，扩大影响力，办出新水平，为繁荣我市的新闻出版事业作出更大的贡献！

中共××市委宣传部

××××年××月××日

点评：从格式规范的角度看，上述三则范文都符合祝辞、贺词、贺信的基本格式要求，内容上也做到了真实可信、表达清晰，情感上真挚平和，语言精炼，篇幅短小。可以说，这些祝贺词都是经典的、合乎规范的。

训练设计

1．祝辞、贺词和贺信的特点有哪些？

2．比较贺词与贺信的异同。

3．以××学院学生会主席的身份，向另一个学院学生会写一份贺信，祝贺他们在校篮球比赛中荣获第一，字数不限。

第三节　请柬、邀请信和感谢信

一、请柬

（一）请柬的定义

请柬又可称之为请贴，是邀请客人参加某一活动时专用的书面写作工具。

请柬在日常的社会交往生活中被广泛使用，如婚礼等喜庆宴会、专业学术会议、开业或奠基典礼等，主办方以请柬的方式邀请特定客人前来出席，表示活动较为正式且隆重，同时还有对客人表示尊重的意义。请柬要比口头表达规范、正式得多。事实上，请柬是最为便捷、简单的邀请函，只是相对来说，它要比邀请函正式和庄重得多。

（二）请柬的特点

1．告知作用

发送请柬的主要目的是告知受邀者在具体的时间、地点参加什么活动，因此请柬的正文中必须准确写出相关活动的时间、地点和具体内容，同时如果有特殊的要求也一定要详细写出，不可以模糊，也不可以有错。

2．表示郑重

请柬具有一定的郑重性，它是用文字将事件的具体要素描述清楚，受邀者既可以一目了然，又可以长久保存。同时，请柬可以表示对受邀者的尊重，一个较为正式的请柬被送到手上，任何人都会引起重视。因此，凡是较为隆重的活动邀请客人，都以请柬为准，且客人无论距离远近，都需发送请柬。

3. 具有艺术性

请柬的作用是邀请客人前来参加活动，因此除内容外，形式也很重要，这就要求请柬必须讲究艺术性，一份制作精美的请柬会使受邀者更容易感到亲切和愉快。因此，请柬需要在款式、装帧上讲究艺术性，一般可以用绘画、书法等来装饰请柬。

4. 要求及时性

请柬的发送需要讲究及时性，既不能太早，也不能太晚。太早了受邀者容易忘记，太晚了受邀者没有准备时间，显得十分仓促，无论对邀请者还是受邀者都不太好。

（三）请柬的种类

根据具体的形式，请柬可以分成以下两种类型。

（1）明信片式请柬。这种请柬是用一张类似明信片的硬卡片，一面写上具体内容，如生日宴会、学术会议等，并在周边或底纹印上艺术性较强的图案。另一面留白，主要用于填写注意事项。这种请柬较为简单，用于日常性的交际。

（2）折叠式请柬。这种请柬是将卡片折叠起来，可以一折为二，也可以一折为三或更多。请柬可分为内外两部分，外面部分填写请柬的名称，如结婚请柬、寿诞请柬等，同时还要配上精美图案。里面部分留白，主要用于填写注意事项。更为正式一些的请柬，通常会在内页另附一张稿纸，用一条精美的丝带将其和封面系在一起。相比较而言，折叠式请柬显得更加高档、精美。再加上极为讲究的封面装帧，更有利于营造气氛。

（四）请柬的写法

请柬一般由题目、称谓、正文、结尾和落款五个部分组成。

1. 题目

标准的做法是在卡片的封面上写上"请柬"（请贴）二字，通常需要进行一些艺术化处理，如可以运用一些美术体的文字来写作，可以添加某种或某些图案进行美化装饰，文字的颜色可以添加烫金等。值得一提的是，请柬一般都是按照信笺格式由印刷厂印制好，使用者使用时只需要填写正文就行了。

2. 称谓

称谓就是名称或姓名。写请柬时，第一步做的事就是在第一行顶格处写上被邀请者的名称或姓名，如果是单位，就写名称；如果是个人，就写名字，称呼之后要加上冒号。

3. 正文

正文必须写清相关活动安排，如召开什么会议、什么性质的晚会、生日 Patty、店庆宴会、婚礼、寿诞等。同时还要写上具体时间、具体地点、以什么方式举行等。如果是请人看话剧或杂技等其他类型的表演，还应将入场券附上。如果还有其他要求也需注明，如"请准备讲话""请准备节目"等。

4. 结尾

结尾需要写上礼节性问候语或恭候语，如"此致""致礼""顺遂""崇高敬意""敬请光临"等。

5. 落款

落款是在请柬的最后署上邀请者的名称、姓名和发柬日期。

（五）请柬的写作要求

（1）用语要准确。要求文字准确通畅，不能以写文学作品的方式堆砌辞藻，也不可以以写公文的方式套用格式化的语言。

（2）表意要雅致。要求讲究文字典雅优美，请柬是个人或单位对外礼仪交往的重要媒介，无聊的、乏味的、不切实际、夸大其辞的语言会使对方感觉很不舒服。

（3）叙述要通顺。要求不能为了雅致而刻意追求运用文言文。要尽量用通俗的、新出的、鲜活的语言。当然，简约典雅的文言语句并非不可以使用，但须恰到好处。

（4）效果要突出。具体而言，请柬必须根据具体的对象、不同的场合、详细的内容安排及时间认真地思考用词问题，最终要做到庄重文雅、简洁明确、大方热情。

📖 **范文**

×××同学：兹定于2016年3月6日上午9时到校医院看望病重的××老师，届时请准时到校医院指导。

××班委

2016年3月4日

点评：本请柬有以下几个方面的问题：

（1）参加人不为客人，不用发请柬。

（2）到医院看病人非隆重喜庆之事，不可发请柬。

（3）看医问药治疗事宜乃医生之事，"请准时到医院指导"，措词不妥，违背常理。

某某先生（女士、小姐）：

我们定于×月×日×时在××饭店××厅举行婚宴

恭请

光临

某某（新人名）谨邀

××××年××月××日

点评：上述例文遵守了请柬的具体格式要求，语言也较为简明扼要，篇幅短小，具体事件指向明确，是可以参考的范文。

二、邀请信

（一）邀请信的定义

邀请信是由学校、公司等机构和团体，也可以是个人举办活动时，邀请某单位或某人前来参加的信件。邀请信通常要写明活动的性质、活动的流程、对方的资质、发出邀请、祈求回复及落款等。

正常情况下，邀请信可以为分为两种，一种为正式邀请信，一种为非正式邀请信。正式邀请信必须用书面的形式，将具体活动表达清楚，既要讲究行文的礼仪，还要想法使对方能够记住，不会很快忘记这件事，一般都是采用礼仪活动邀请函的形式送达对方。非正式邀请信通常是以面对面或打电话等口头形式传达的，相对而言显得较为随意。

（二）邀请函的特点

邀请函的特点主要体现在以下三个方面。

1. 礼貌性强

礼貌是礼仪活动邀请函的基本原则和主要特征。礼仪活动使用邀请函本身就显得极有礼貌，内容上也还必须态度诚恳、毫无私心地对对方表达赞美。同时，固定的结构和礼貌用语的使用，反复不断地强调彼此之间的友好交往等，也都体现了这种文体的礼貌性强的特征。

2. 感情真挚

礼仪邀请函的收授双方或者熟悉，或者陌生，但无论之前情感如何，本次邀请都是希望对方能够出席。这就要求邀请函在情感上必须真挚，不得有半点虚假或者应付，绝不能引起对方的不满和不愉快，不能让对方有不被重视的感觉。因此，感情真挚是礼仪邀请函的基本底线。

3. 适用面广

礼仪活动邀请函不仅适用于个人、企事业单位、国家行政机关等的日常交际活动，还可以用于国与国之间的外交活动中。可以说，这种文体的适用面是非常广泛的。

（三）邀请函的种类

根据邀请目的的性质划分，邀请函可分为会议邀请函、××活动（具体活动）邀请函等。

根据邀请单位的性质划分，邀请函可分为政府机构邀请函和商务邀请函等。

（四）邀请函的写法

在社会交往日益繁多且越来越重要的今天，礼仪活动邀请函的使用相应地就显得越来越重要了。可以说，写好礼仪邀请函在日常社会活动中至关重要。因此，礼仪邀请函在格式和形式两个方面都要特别注意。

礼仪活动邀请函的结构一般由标题、称谓、正文、致敬辞和落款五个部分组成。

1. 标题

通常情况下标题行只写"邀请函"三个字即可，这是最中心的部分，其他内容都在正文中包含。为了显得醒目，"邀请函"三个字的颜色要比正文深些，字号要比正文大些。有时候礼仪邀请函还会在标题栏中写出事由，如"关于参加诗经学会第十四届年会暨诗经学国际学术研讨会的邀请函"。有时候还会添加包含极具特色的活动主题标语，如"第29届联合国粮食及农业组织亚太地区大会非理事国邀请函"。

2. 称谓

称谓是对邀请对象的称呼。称谓要在正文第一行顶格书写，内容的中心为受邀对象的单位名称或个人姓名，同时还要写明对方的职称、职务、头衔等，或者用同志、领导、经理、教授、先生、女士等称呼，很多时候还需要加上"尊敬的"尊称定语。

3. 正文

正文是邀请函的核心内容。正文开头要向被邀请者进行礼貌性问候，位置在称谓下一行，即正文第二行，空两格开始书写。开头写完就进入正文主题，这一部分要写明举办相关活动的起因、目标、注意事项及对来宾的具体要求；还要写明举办活动的详细日程安排，包括具体时间、详细地点、邀请对象等；最后还要对被邀请者发出礼貌的、诚挚的邀请。若附有票据、奖券等物品也应同邀请函一并送达邀请对象。如果一些活动特别具体，邀请函无法完全写出，则还需要附纸说明，避免邀请函写得太长，读之令人生厌。

4. 致敬辞

礼仪邀请函的结尾一段通常要写上常用的邀请习惯用语，如"敬请参加""敬请光临""请届时出席"之类的敬语。有些邀请函可以用"此致　敬礼""顺致""节日快乐"等敬语。

5. 落款

礼仪邀请函的最后要署上邀请者的单位名称或个人姓名，还要写上完整的发函日期。如果是邀请单位，还需要加盖单位公章，显得庄重、正式。礼仪邀请函较具正式性，因此形式设计要以大方美观为上，不能用日常使用的信纸或稿纸代替邀请函，必须用特殊印制的请柬进行书写。

（五）邀请函的写作要求

（1）"邀请函"三个字必须作为一个整体的词语出现，不可以拆分。因为邀请函是一个完整的文种名称，与公文中的"函"并不一样，或者说二者是两种没有关系的文种，如"关于邀请出席××活动的函"，这种写作方法是错误的。

（2）因为礼仪邀请函较为正式，所以在正文书写中，被邀请者的姓名必须写全，不能写成略称，更不能用绰号和别名来代替。被邀请者如果不止一人，则应在姓名与姓名之间写上"暨"或"和"，不可以用顿号或逗号，这个在日常生活中容易被忽略。如果是在网络上或报纸上公开发布的邀请函，因为邀请的对象不能确定，所以称呼可以省略，通常以"敬启者"笼统称呼。

（3）严格遵守邀请函的写作格式，开头的称谓、正文开篇的邀请事由、正文核心的具体内容、活动时间、活动地点、相关事宜、联系方式、正文之后的落款等事项都不能省略。

（4）邀请事项务必交待周到详尽，这样可以使被邀请者能做到有备而来，也可以使活动举办者减少一些意料之外的麻烦。

（5）邀请函必须提前发送，这样可以使被邀请者有较为充裕的时间对自己的工作和生活及参会的各种事务进行有效合理的安排。

📖 范文

××学院毕业生校园招聘会邀请函

尊敬的用人单位：

首先感谢贵单位长期以来对××政法职业学院就业工作的大力支持和帮助。

我院是一所具有 70 余年历史的高等院校，隶属于××省委政法委。前身是××省建设学院，成立于 1949 年 7 月，当时的××省人民政府主席××同志兼任院长。1954 年 4 月，改建为××省政法干部学校。1983 年 11 月，改建为××政法管理干部学院。××年 4 月，改建为××政法职业学院，发展高等职业教育，并继续承担成人学历教育、岗位培训和大学后继续教育任务。

学院地处美丽的××河畔，面向××省招生。开设法律事务、司法助理、国际金融、国际经济与贸易、国际商务、法律事务（国际经济法方向）、社会工作、安全保卫、计算机信息管理、交通管理、图形图像制作、经济信息管理、电子商务、园艺技术（商品花卉方向）、园林技术、森林生态旅游、工程测量与监理、环境艺术设计、物业管理、会展策划与管理、社区管理与服务、人力资源管理、法律文秘、应用英语、商务英语、应用英语（法律英语方向）、旅游英语、投资与理财、财务管理、会计（司法会计方向）、会计电算化、市场营销、物流管理、旅游管理、酒店管理 35 个高职专业。现有在校生一万余人。在教学中我们一贯重视学生的素质培养，视教学质量为生命线，视毕业生为我们的"产品"，代表学院的品牌。我们愿与用人单位建立长久的合作关系，尽我们一切努力为贵单位选才服务。

我院有 2017 届应届毕业生四千余人，定于 2017 年 3 月 25 日举办"××政法职业学院 2018 届毕业生校园招聘会"，诚邀贵单位莅临参加，具体事项安排如下：

一、时间：2017 年 3 月 25 日（周四）

二、地点：××政法职业学院新校区

联系人：××

联系电话：××-××（传真）

点评：该文是一则不规范的邀请函，时间地点不明确，且无任何活动事项安排或说明，时间应具体到点和刻，地点最好写明街道牌号，活动事项也应标明，以便受邀者有所准备。

××××研讨会邀请函

尊敬的×××：

　　您好！

　　××××研讨会定于××××年××月××日—××日在×××召开，诚挚邀请您参会。会议的有关事宜如下。

　　一、会议主题

　　××××××

　　二、主要论题

　　1.××××××

　　2.××××××

　　三、投稿要求

　　本届研讨会，接收与上述专题相关的、未公开发表的论文与研究报告。

　　1. 投稿内容与格式

　　论文格式包括标题、作者基本信息、摘要、关键词、正文、注释、参考文献几个部分。摘要字数在200~300字之间，且关键词最多不能超过4个。论文正文总字数应不少于5000字，中文使用宋体、小四号字、1.5倍行距排版；含页眉和脚注在内，页边距设为2.5厘米。

　　提交的文章中凡采用他人原文或观点，务必加注说明。在引文后加括号注明作者、出版年份及页码，或者直接将引用以脚注方式标识清楚。详细文献出处作为参考文献列于文后，以作者、出版年份、书（或文章）名、出版单位（或期刊名）、出版地点排序。文献按作者姓氏的第一个字母依A－Z顺序分中、英文两部分排列，中文文献在前，英文文献在后。引文中的英文部分，专著名用斜体，论文题目写入" "号内。作者自己的说明放在当页脚注。

　　2. 投稿电子邮箱

　　E-mail：×××@×××（请在邮件主题标明：××××研讨会）

　　3. 论文收录

　　研讨会筹备委员会将会收录您的投稿，并将制作论文集，如有PPT文件，请一并发送至投稿电子邮箱并注明：××××研讨会PPT。

　　4. 投稿截止日期

　　本次会议投稿截止日期为××××年××月××日。

　　四、研讨会时间及地点

　　会议时间：××××年××月××日报到，××月××日会议，××日考察。

住宿地点：××××酒店（××高速公路××出口×行××米路×）

会议地点：××××

五、会议回执

为统计参会人数，预先作出相应安排，以保证本届××××研讨会顺利举行，如果您"确定"参会，收到此邀请函后，请务必在××××年××月××日以前填写好参会回执并以 E-mail 发送到会务组投稿邮箱×××××@×××××，以便于我们为您提前预定酒店房间，以及其他工作的开展，谢谢合作。

六、联系我们

地址：×××　邮编：×××

电话：张××：13×××××××××；王××：13××××××××××

E-mail：×××××@×××××

此致

敬礼

××××研讨会

××××大学××××学院

××××年××月××日

点评：该范文遵守邀请函的文体要求，语言简明扼要，内容真实可信，具体事件指向明确（如时间、地点和内容）。值得注意的地方是，必须要有会议回执，以便组会者安排工作任务。

三、感谢信

（一）感谢信的定义

感谢信是向曾经给自己提供过物质帮助、精神支持、心理关怀的团体或个人表示感谢的专门书信，有感谢和颂扬的双重意蕴。写感谢信不仅要表达自己诚挚的谢意，而且要起到颂扬先进、推进正气传播的作用。它广泛应用于个人与个人之间、个人与组织之间、组织与组织之间，曾经给自己提供过物质帮助、精神支持、心理关怀的团体或个人表示感谢。

（二）感谢信的特点

1. 感谢对象要明确

感谢信必须有确切的感谢对象，以便让读者很容易就清楚是在感谢谁。

2. 感谢的事实要具体

感谢别人是要感谢别人所做的好人好事，是十分具体的，信中一定要交待清楚。

3. 感情色彩要鲜明

既然是感谢信，行文就一定要充满感激之情，情感色彩必须强烈而明确。

（三）感谢信的种类

依据不同的标准，感谢信可以有下列几种不同的分类方法。

1. 依据感谢对象的特点来分

（1）个人写给集体的感谢信。当我们在生活或学习上遇到困难的时候，有一些组织主动站出来，给我们提供帮助。当我们渡过难关，或者学业有成之后，需要给这些组织写感谢信，以表达他们曾经给予我们的帮助。这类信件往往以此类事情为多。

（2）个人或集体写给个人的感谢信。这类感谢信，主体可以是个人，也可以是某一个团体，还可以是某一个机构，为了感谢某个人曾经提供过的帮助。

2. 依照感谢信的存在形式来分

（1）寄给单位或个人的感谢信。这种感谢信在日常生活中最为常用，它往往直接寄给单位、集体或个人等感谢对象。

（2）公开张贴的感谢信。这种感谢信是可以公开张贴的，包括可在电台广播、报社登报或电视台播报的感谢信。

（四）感谢信的写法

感谢信一般由标题、称呼、正文、结语和落款五个部分构成。

1. 标题

感谢信标题的写法有几种形式：一种是直书"感谢信"，即由文种名称组成，没有其他内容；一种是由感谢对象和文种名称合在一起组成，如致××的感谢信；还有一种是感谢的发出方和收受方再加文种名称共同组成，如××大学致××教育厅的感谢信。

2. 称呼

第一行开头顶格写要感谢的单位、团体或个人的名称或姓名，并在名称或姓名后面加上"同志"等称呼，然后加上冒号。

3. 正文

感谢信的正文从正文第二行空两格开始写，要求写上感谢的内容和感谢的态度。应分段写出以下几个方面。

（1）感谢的缘由。概括叙述感谢的理由，表达谢意。

（2）对方的事迹。具体叙述对方的先进事迹，叙述时务必交待清楚人物、事件、时间、地点、原因和结果，尤其重点叙述关键时刻对方给予的关心和支持。

（3）揭示意义。在叙述事实的基础上指出对方的支持和帮助对整个事情成功的重要性，以及体现的可贵精神。同时表示向对方学习的态度和决心。

（4）结语。写感谢信结束时表示敬意的话、感谢的话，如"此致，敬礼""致以最诚挚的敬礼"等。

(5)落款。感谢信的落款署上写信的单位名称或个人姓名，并且署上成文日期。前者在上，后者在下。

（五）感谢信的写作要求

（1）内容要真实，评誉要恰当。感谢信的内容必须真实，不可夸大溢美。感谢信以感谢为主，兼有表扬，因此，表达谢意时要真诚；评誉对方时要恰当，不能过于拔高，以免给人一种失真的印象。

（2）用语要适度，叙事要精练。感谢信的内容以主要事迹为主，详略得当，篇幅不能太长。感谢信的用语要求是精炼、简洁，遣词造句要把握好一个度，不可过分雕饰，否则会给人一种不真实、虚伪的感觉。

📖 **范文**

感 谢 信

尊敬的叶杰全先生：

您好！

我叫×××，就读于宁波大学建筑工程与环境学院建筑系，现已是大四学生。这次能获得您设立的"有容奖学金"，我感到非常荣幸和高兴。因此，特写这封信向您表示由衷的谢意和崇高的敬意！谢谢您！

从大一入学时我就知道"有容奖学金"，也听说了许多叶先生的精神和事迹。您一直热心支持家乡的教育事业，"有容奖学金"的设立，表达了海外宁波帮朴实的爱乡情，代表了您对我们的深情和期望。金钱有价，情义无价，它不仅是物质奖励，同时还是对我们勤奋学习、勇于进取的精神的肯定，更是对我们当代大学生价值观念取向的正确引导。您的高贵品质、泽乡情怀、艰苦创业、热心公益事业的精神，将永远值得我们学习。在大学的最后一年，我有幸获得这项奖学金，这将成为我人生道路上一个闪亮的路标。

在过去的三年里，我刻苦学习，学习成绩一直保持班级第一；在担任院学生会干部和班干部期间，认真负责地完成每一项工作；对自己要求非常严格，争取精益求精，牢记"实事求是，经世致用"的校训，努力充实和完善自我。但是，这都是不够且不足道的，从您的事迹和精神中我深深体会到，人生除了要尽力做好自己的事，更多的还应该为社会作出贡献。再过半年我将踏上工作岗位，我会以您为榜样，尽我所能，达我所成。我也相信一定会有更多的宁大学子在您所设的这项奖学金的资助与感召下学业有成，今后在为祖国的建设事业上作出巨大的贡献，将您的这份深情厚义回报社会。

最后，借此新年来临之际，我忠心地祝福您，在新的一年里，有新的喜悦，新的收获！并祝您和您家人身体健康，万事如意！

此致

敬礼

学生：×××

××××年××月××日

点评：以上范文首先自我介绍，其次表明感谢的事由和对方的先进事迹，人物、事件、时间、地点、原因和结果均交待清楚，在叙述事实的基础上指出对方的支持和帮助对整个事情成功的重要性，以及体现的可贵精神，同时表示向对方学习的态度和决心，感情真挚，充满正能量。

训练设计

1. 假如你是某社团学生会干部，计划下一周召开演讲与辩论赛，须请几位专业老师当评委，请以学生会干部的身份写一份邀请函。

2. 拟写感谢信时要注意哪些基本事项？

第四节　欢迎词、欢送词和答谢词

一、欢迎词

（一）欢迎词的定义

欢迎词是由会议主办方代表人物亲自出面讲话的讲稿，以示对来宾表示欢迎和重视。

近些年来，全国各地纷纷举办各种内容不同、形式各异、规模大小有别的庆典活动。按照传统惯例及公众普遍认可的程序，在庆典活动的开幕式上，常常由主办方的一位代表人物向来宾致欢迎辞，欢迎辞必须热情洋溢。撰写一份合乎规范的欢迎词自然就成了庆典活动筹备过程的一项重要工作。

（二）欢迎词的特点

1. 情感欢快性

欢迎辞是欢迎八方来宾的，有朋自远方来，不亦乐乎。因此，致欢迎辞应当有一种极为愉悦的心情和语气。只有这样，客人才能感受你的诚意，才能有一种宾至如归的感觉，这种感觉可以为下一步开展的各项活动做好情感铺垫。

2. 口头语言性

多用口头语能够很容易拉近主客之间的距离，而欢迎辞的基本出发点就是在现场对来宾表示欢迎，因此口语化是欢迎辞在文字上的突出要求。在撰写欢迎辞时，遣词造句上要特别注重运用接近生活的口语，也就是要多运用一些简洁而又颇具生活情趣的词语。

（三）欢迎词的种类

1. 从表达方式上进行分类

（1）现场讲演欢迎词。这种形式最为常用，通常是由欢迎人在来宾刚刚到达时，在迎接现场口头发表的欢迎稿。有时候也可以是在会议开幕式上进行的现场讲演。

（2）报刊发表欢迎词。报刊发表欢迎词是一种较为隆重的欢迎仪式，发表在报纸或刊物之上，能够让很多人注意到。这种欢迎词通常是在客人到达前或刚刚到达时发表，比较讲究时效性。

2. 从社会交际的公关性质上进行分类

（1）私人交际欢迎词。某些时候因为某种需要，某些人会举办一些私人性很强的大型宴会、舞会，以及主题性更强的茶话会、讨论会等。在这种场合，通常需要主办者做一个开场欢迎辞，而这种欢迎辞一般会安排在正式活动开始之前进行。因此，私人交际欢迎词往往具有较强的时效性和现场性。

（2）公事交往欢迎词。公事交往欢迎词主要针对公事往来，和人与人之间的交往不太一样，它并不仅仅依靠私人之间的感情，因此，这样的欢迎词比较庄重。通常情况下要事先做好准备，撰写书面欢迎词，并且尽可能使话语得体，使对方听起来舒心愉悦。

（四）欢迎词的写法

完整的欢迎词通常要由标题、称呼、正文和落款四个部分组成。

1. 标题

欢迎词的标题可以只标文类，即直接写上"欢迎词"。在很多时候，还需要标出致词的场合，如"在××学术大会上的讲话"。完整的标题是将致词人也一并写出，如"××在××会议上的欢迎词"。三者无论采用哪一种，都需要将标题置于首行正中的位置。

2. 称呼

在正文第一行开头顶格书写欢迎对象的称呼，要写明客人的姓名称呼，如"尊敬的女士们、先生们"、"亲爱的××大学各位同仁"等，后要加上冒号，个人姓名要用尊称。

3. 正文

首先要向在场的所有人说明致词者代表什么人向哪些来宾表示欢迎；其次说明客人本次来访的意义、作用，或者赞扬客人所取得的成就、贡献，或者回顾主客双方之前的友好交往；最后再一次表示欢迎之意，以及对今后的祝愿和希望。

4. 落款

要署上致词单位名称，致词者身份、姓名，并署上日期。

（五）欢迎词的写作要求

欢迎词要特别注意礼貌用语，因为它本身就是出于礼仪需要的。具体而言，欢迎词要注意以下几点。

（1）称呼客人要用尊称，感情要诚挚，要能较准确地表达自己的原则立场。

（2）用语要谨慎，不能信口开河、胡乱说话，同时要特别注意尊重对方的习俗，务必避开对方的忌讳，以免发生意外的不愉快。

（3）语言要朴素、和善、准确、礼貌而又饱含热情。

（4）一般欢迎词都是一种礼节性的外交或公关辞令，宜短小精悍，不宜长篇大论。

📖 **范文**

×××欢迎词

敬爱的老师，久违的、亲爱的同学们：

今天是个好日子！因为我们相聚，因为我们能有相互倾诉、共同追忆的美好时刻，今天我们师生欢聚在此，请允许我代表本次同学聚会筹备小组，对在座各位能来参加本次活动表示最热烈的欢迎与最衷心的感谢！

最后愿今天的聚会成为我们未来人生的一个良好开端，互道珍重珍惜，共勉提携，为我们的生命喝彩！为我们的顽强不屈加油！

点评：以上欢迎词遵守体例规范，情感真挚热烈，给人一种积极向上的力量。

二、欢送词

（一）欢送词的定义

欢送词是在一些特定场合，如宴席、车站或机场等，送别亲友或友好团体时致词所用的讲话稿，其主体可以是机关、企事业单位或社会团体的代表，也可以是个人。

（二）欢送词的特点

1. 伤感性

唐代大诗人李商隐说"相见时难别亦难"。从古至今，离别总是饱含伤感，中国人重视友情的传统至今不变。欢送词要表达亲友离别时的感受，因此依依惜别之情要溢于言表，当然格调也不可以过于低沉。特别是公共事务的交往中更应把握好分别时所用言辞及情感的分寸，情感不可过浓，言辞不可过于伤感，一切做到温柔敦厚即可。

2. 口语性

和前文所讲的欢迎词一样，欢送词也是在现场发表的讲演，因此口语性也同样是欢送词的一个突出特点。在写欢送词时，遣词造句一定注意多使用生活化的口语，这样既可以使送别富有情趣，又显得自然得体。

（三）欢送词的种类

欢送词同欢迎词在分类上大致一样，这里只作简单的列举。

（1）按表达方式，可分为现场讲演欢送词和报刊发表欢送词两种。

（2）按社交的性质，可分为私人交往欢送词和公事往来欢送词两种。

（四）欢送词的写法

欢送词与欢迎词一样，也是由标题、称呼、正文和落款四个部分组成。

1. 标题

同欢迎词的标题大体相同，欢送词的标题可以只标文类，即直接写上"欢送词"。

在很多时候，还需要标出致词的场合，如"在××学术大会闭幕式上的讲话"。完整的标题是将致词人也一并写出，如"××在××会议闭幕式上的欢送词"。三者无论采用哪一种，都需要将标题置于首行正中的位置。

2. 称呼

与欢迎词的写法相同。

3. 正文

首先简要表达真挚、热情的欢送之意；接着叙述被送者或宾客的成绩、贡献或双方的友谊，并对此作出积极的评价；最后要再次表达惜别之情，以及对被送者或宾客的希望、勉励。

4. 落款

与欢迎词的写法相同。

（五）欢送词的写作要求

欢送词与欢迎词的写作要求相同。

📖 范文

×××欢送词

尊敬的各位嘉宾：

"黄河水利职业技术学院2010届毕业生供需见面会"在大家的共同努力下顺利落下帷幕。在此，我谨代表黄河水院全体师生对各单位的到来表示衷心的感谢。

近年来，黄河水院坚持高等职业教育的发展道路，紧紧围绕创建全国一流高职院校的发展目标，遵循高等职业教育规律，继续坚持以人为本，依法治校，以就业为导向，以教学工作为中心，以专业建设为核心，以改革创新为动力，以师资队伍建设为重点，以质量和特色为根本，以培养高等技术应用性人才为目的，走产学研结合的道路，积极探索人才培养的新模式，为我国教育事业作出了积极贡献。

同学们，机会是均等的，你们的明天掌握在自己手中。此次见面会让毕业生和用人单位进行了深入的洽谈与交流，让毕业生们找到了理想的工作，也使得各用人单位招聘到了优秀的专业人才。在这里，真诚的祝大家合作愉快。今后我们将再接再厉，为社会培养更多的专业人才，为黄河水院的明天创造更加辉煌的成绩！

黄河水利职业技术学院就业服务中心办公室
××××年××月××日

点评：以上范文感情真挚，语言简明扼要，字句里饱含惜别之情和期待之意。

三、答谢词

（一）答谢词的定义

在某个会议主办方代表致欢迎词或欢送词之后，客人代表也要发表讲话，表达对主办方的热情接待和细致关照的感谢，这就是答谢词。

（二）答谢词的特点

1. 内容与结构要合乎规范

答谢词的内容和结构都有相对固定的模式，在写作中不可随心所欲地自我发明，要尽可能符合写作规范。

2. 感情要真挚、坦诚而热烈

既然要感谢活动主办方，话语中自然要充满感激之情。因此，答谢词的感情一定要做到真挚、坦诚而热烈。只有这样，才会使活动主办方感觉舒心，才会让他们的劳动有所回报，才能增进主客之间的浓厚友谊。

3. 评价要恰如其分

答谢词通常对主办方的活动安排不可以过多评论，对主办方的招待要多加赞扬，可就其举办活动的"精神"或"风格"作出评价，但也忌讳随意拔高、过度夸赞，以免造成"虚情假意"之嫌。

4. 篇幅要简短，语言要精炼

答谢词往往在活动的结束部分出现，已经接近尾声，自然不能太长。因此，答谢词通常要尽量短一些，千字文即可。

（三）答谢词的种类

依据不同的致谢缘由和致谢事项，答谢词可分为两种基本类型。

1. "谢遇型"答谢词

"谢遇型"答谢词是用来感谢别人提供服务的致词，常用于主客之间，它既可与欢迎词相呼应，也可与欢送词相对应。

2. "谢恩型"答谢词

"谢恩型"答谢词，即用来感谢别人帮助的致词。例如，2008 年四川汶川地震灾区的人们在接受全国各地捐赠物品的仪式上，在震灾过后为抗震抢险的解放军战士送行的仪式上，使用的就是这种答谢词。

（四）答谢词的写法

答谢词一般由标题、称呼、正文和结语四个部分组成。

1. 标题

在第一行居中位置上大号字体写上"答谢辞（词）"。

2. 称呼

另起一行顶格写致辞对方的姓名、头衔，这一部分既可以是广泛对象，也可以是具体对象。称呼后加冒号以引领全文。

3. 正文

正文一般包括三部分内容：首先，对主人的盛情招待表示感谢，表达自己的荣幸与感激，这是答谢词的写作重点；其次，述说友情，或者表明自己来访的意图、诚意、效果意义，或者褒扬对方的成就贡献；最后，提出与对方进一步发展关系的强烈愿望。

4. 结语

再一次用简短的语言表示感谢。

（五）答谢词的写作要求

（1）客套话与真情。在礼仪场合，必要的客套话是不能缺少的，如"感谢""致敬"之类热情洋溢、充满真情的词语。

（2）尊重对方习惯。在异地做客，要了解当地的民情、风俗，尊重对方习惯。

（3）注意照应欢迎词。主人已经致词在前，作为客人不能充耳不闻。答谢词要注意与欢迎词的某些内容照应。这是对主人的尊重。即使预先准备了答谢词，也要在现场紧急修改补充，或者因情、因境临场应变发挥。

（4）篇幅力求简短。

范文

婚礼新人答谢词

各位亲朋好友：

大家好！

今天能够得到在座各位领导、朋友、同学、同事的支持，我和我的家人对各位表示热烈的欢迎和衷心的感谢！

这一刻，是我俩从相识、相知、相恋的爱情升华成为亲情的时刻，我们深知：幸福美满的婚姻生活光有甜甜蜜蜜是远远不够的，还包涵着更多的责任和宽容。

这一刻，请在座亲朋共同见证，我们承诺：无论健康与疾病，无论富有与贫穷，我们将永远相敬相爱，携手共伴一生！

在这里，我们要特别感谢含辛茹苦把我们养育成人的爸爸妈妈，是你们的丝丝白发换来了儿女今日的成家立业。请相信，我们一定会尽最大的努力让你们的晚年更加幸福！最后，不忘一句老话，粗茶淡饭，请吃好喝好。

点评：以上范文内容详实，感情真挚，语言顺畅，尤其是最后一句，体现了语言的生活化，使感谢词更加生动有趣。

训练设计

1. 欢迎词与欢送词有何区别？
2. 答谢词允许有作者的主观情感吗？为什么？
3. 以团委学生会名义，写一份对入校新生的欢迎词。

第五节　讣告、唁电和悼词

一、讣告

（一）讣告的定义

讣告是逝者去世后，由其亲属或所在单位成立的治丧委员会向社会或逝者曾经的亲朋好友告知所用的一种特殊文书。讣告应由逝者的直系亲属或治丧委员会发出。讣告应在逝者去世之后及时发出，不得晚至遗体告别仪式举行前，以便让逝者的亲友有做准备和安排参加告别仪式的时间，如准备花圈、挽联等。

（二）讣告的特点

1. 真实性

讣告内容应真实，如逝者基本情况、去世时间等内容应真实。

2. 哀悼性

讣告主要是表达对逝者的哀悼，所以撰写以朴实肃穆为上。

3. 及时性

讣告应在逝者去世之后及时发出，以便事宜安排。

（三）讣告的种类

讣告可分为一般式讣告、公告式讣告与新闻式讣告三种形式。

（1）一般式讣告是人们经常使用的讣告。

（2）公告式讣告要比一般性讣告更加庄重，主要适用于党和国家领导人或者在国内外有重要影响的人物逝世。这种讣告往往根据逝者生前的职务和身份，由党政机关撰文发出。

（3）新闻式讣告是指在报纸或电视上以消息的形式公布的讣告。

（四）讣告的写法

1. 一般式讣告

一般式讣告是人们经常使用的讣告，写作要素主要包括以下几个方面的内容。

（1）标题位置居中写上"讣告"二字，或者用"逝者姓名+讣告"的形式，如"××××讣告"，字体要大一些。

（2）讣告的正文写明逝者的姓名、身份、代表性职务、逝世的原因、时间、年龄等内容。

（3）简述逝者的生平事迹，并对此作出评价。

（4）通知吊唁和开追悼会的具体时间、地点等丧葬过程的具体安排。

（5）署明发布讣告者的姓名或组织机构，以及发布时间。

2. 公告式讣告

公告式讣告的内容由三个部分组成。

（1）公告逝世的消息，写明逝者的姓名、身份、代表性职务，逝世的原因、时间、年龄等。

（2）治丧委员会公告：写明"×××同志治丧委员会公告"，交代对丧事的具体时间、地点等丧葬过程的安排，署名发公告的时间。

（3）公布详细的治丧委员会名单。

3. 新闻式讣告

新闻式讣告常作为一则消息在报纸或电视上公布，目的是将逝者去世的消息公布于众，内容很少，形式也极为简单。

（五）讣告的写作要求

（1）讣告的内容必须准确无误，对逝者生平事迹的概括一定要简练，评价要适当。

（2）讣告的语言要求首先是哀痛、郑重，这是对逝者的尊重。其次要简练、准确，不过多追求文字的表达效果。

（3）讣告必须用白纸黑字进行书写。

（4）讣告应在逝者去世后及时撰写并发出，以便亲友留出准备参加丧仪活动的时间。

📖 范文

讣　　告

××总厂党委书记兼副厂长×××同志因病医治无效，于2016年9月8日3时40分不幸谢世，终年44岁。×××同志遗体告别仪式定于2016年9月10日上午9时30分在××市殡仪馆举行。

××总厂

2016年9月9日

点评：该范文语言严肃、郑重，具体事宜指向明确。

二、唁电

（一）唁电的定义

唁电是因为距离较远或者其他事务不能亲自到场，遂向逝者家属或单位表示悼念的电话、短信、邮件等。唁电既可以表示对逝者的沉痛悼念，也可以表达对逝者亲属的慰问。重要人物的唁电不仅要送达逝者亲属或单位，还要通过电视、广播、网络等媒体进行播放。

（二）唁电的特点

1. 哀悼性

唁电不是一般的短信、电话或邮件，它主要是表达对逝者的哀悼，因此撰写以朴实肃穆为上，不可以掺杂其他的情调。

2. 礼仪性

唁电是因为自己的原因，本来要亲临现场但无法实现后的不得已的选择，逝者亲属或单位由此也能知道唁电者的心情，能起到一定的社会交际的作用。

（三）唁电的种类

唁电一般有如下两种类型。

1. 单位与单位之间发送的唁电

这种类型的唁电往往是一个单位对另一个单位取得巨大成就的人物或领导人去世时所用。例如，河北师范大学著名《诗经》研究大家夏传才先生去世后，香港浸会大学的学者们无法前去悼念，就由陈致撰写了一份唁电，发送给河北师范大学，以示对夏先生的沉痛哀悼，并对家属表示慰问。

2. 以个人名义向逝者家属或单位发送的唁电

这种唁电的发出者往往与逝者曾经有密切的合作关系或者是志同道合的朋友关系，在惊闻逝者去世的消息后，难掩内心悲痛，遂发此电，以示哀悼。

（四）唁电的写法

唁电一般由标题、称呼、正文、结尾和落款五个部分组成。

1. 标题

唁电标题的形式有两种，一种是在标题行居中书写"唁电"二字；另一种是在唁电之前加上逝者家属姓名或单位名称，如"致×××的唁电"。

2．称呼

正文第一行顶格书写逝者亲属姓名或单位名称。如果收唁电是亲属的，应在姓名后加上"先生""女士""同志""夫人"等相应称呼，称呼后加冒号。

3．正文

正文要再起一行，开头空两格书写。正文一般包括以下几项内容。

（1）用简短的言语表达自己得知逝者去世噩耗以后的悲恸心情。

（2）以沉痛的心情，叙述逝者生前与自己的种种交往，激起人们的缅怀和思念。

（3）表达将坚定不移发扬光大逝者精神的决心。

（4）向逝者亲属或单位表达关怀和慰问。

4．结尾

结尾往往以"特电慰问"等话语结束。

5．落款

落款一定要写在唁电的右下方，要写清楚单位名称或个人姓名，然后署上时间。

附：唁电常用词语摘录

唁电常用如下表述"惊悉×××同志仙逝，曷胜悲悼，望祈家属节哀"、"良友云逝，伤感自多，尚望珍重"、"令郎玉折，深为惜悼，兄达人知命，尚祈不做无益之悲"、"惊承讣告，悲悼不已，专电致唁，并慰哀衷"、"接×××长逝之耗，凡在相好，无不同深惋惜"。

（五）唁电的写作要求

（1）内容必须准确无误，表达的哀悼之情要真挚。

（2）语言要求简练、准确、严肃、郑重。

（3）唁电应在逝者去世后及时撰写并发出。

📖 范文

唁　电

×××（首都名称）

××国总理×××阁下：

　　惊悉××国×××××（职衔）×××先生不幸逝世，我谨代表我国政府并以我个人的名义向您并通过您向××国政府和×××先生的家属表示深切的哀悼。

中华人民共和国国务院总理（签字）
×××
×年××月××日于北京

点评：该范文首先表明发出唁电事因，表达深切的哀悼之情，语言庄重、严肃。

三、悼词

（一）悼词的定义

悼词是指向逝者表示缅怀与哀悼，向亲属表示安慰和问候的应用性文体。

（二）悼词的特点

1. 哀悼性

悼词主要是表达对逝者的哀悼，应以朴实肃穆为上。

2. 真实性

对逝者的评价应客观真实。

3. 时限性

悼词一般在逝者去世之后或者开追悼会的时候及时发出，有较强的时限性。

（三）悼词的种类

根据不同的角度和标准，悼词可以分为如下几种类型。

1. 按照适用场合进行分类

（1）宣读体悼词。在追悼大会上，宣读对逝者悼念的悼词，即宣读体悼词。它主要是对到场参加逝者追悼会的亲朋好友的讲话。这种场合下的悼词需要上升到一定高度，要能够表达全体在场人员对逝者沉痛悼念的心情。宣读体悼词重点陈述逝者的生平功绩，不议论或少议论为上，不能直接抒发宣读者个人的情感。

（2）散文类悼词。这种悼词格式灵活，所有对逝者表示哀悼和追思的文章都可以归为此类。它可以声情并茂，可以对逝者的生平和精神有更为深入的阐释和升华。通过叙述逝者生前与自己的种种交往，常常能够更为全面地展现逝者的优秀品质和某种精神。这类悼词虽是悼念逝者，根本的目的却还是在对生者的鼓舞和激励上。

2. 按照表现手法进行分类

（1）记叙类悼词。记叙类悼词主要记叙逝者的生平功绩，有时候为了渲染现场哀痛的气氛，也会适当地进行一些抒情和议论。这种悼词是现代社会最为常用的悼词类型。质朴的记叙语言中，字里行间都饱含着对逝者的怀念之情。这种悼词的典型代表有朱自清的《哀韦杰三君》。

（2）议论类悼词。议论类悼词以议论为主，其主要目的在于评价逝者生前在某一方面的贡献。这类悼词因为往往需要与社会现实紧密联系，所以就显得社会意义很强。有很多时候还需要上升到历史价值和地位等角度进行议论，也更能使受众了解到逝者的功绩和地位。这类悼词的典型代表有恩格斯的《在马克思墓前的讲话》和郭沫若的《罗曼·罗兰悼辞》。

（四）悼词的写法

散文类悼词、记叙类悼词和议论类悼词这三种悼词的写法都是没有固定格式的，只要掌握好用词和语气，其他问题较为随意。而宣读体悼词的写法却有比较固定的格式。宣读体悼词主要由两部分组成。

1. 标题

宣读体悼词标题的组成方式有两种：一是在标题行直书"悼词"二字；二是由逝者姓名+文种名共同组成，如《在×××同志追悼会上的悼词》。

2. 正文

宣读体悼词的正文按照撰写的习惯可以分为开头、主体、结尾三个部分。

（1）开头。首先表达前来参加追悼会的沉痛心情，然后交待逝者生前的职称、职务等具体情况，职称、职务在不同时期可能有不同的变化，宣读时一定要按照时间顺序排列，之后再陈述逝者去世的原因和详细时间，以及享年等。

（2）主体。这一部分主要介绍逝者的生平事迹，突出其一生的丰功伟绩。这是宣读体悼词的核心内容。

（3）结尾。这一部分重点阐述逝者的精神，号召后人向逝者曾经有过的精神学习，继承并完成其尚未完成的事业等。结束部分往往要讲出"永垂不朽""精神长存"等鼓动性极强的词语。

（五）悼词的写作要求

（1）悼词以追念逝者为中心，一定要饱含深情。全文要突出庄严肃穆的特征，但不要过于低沉、伤感、凄惨。悼词要达到既突出哀悼逝者，更要激励后人的目的。

（2）撰写悼词，对逝者生前的经历及其事业成就一定要准确无误。对逝者成就的概括要恰如其分。而对于逝者的缺点，一般不要写进悼词中。悼词写好之后，应让逝者亲属或单位领导过目，并征得对方同意。

📖 范文

王选教授悼文（节选）

享誉海内外的著名科学家、中国计算机汉字激光照排技术创始人，杰出的社会活动家，中国共产党的亲密朋友，中国人民政治协商会议第十届全国委员会副主席，九三学社中央副主席，中国科学院院士、中国工程院院士、北京大学教授、北大方正集团公司的精神领袖王选教授，因病于2006年2月13日11时03分在北京协和医院病逝，享年69岁。

王选教授的一生献身科学、追求真理。他对国家和人民忠心耿耿，把毕生的精力都奉献给了祖国和人民。他淡泊名利，甘于奉献，生活朴素，平易近人，为中华民族的伟大复兴和祖国的统一殚精竭虑、鞠躬尽瘁。他的爱国情操和崇高品德，永远值得我们学习和怀念。

　　王选教授永垂不朽！

　　点评：该范文简练概括了逝者的生平事迹，评价适当，表达深切的哀悼之情，同时也激励后人学习逝者的无私奉献精神，语言严肃、郑重，具体事宜指向明确。

　　训练设计

　　　1．讣告、唁电和悼词的特点分别有哪些？
　　　2．讣告、唁电和悼词三者之间有何异同？

第六章　经济文书

第一节　经济文书概述

一、经济文书的概念

经济文书是应用文的一个分支，它是人们在处理和解决经济活动中的有关事务、沟通有关经济信息时所使用的。经济文书是在一定的经济活动中形成和发展的，为实现经济活动服务的，具有特定惯用格式的一种应用文书，如经济合同、市场调查报告、市场预测报告、经济活动分析报告、招标书、投标书、商业广告等。它记载和反映了国家、企业、个人的经济信息，是经济活动中的重要凭证，是沟通经济信息、分析经济活动、促进经济发展、提高效益的管理工具。

二、经济文书的特点

1. 政策性

撰写经济文书必须以国家经济政策、法令法规和经济科学理论为指导，在掌握客观实际情况的基础上，总结或分析显示的经济业务活动规律或发展趋势。

2. 实用性

经济文书（包括其他的实用性文体）的写作是为了解决实际问题。要借款，就要写借据；要推销产品，就要写广告等。简言之，经济文书是处理实际经济事务的实用性文书，被称为实用文。

3. 真实性

经济文书要为经济管理服务或者为确定的经济关系服务，就必须真实地反映客观经济情况，实事求是地反映问题，所使用的材料切忌主观臆测或夸张，更不能伪造。对于某些经济调查或分析类文章来说，所使用的数据、资料不仅要真实可靠，而且要以科学的态度分析数据，尽可能地反映经济活动的本质。

4. 时效性

经济文书是为了解决经济活动中的实际问题而写的，为决策层提供经济信息和决策依据。市场经济瞬息万变，要求经济信息必须及时、有效地反馈给决策部门，以便决策层作出快速的反映，过时的信息将失去它的市场价值。

三、经济文书的种类

经济文书在经济领域中的应用非常广泛，较常见的有以下三类。

1. 契约类

用于确定经济活动当事人双方的关系，彼此的权利义务，如经济合同、合作意向书和协议、委托书等。

2. 报告类

用于总结或分析经济工作的现状或发展趋势，包括市场调查报告、市场预测报告、经济活动分析报告、审计报告等。

3. 方案类

用于为决策者提供决策依据，包括经济决策方案、可行性研究报告、商业计划等。

四、经济文书的作用

在现代社会，经济文书有以下四个方面的作用。

1. 指导与管理作用

经济文书是管理国家与社会事务的有效工具，行政公文可以使中央的政策、指令、决定等逐层下达，直至基层单位，形成全体公民的一致行动。即使一个企业，也要使用诸如可行性研究报告、年度计划、广告策划、工作总结等应用文来进行指导、监督，保证企业经营的有效开展。

2. 联系与沟通作用

现代社会，信息越来越显得重要，机关、团体、企业、个人之间的联系与沟通也不可一日或缺。而经济文书可以突破时间与空间的限制，把各界别、各行业、各个层次的人们联系在一起，互相配合，加强协作，实现预定目标。

3. 总结与推广作用

面对新形势、新任务、新问题，任何行业、单位都需要调查研究，总结正反两方面经验，提高效率，争取最佳经济效益和社会效益。有时还需要把纷繁的信息条理化，把感性认识上升到理性认识，找出规律性的内容，向面上推广。

4. 凭证与史料作用

有不少经济文书在完成特定任务之后，需要立卷、归档，被作为文献资料或档案材料加以保存，供当事人或后人借鉴、查询、参考，如合同、通知、会议纪要、决定等。有些应用文在运用过程中，就产生凭证作用，如合同、条据等。

五、经济文书的写作要求

1. 熟悉经济政策和法律，具有熟练的专业知识

撰写经济文书要根据所撰写的内容，熟悉相关的政策和法律，并以此为指导依据。撰写经济文书离不开具体的业务工作，只有熟练掌握业务工作知识，才能从中找出规律，撰写有实际价值的应用文。

2. 深入调查研究，掌握真实准确的材料

经济文书要为经济管理服务或者为确定的经济关系服务，就必须深入调查研究，真实的反映客观经济情况，这是撰写经济文书的关键。经济文书所使用的材料，是阐明观点、揭示经济活动规律的事实依据，只有深入调查研究搜集，反复核实，才能获得第一手资料。

3. 熟悉经济文书的写作特点及格式，熟练掌握其表达方法

经济文书针对经济活动或管理的特定对象而撰写，具有较强的专业性，其中的各种文体都有惯用的格式，每一种文体根据写作目的的不同又有不同的变化。因此，要撰写合格的经济文书，就必须掌握经济文书的基本格式，熟悉表达经济状况的各种说明方法。

第二节 市场调查报告和市场预测报告

一、市场调查报告

（一）市场调查报告的概念

市场调查报告是市场调查人员根据市场调查研究活动及调查成果而写的，反映市场调查内容及工作过程，并提供调查结论和建议的书面报告。市场调查报告是企划和营销决策的依据。市场调查报告能为企业和政府了解市场提供帮助。

（二）市场调查报告的特点

1. 针对性

市场十分广阔，信息错综复杂，而市场调查必须有针对性、有选择地进行。一般是针对市场经营中某一方面的问题，抓住产、供、销中的某一环节展开调查，写成调查报告，以期掌握瞬息万变的市场情况，为企业经营和决策服务。

2. 科学性

市场调查报告必须具有科学性，其分析能够反映经济活动的客观规律，调查材料要真实可靠，在分析市场现象时，要有敏锐的眼光、独到的见解。进行预测时，要突出预见的规律性，提出市场营销计划或活动方案，为科学决策提供依据。

3. 时效性

市场时刻在变化。市场调查报告只有及时、迅速、准确地发现和反映市场的新情况、新问题，才能让经营决策者及时掌握情况，不失时机地作出相应的决策，调整经营方向，提高企业的应变能力和竞争能力，确保产销对路，避免和减少风险。过时的市场调查报告是没有任何价值的。

4. 实践性

市场调查致力于经济理论在商品流通领域中的实际运用。报告是否具有科学性，是否有针对性地解决了实际问题，需要市场实践的检验。

5. 逻辑性

市场调查报告离不开确凿的事实，但又不是材料的机械堆砌，而是对核实无误的数据和事实进行严密的逻辑论证，探明事物发展变化的原因，分析、预测事物发展变化的趋势，提示本质性和规律性的东西，得出科学的结论，为企业的决策提供客观依据。

（三）市场调查报告的种类

市场调查报告从不同角度分类，可以有多种形式。

（1）按服务对象可分为市场需求者调查报告（消费者调查报告）、市场供求者调查报告（生产者调查报告）等。

（2）按服务范围可分为全国性市场调查报告、区域性市场调查报告、国际性市场调查报告等。

（3）按调查对象可分为商品性市场调查报告、房地产市场调查报告、金融市场调查报告、投资市场调查报告等。

（4）按调查频率可分为经常性市场调查报告、定期性市场调查报告、临时性市场调查报告等。

（四）市场调查报告的写法

从严格意义上说，市场调查报告没有固定不变的格式。不同的市场调查报告写作，主要依据调查的目的、内容、结果及主要用途来决定。但一般来说，各种市场调查报告在结构上都包括标题、正文两个部分。市场调查报告写作的一般程序是：确定标题，拟定写作提纲，取舍选择调查资料，撰写调查报告初稿，最后修改定稿。

1. 标题

标题必须准确揭示调查报告的主题思想，要简单明了，高度概括，题文相符。

标题可以有两种写法。一种是规范化的标题格式，即"发文主题"加"文种"，基本格式为"××关于××××的调查报告""关于××××的调查报告"、"××××调查"等。另一种是自由式标题，包括陈述式、提问式和正、副标题结合使用三种。陈述式如《东北师范大学硕士毕业生就业情况调查》；提问式如《为什么大学毕业生择业倾向沿海和京津地区》；正副标题结合式，正题陈述调查报告的主要结论或提出中心问题，副题标明调查的对象、范围、问题，这实际上类似于"发文主题"加"文种"的规范格式，如《高校发展重在学科建设——××××大学学科建设实践思考》等。作为公文，最好用规范化的标题格式或自由式中正、副标题结合式格式。

2. 正文

正文部分包括导言、主体、结尾三个部分。

（1）导言。导言要写明调查的基本情况，如调查的目的、时间、地点、对象、范围及采用的调查方法等。也可以简要介绍报告的主要内容和观点，使读者获得初步印象。导言必须高度概括，简明扼要。

导言有几种写法：第一种是写明调查的起因或目的、时间和地点、对象或范围、经过与方法，以及人员组成等调查本身的情况，从中引出中心问题或基本结论；第二种是写明调查对象的历史背景、大致发展经过、现实状况、主要成绩、突出问题等基本情况，进而提出中心问题或主要观点；第三种是开门见山，直接概括调查的结果，如肯定做法、指出问题、提示影响、说明中心内容等。导言起到画龙点睛的作用，要精练概括，直切主题。

（2）主体。主体部分是市场调查报告最主要的部分，详述调查研究的基本情况、做法、经验，以及分析调查研究所得材料中得出的各种具体认识、观点和基本结论，是市场调查报告中的主要内容。这一部分的写作直接决定调查报告的质量高低和作用大小。

① 情况部分。该部分是对调查结果的描述与解释说明，可以用文字、图表、数字加以说明。对情况的介绍要详尽，为结论和对策提供依据。

② 结论或预测部分。该部分通过对资料的分析研究，得出针对调查目的的结论，或者预测市场未来的发展、变化趋势。该部分为了条理清楚，往往分为若干条叙述，或者列出小标题。

③ 建议和决策部分。经过对调查资料的分析研究，发现了市场的问题和预测了市场未来的变化趋势后，应为准备采取的市场对策提出建议或看法。

（3）结尾。这是全文的结束部分。一般写有前言的市场调查报告，要有结尾，与前言互相照应，综述全文，重申观点或是加深认识。

结尾的写法也比较多，可以提出解决问题的方法、对策或下一步改进工作的建议；或者总结全文的主要观点，进一步深化主题；或者提出问题，引发人们的进一步思考；或者展望前景，发出鼓舞和号召。

有的市场调查报告还有附件。附件是指调查报告正文包含不了或者没有提及，但与正文有关、必须附加说明的部分。它是对正文报告的补充或更详尽说明，包括数据汇总表及原始资料背景材料和必要的工作技术报告，如为调查选定样本的有关细节资料及调查期间所使用的文件副本等。

（五）市场调查报告的写作要求

（1）调查报告力求客观真实、实事求是。调查报告必须符合客观实际，引用的材料、数据必须是真实可靠的。

（2）调查报告要做到调查资料和观点相统一。市场调查报告是以调查资料为依据的，即调查报告中所有观点、结论都有大量的调查资料为根据。在撰写过程中，要善于用资料说明观点，用观点概括资料，二者相互统一，切忌调查资料与观点相分离。

（3）调查报告要突出市场调查的目的。撰写市场调查报告，必须目的明确，有的放矢。市场调查都是为了解决某一问题，或者为了说明某一问题。因此，市场调查报告必须围绕市场调查的目的来进行论述。

（4）调查报告的语言要简明、准确、易懂。调查报告是给人看的，无论是厂长、经理，还是其他读者，他们大多不喜欢冗长、乏味、呆板的语言，也不精通调查的专业术语。因此，撰写调查报告的语言要力求简单、准确、通俗易懂。

❧ 范文

湖北淡水鱼加工业的调查报告①
××工业大学　李××
××省××厅　杨××

淡水鱼是湖北的优势资源。湖北淡水水产品产量连续 8 年在全国夺魁，2004 年，湖北省淡水产品总产量高达 300 万吨，其中，青、草、鲢、鳙等低值鱼占 80%以上。水产业已成为湖北省农业生产的一个重要支柱，水产产值已占到大农业的 17.5%，2004 年，湖北省农民收入新增部分的 27%来自水产。但是，湖北省水产业的经济效益很低，湖北省的渔业产值只占全国淡水渔业总产值的 9%，居全国第三；渔民的人均纯收入在全国只排第 13 位。长期以来，淡水鱼行业一直维持以"活产活销"为主的传统产销格局，加工转化率极低，深加工和产业化加工更是空白，"鱼贱伤农"和"卖鱼难"问题已十分突出，极大地制约了湖北省农业产业化结构调整的步伐，成为限制湖北省发展农业经济的"瓶颈"问题之一。

1. 湖北省淡水鱼加工业的现状与存在的问题

近年来，湖北省淡水鱼加工业发展比较快，一些淡水鱼加工企业纷纷成立，主要生产如风干、清蒸、烟熏、红烧、调味和油炸等鱼块或全鱼制品，以及鱼、鱼面、鱼糕和鱼丸等鱼糜制品。但是，湖北省的淡水鱼加工业存在加工粗糙、技术含量低、产品跟风趋同、卫生安全性不高和缺乏知名品牌与龙头企业等突出问题。

（1）产品以粗加工为主，跟风趋同现象严重。……

（2）生产不规范，卫生安全性不高。……

（3）企业规模偏小，缺乏知名品牌和龙头企业。……

（4）鱼糜制品发展缓慢，市场举步维艰。……

（5）产品研发能力差，科技含量不高。……

（6）综合利用尚未起步，整体效益不佳。……

---

① 吴正奇，戴新民，2005. 湖北淡水鱼加工业的调查报告[J]. 渔业现代化，（1）:50-52.

2. 做大做强湖北省淡水鱼加工业的建议与措施

（1）提高准入门槛，扶持龙头企业，培养知名品牌。……

（2）提升科技含量，提高研发能力。……

（3）加强基础理论研究，注重新技术的应用研究。……

（4）加强行业引导，在资金政策上给予扶持。……

2006 年 5 月 22 日

点评：这是一份市场调查报告。标题点明调查对象是一地的淡水鱼加工业。正文导言部分介绍了调查对象的基本情况，提出了淡水鱼加工的产业化问题，以使读者对所调查的对象能形成一个总体印象。

正文主体分两大部分。第一部分从六个方面阐述了"淡水鱼加工业的现状与存在问题"。材料充分，且能注重数字说明，得出的结论，即对存在问题的定性看法建立在有理有据的分析归纳之上，较令人信服；第二部分为"做大做强"淡水鱼加工业的"建议和措施"，针对性强，顺理成章，合情合理，具有现实性和可操作性。

文章语言简练、准确，层次分明，内容显得真实而针对性强，且具有时效性，是一篇对企业和政府皆有价值的高质量的市场调查报告。

训练设计

选择自己熟悉情况又有现实意义的市场调查项目，开展调查活动，写一篇市场调查报告。

二、市场预测报告

（一）市场预测报告的概念

市场预测报告是在市场调查的基础上，根据市场变化及市场调查的资料，运用科学的方法对未来一定时期内的市场供求状况和经济发展趋势进行预测、分析和推理后形成的一种应用文体。

好的市场预测报告可为企业经营决策提供科学依据，是制定企业发展规划的基础，利于企业的经营管理。其作用具体体现在以下几个方面。

（1）有利于作出正确的经营管理决策。

（2）有利于搞活市场，满足需要。

（3）有利于制订合理的生产经营计划。

（4）有利于改善经营，提高经济效益。

（二）市场预测报告的特点

1. 预见性

预见性即对未来市场的发展趋势作出预测判断。这种预期性并非盲目的猜测，而是要立足于现实，着眼于未来，对市场发展变化的趋势作出有理有据的预测，是合乎规律的推断。

2. 科学性

科学性是指这种市场预测是从实际出发的，是在占有大量的信息资料的前提下，经过科学分析而进行的，预测的结果是对市场客观规律的寻找和发现，不是凭主观想象的产物。当然，由于市场总在变化，市场预测的准确度存在着局限性。

3. 时效性

时效性有三方面的含义：一是对市场的预测必须及时，二是现在作出的市场预测结果不可能永远不变，三是要及时将预测信息传递给有关单位或部门，及时发挥预测报告的作用。

4. 综合性

市场预测要对影响市场的各种因素进行全面的、系统的分析，得出正确的预测结果。

（三）市场预测报告的种类

按不同的分类标准，可将市场预测报告分为如下几种。

（1）按预测的范围划分，可分为宏观经济领域市场预测报告和微观经济领域市场预测报告。①宏观市场预测报告是对某一类商品在国内外市场上总需求量作出预测的报告，如电冰箱销量在国内外市场上的走向情况。②微观市场预测报告是对某种品牌商品在国内外市场上总需求量作出预测的报告，如在国内外冰箱市场中海尔牌冰箱的总需求量的走向情况。

宏观预测和微观预测一般可以结合进行，以求预测结果更准确、更可靠。

（2）按预测的对象划分，可分为市场需求预测报告、市场占有率预测报告、产品发展预测报告、资源预测报告等。

（3）按产品划分，可以分为单项产品市场预测报告、同类产品市场预测报告、综合市场预测报告等。

（4）按产品层次划分，可分为全国性市场预测报告、地区性市场预测性报告、当地市场预测报告等。

（5）按时间层次划分，可分为短期、中期和长期市场预测报告。短期预测报告的预测时间一般在 1 年左右，中期预测报告的预测时间一般在 2～5 年左右，长期预测报告的预测时间一般是 5 年以上。

（6）按预测方法划分，可分为调查预测报告和数学分析预测报告。调查预测报告，即市场调查加预测的一种报告，是指预测者深入实际进行调查，对获取的大量资料进行分析判断，从而预测市场发展前景的报告。数学分析预测报告是指运用数学模型，分析各种影响市场变化的因素之间的函数关系，通过计算或图解法预测市场发展前景的报告。

（四）市场预测报告的写法

市场预测报告一般由标题和正文组成。

1. 标题

市场预测报告的标题一般由预测区域、预测时限、预测对象和文种组成。市场预测报告的标题形式常见的有公文式、文章式和新闻式。

（1）公文式。一般由作者、事由和文种三部分组成。例如，《2015 年中国手机消费市场形势分析》《2010—2016 年洛阳家用轿车需求量预测报告》。

（2）文章式。例如，《××空调市场透视》《2012 年应届毕业生需求情况预测》《2016 年电信资费调整预测》。

（3）新闻式。例如，《加入 WTO——企业最关心什么》。

2．正文

（1）前言，又称导言。一般简要介绍写作动因，说明有关情况，如预测的时间、范围、对象、目的及调查方法等。为吸引读者的注意力，也可在前言中直接提出预测结果。也有的预测报告不写前言，而把它的内容放在主体部分加以说明。

（2）主体。

① 基本状况。运用有代表性、有说服力的资料数据及图表，说明经济活动的历史和现状。这部分是市场预测的基础。之所以要介绍预测对象的过去和现在的情况，是因为事物的发展变化是有延续性的，是存在因果相承规律的。

对预测对象的历史和现状的表述，可按时间顺序展开，也可按不同性质归类展开。

② 分析及预测。即通过深入、准确地分析预测对象的历史和现状，作出科学推断，指明经济活动发展的规律和趋势，从而形成对预测对象未来前景的估计。这部分内容是市场预测报告的核心。市场预测方法有两种：定性预测法和定量预测法两种。定性预测法是在可利用的数据资料不多时，主要凭借预测者的经验和直觉判断，推断预测对象未来市场走向的方法。定量预测法是根据已掌握的大量资料、信息，运用统计公式或数学模型，进行定量分析或图解，对市场的发展走向作出预测的方法。

③ 提出建议。即根据预测的结果，提出有关商品生产、经营方面的意见。这部分内容是市场预测的目的所在。

（3）结语。市场预测报告的结语，一般说明或强调某个观点，也可写些对未来充满信心的话。如果无必要，则省略结语。

范文

"十一五"期间我国农业机械市场需求分析

预计"十一五"期间，以及到 2015 年，农机市场潜力仍然比较大。

（一）主要田间作业机械目前装备水平不高，潜在市场大

目前，我国农业机械化水平仍然较低。虽然近几年全国机耕、机播（包括机插秧）、机收水平有了提高，但是农业机械整体装备水平仍然不高。按照国家新公布耕地面积 19.5 亿亩计算，每万亩耕地，大中型拖拉机装备水平为 4.0 台，联合收割机为 1.16 台，农机具与拖拉机等主机的配套比例也远未达到理想配套状态。这与基本实现农业机械化的要求有相当大的差距，市场潜力很大。

（二）农业基础设施装备将增加

我国将加大农业基础设施的建设力度。"十一五"期间基础设施装备需求领域主要包括以下五个方面。

1. 农田水利基本建设。尤其是乡村小型水利建设和农田排灌设施建设，需要大量的农业机械。据1985—1990年统计，每年自然灾害发生面积为4500万公顷，成灾面积达2213万公顷，近两年灾情更为严重，"十一五"期间各级政府必将大力发展农田水利基本建设。据水利部门《全国水利发展总体规划纲要》（1998—2010年），"十一五"期间全国水利建设总投资将达到5300亿元（中央投资占2700亿元）。其中，将有30%的投资用于机械。各种拖拉机、农用运输车，以及其改装而成的施工机械将有用武之地。

……

（三）集约化可持续农业的推行需要新一代农机产品

1. 各种联合作业机、少耕免耕机、秸秆粉碎还田机等成套耕作机械，可以满足土壤耕作、环境保护、培肥地力的需要，并减少对化肥的依赖。同时通过推广化肥分层深施机械技术等措施，把化肥利用率提高10～15个百分点，并节约化肥，避免水资源污染。

……

（四）农业产业化需要农副产品加工设备，尤其是市场前景看好的精深加工技术设备

需要的主要设备有：

1. 粮食及薯类产品资源精深加工关键设备，如小麦剥皮制粉设备，免淘洗米和强力抛光加工成套设备，玉米脱胚榨油设备等，市场年需求量较大，每类产品约需4500～5000台。

……

（五）农业机械生产发展中的制约因素

在发展中还有些制约因素需要认真对待，主要有：

1. 农业剩余劳动力持续增加。巨大的人口压力，使我国剩余劳动力高达1亿多，据预测到20世纪末农业剩余劳动力将达到2亿左右。这无疑对替代农业劳动力的农业机械的增长产生逆向影响。

……

2. 从近年销售情况看，农机工业产销从1999年增速趋缓，2000年农机工业总产值完成705亿元，比1999年下降6.55%。一些主要产品产销量也有较大下降，其中大中型拖拉机销售39949台，下降37.21%，小型拖拉机销售148万台，下降16.34%，农用内燃机商品量6887万千瓦，下降19%，联合收割机销售30298台，下降24.21%，总体下降2.48%。所以，对"十一五"期间农机市场需求不能希望过高。

……

点评：这是一篇需求预测性报告。

该报告采用数字说明和趋势定性的分析方法。全文以列小标题的形式，分五项来分析农机需求情况和制约因素，内容比较全面。但是有以下问题，值得商榷。

（1）文章的标题是"'十一五'期间我国农业机械市场需求分析"，但全文围绕"需求"探讨不严密。文章开头定了一个基调"预计'十一五'期间，以及到 2015 年，农机市场潜力仍然比较大"。这就出现了一个问题，市场需求与市场潜力，两者的概念内涵和外延均不相同，有潜力的市场，不一定就有需求，因为需求除了有购买的需要之外，还必须具备可能购买的经济力量。而潜力则更多的指有需要使用某类商品。这两个概念不能混用。据此，文章前四项内容，均与标题有一定脱节。

（2）文章列项谈问题，列举了大量数字，而这些数字不能直接说明农机市场的需求，只是农机需求的相关因素。例如："'十一五'全国水利建设总投资将达到 5300 亿元（中央投资占 2700 亿元）。其中，将有 30%的投资用于机械。各种拖拉机、农用运输车，及其改装而成的施工机械将有用武之地。"这段话只能够说明农机在此情况下，可能需求增加，而无法断定其必然增加。因为建设水利的拖动设备和运输设备，不是必然要用拖拉机或农用运输车。这个说法有些牵强。其他同类问题还存在于其他段落。

（3）全文分析需求缺少实际需求量的同比分析，使人很难通过具体数字了解市场需求的变化。

（4）文章分析了农机生产发展的制约因素，结尾列举了农机销售下降的数字，给予了定性结论"对'十一五'期间农机市场需求不能希望过高"。这样就与前面谈的潜在大市场不协调。

纵观全文，应当说文章的主旨不够明确。

训练设计

拟写一份大学毕业生就业市场需求预测报告

第三节　经济活动分析报告和可行性研究报告

一、经济活动分析报告

（一）经济活动分析报告的概念

经济活动分析报告是以党和国家的方针、政策为指导，根据计划、会计、统计工作的报表资料，以及调查研究所掌握的情况，对本部门或本单位的经济活动状况进行综合或专题分析而写出的文字资料。

经济活动分析报告是对企业经济活动进行定量与定性分析结果的总结性描述。通过经济活动分析报告能掌握规律，预测未来，为政府和企业提供制定政策和计划的依据；能提高经济核算质量，改善企业经营管理；是加强企业管理的重要手段。

（二）经济活动分析报告的特点

1. 分析性

经济活动分析报告要对影响各项计划指标执行结果的主、客观因素进行深入地分析和研究，将计划指标、业务核算、会计核算和统计核算的数字、数据、百分比进行对比分析，从而对过去的经济活动中的成绩和问题、经验与教训进行检验和评估，得出客观的评价性意见。经济活动分析报告常用的分析方法有对比分析法、因素分析法、动态分析法等。

2. 系统性

经济活动分析报告的关键在于对内外各种因素进行综合系统的分析和研究，将各个因素和不同的侧面联系起来进行综合分析研究，只有这样，才能找出经济活动的内在发展规律。

3. 指导性

经济活动分析报告的写作具有明显的目的性，它通过分析研究，说明经济活动的过程和内在联系，揭示其本质，并对内在的问题提出具体的解决办法，以提高管理水平和经济效益。

（三）经济活动分析报告的种类

根据不同的标准，可将经济活动分析报告划分为不同的种类。

1. 从时间上划分

经济活动分析报告从时间上划分，可以分为年度报告、季度报告和月度报告三种。

2. 按分析报告的目的和内容划分

按分析报告的目的和内容划分，经济活动分析报告可以分为综合经济活动分析报告、简要经济活动分析报告和专题经济活动分析报告三种。

（1）综合经济活动分析报告。综合经济活动分析报告一般从经济活动的全局出发，根据主要经济指标和经营管理情况，将某一部门或单位在一定时期内的经济活动作为一个整体进行分析，在全面分析的基础上，着重抓住经营活动中带有关键性、普遍性的问题，从经济效益入手，检查和总结经济活动的全貌和各项经济指标的完成情况。例如，对企业的年度、季度经营情况和财务计划的执行情况进行综合分析形成的报告，就属于这一类。

（2）简要经济活动分析报告。简要经济活动分析报告主要围绕几个生产指标、财务指标和其他计划指标，抓住一两个重点问题进行分析，目的在于及时观察和掌握经济活动的发展趋势和工作进展情况。这类报告多在年、半年、季度、月份结合填写报表时进行，故又称定期分析报告。

（3）专题经济活动分析报告。专题经济活动分析报告主要是针对经济活动中某一特定问题进行深入调查和细致的分析研究写成的书面报告。它具有内容单一、目的明确、反映问题及时、分析问题透彻的特点，是一种不定期的分析报告，形式灵活自由，应用广泛。例如，产品的质量分析报告、降低产品成本分析报告、新增项目开展情况分析报告等，就属于这类报告。

（四）经济活动分析报告的写法

经济活动分析报告包括标题、正文和落款三部分内容。

1. 标题

（1）公文式的标题。这类标题一般是由单位名称、时间、分析对象等要素组成，如《××公司××季度财务分析报告》《××公司商品流通计划执行情况分析》等。

（2）非公文式标题。这类标题用得比较多，标题上并不一定都标上"情况分析""情况总评""……分析"的字样，是否是经济活动分析报告，完全由内容决定。例如，《武汉市场消费呈现三大转变》《中小地方商业银行向何处去》《怎样看待我国的地区差距》等。

（3）经济活动分析报告标题的拟定要注意如下三点。

① 标题的表述要与报告的内容相符。

② 标题要具体明确、简洁醒目。标题不能含糊不清，也不能用字过多，标题过长的，可用正副标题相结合的写法，如《加强管理，兴利抑弊——对我国个体、私营经济的一些看法》。

③ 标题要新颖。标题新颖才能引起人们的兴趣，使人产生阅读的欲望。例如，《彩电：大屏幕是方向吗》《空调：究竟谁领风骚》《山地车：占尽风流到几时》，这些标题运用疑问句，能引起读者的阅读兴趣。

2. 正文

经济活动分析报告的正文一般由前言、情况、分析、建议和结尾五部分组成。

（1）前言。这部分的写法多样，有的以简洁的语言介绍经济活动的背景，有的说明分析对象的基本情况，有的是交代分析的原因和目的，有的是明确分析的范围和时间，有的提出问题，有的揭示分析结论，也有许多经济活动分析报告省略了前言部分，开始便直截了当地表述中心内容。

（2）情况。详写经济活动的情况，包括主要经济指标完成情况、技术和管理措施情况、业务工作开展的情况等。写情况是为了总结经验，揭示问题，为下文的分析做好铺垫。为了把情况写得具体，这部分通常要使用一些各方面的统计数据，以便把情况说得更加清楚明白。

（3）分析。经济活动分析报告要以"分析"为主，而不能只堆砌材料，罗列事实。缺乏有理有据、深入细致的分析，写作就不能算是成功的。只有分析得当，才能对经济活动作出正确的评价，才能对其成败的原因有所认识，也才有可能把握经济活动的本质和规律。

进行经济活动分析的原则要求如下。

① 经济活动分析的针对性。针对性是确保经济活动分析信息价值的前提条件。经济活动分析报告是一种文字产品，首先要明确一个分析对象，确定分析什么，怎样进行

分析，然后紧紧围绕分析主题，有的放矢地从错综复杂的经济现象中抓住主要问题进行分析，不要眉毛胡子一把抓，偏离分析主题，迷失分析目标。

② 经济活动分析的时效性。时效性是确保经济活动分析信息价值的关键所在。经济活动分析的目的是为了总结经验，寻找差距，改进工作。因此，在一定时期循环结束或者一定分析对象活动完结后，就应及时进行分析，以便对下一期循环或者一定分析对象的再次活动过程进行及时有效的调整、改进和控制。否则，时过境迁，再好的信息也只能是束之高阁或者降低信息的使用价值。

③ 经济活动分析的准确性。准确性是确保经济活动分析信息价值的决定性因素。经济活动分析必须准确客观地揭示经济现象的变化过程及规律，总结经验，找出问题，提出建议。因此，在进行分析时，要运用唯物辩证法的科学原理，从事物的相互依存、相互制约中观察问题，从事物发展变化中分析问题，从分析结果中得出科学的判断和客观的结论。

④ 经济活动分析的逻辑性。逻辑性是确保经济活动分析信息价值的重要方法。经济活动分析是一种从感性到理性的认识活动，即从概念形成判断，由判断进行推理，并由此得出正确结论的思维过程。它体现了逻辑与分析之间的密切关系。因此，在掌握大量数据和情况的基础上，坚持实事求是的原则，应用判断、推理的逻辑方法，进行合乎事实的逻辑分析，才能如实反映客观事物的内在联系，使分析结论正确反映经济现象的变化规律。

（4）建议。一般根据分析的结果，回答今后的经济活动将会"怎么样"或"怎么办"的问题。在不同的经济活动分析报告中，这部分内容的侧重点是有所不同的。如果报告是以说明成绩、总结经验为主，应着重写明推广经验，提高经济效益的途径；如果以揭露问题、总结教训为主，应着重写明解决问题、改进工作的措施；有的分析报告则着重于对经济活动的前景和趋势作出预测。这部分是经济活动分析报告的精华所在，应特别注意其结构安排和语言表述。

（5）结尾。经济活动分析报告的结尾要视具体情况而定。有的报告可省去结尾这一部分。如果需要有结尾，一般情况下，多是回应标题，提出希望和要求，对全文做一个简单的总结。

3. 落款

落款一般写明撰写经济活动分析报告的单位名称或作者姓名，加盖印章并标明年、月、日等，有的还需要单位负责人签署。

（五）经济活动分析报告的写作要求

（1）要准确、全面地掌握材料。所用的材料可靠、系统，是做好分析工作的基础。或者说，分析的质量和效果，在很大程度上取决于材料的准确性和完整性。

（2）要合理地运用分析方法。掌握分析的方法，是撰写经济活动分析报告的前提之一。分析方法有很多种，常用的有对比分析法、因素分析法和动态分析法等。

对比分析法是通过具有内在联系、可比性的因素的比较，发现问题、判明事非、作出评价、得出结论的分析方法。根据对比的结果，易于明确经济活动的情况，便于探讨问题产生的原因。以现实的经济活动结果同计划相比、纵向同过去相比、横向同先进对比，都是常用的比较方式。运用比较分析方法，首先要注意比较对象是否确实具有可比性，将确实具有可比性的事物加以对比，才能引出正确的结论。

因素分析法是通过分析影响经济活动的各种因素，并测定它们对经济活动的影响程度，从而认识经济活动的特点，探明经济活动取得成果或出现问题的原因的分析方法。经济活动的状况是各种因素共同作用的结果，但每一种因素所起作用的大小和方式是有区别的，只有认清各种因素及它们之间的差异，才能找到解决问题、提高经济活动质量的有效途径。

动态分析法是以发展的眼光对经济活动的变化情况及其趋势进行研究，就今后的经济活动提出各种设想和措施的分析方法，动态分析法其实也就是预测分析法。

除了以上几种方法，经济活动分析的方法还有平衡法等多种方法。在进行经济活动分析时，可以根据需要选用一种最为适当的分析方法，或是综合运用几种不同的分析方法。

（3）完成报告要及时。撰写经济活动分析报告，是为了总结经验，揭露问题，找出差距，明确今后经济活动的方向，以便取得更好的经济效益，因此，它的时效性是很强的，经济活动分析报告如果不能及时完成，就会失去实际作用。

撰写经济活动分析报告除了以上要求外还要做到：宏观分析与微观分析相结合；账面材料与调查相结合；数字说明与文字说明相结合。

❖ 范文

××市××有限公司财务处
二〇〇一年第一季度财务分析报告

公司经理办公室：

我公司要在××市有更快地发展，就必须打好基础，严把财务关。根据一至三月份的财务情况与去年同期相比，利润下降、成本增加、销售额降低、流动资金占用增加，需引起公司领导和全体员工的高度重视。

2001 年 3 月主要财务指标情况表　　　　　　　　　　　　　单位：万元

项目	计划	实际	增减	本期	去年同期	增减
利润	100	80	-20	80	99	-19
成本	140	160	+20	160	145	+15
销售额	170	140	-30	140	165	-25
流动资金	400	450	+50	450	380	+70

现将各项目指标分析如下。

我公司根据原定发展规划与去年各项指标完成情况，制订了 2001 年财务计划。今年原定实现利润 1~3 月共 100 万元，而实际完成 80 万元，比去年同期减少 19 万元。成本计划 140 万元，实际发生 160 万元。利润下降的根本原因是成本上升、销售额下降。成本上升，全公司各部门都有不同程度的责任。由于去年公司经济效益较好，大家有松一口气的感觉，过年集体活动增多，奖金发放比去年同期增加 10 万元。各车间劳动纪律有一定松懈，正常工作日未完成生产计划，人员加班合计 200 个工作日，多支付加班费 5 万元。此外开发处开发新产品比计划多投资 3 万元。

销售情况，原定计划完成 170 万元，实际完成 140 万元，比去年同期减少 25 万元，导致库存增多，占用流动资金。流动资金计划 400 万元，实际 450 万元，比去年同期增加 70 万元。目前尚未与银行结算，利息要多付出 7.5 万元。该利息多支出，必将影响下一季度的利润和成本。

鉴于目前情况，建议如下：

1. 根据实际情况修订公司工作计划与财务计划，在尽可能的情况下，提高利润指标。

2. 今年后三个季度要严格执行生产计划和财务计划。各部门要加强管理，不得超计划发放奖金和加班费。

3. 开发处加快开发新产品，争取下一季度有适应市场需要的新产品问世，以增强产品竞争力。

4. 销售科要给销售人员制定工作指标，争取提高销售额，降低库存率。

以上报告建议，请公司领导研究定夺。

二〇〇一年三月二十四日

点评：该文是公司季度经济活动分析报告。文章开门见山地点出问题，列出主要财务指标用以说明情况，起到了提醒读者注意的作用。全文文字简明，主旨突出，运用比较的方法，说明了问题的严重性。工作建议，依据前面的分析，针对存在的问题而谈，有可行性。

训练设计

经济活动分析报告中，用数字说明经济活动情况要做到准确、清楚。下列句子存在一定的毛病，请改正并说明原因。

（1）我们必须从收入和支出这两个方面去研究问题。

（2）去年饮料厂的利润是 90 万元，今年才实现 30 万元，整整减少了 3 倍。

（3）××食品厂出资 1200 万元，对方出资近 1800 余万元，成立了一家新公司。

（4）机修车间大打维修保养仗，使设备完好率从原来的 54%，提高了 80%。

（5）市、县政府部门共抽调干部 187 余人，分成 10 个组，到机关、学校、工厂、农村、银行等单位进行调查研究。

二、可行性研究报告

（一）可行性研究报告的概念

可行性研究是在某一项经济活动实施之前，通过全面的调查研究和对有关信息的分析，以及必要的测算等工作，对项目进行技术论证和经济评价，以确定一个"技术上合理、经济上合算"的最优方案，为决策提供科学依据的一种行为。可行性研究报告是从事一种经济活动（投资）之前，双方要对经济、技术、生产、供销直到各种社会环境、法律等各种因素进行具体调查、研究、分析，确定有利和不利的因素，评估项目的可行性、成功率、经济效益和社会效益，为决策者提供参考和请主管机关审批的上报文件。

在具体的经济活动中，可行性研究报告的用途较为广泛，主要应用于以下几个方面。

1. 用于企业融资、对外招商合作

可行性研究报告通常要求市场分析准确、投资方案合理，并提供竞争分析、营销计划、管理方案、技术研发等实际运作方案。

2. 用于国家发展和改革委员会立项

可行性研究报告根据《中华人民共和国行政许可法》和《国务院对确需保留的行政审批项目设定行政许可的决定》而编写，是大型基础设施项目立项的基础文件，国家发展和改革委员会根据可行性研究报告进行核准、备案或批复，决定某个项目是否实施。

3. 用于银行贷款

商业银行在贷款前进行风险评估时，需要项目方出具详细的可行性研究报告，对于国家开发银行等国内银行，该报告由甲级资格单位出具，通常不需要再组织专家评审，部分银行的贷款可行性研究报告不需要资格，但要求融资方案合理、分析正确、信息全面。另外在申请国家的相关政策支持资金、工商注册时往往也需要编写可行性研究报告，该文件类似用于银行贷款的可行性研究报告。

4. 用于申请进口设备免税

主要用于进口设备免税用的可行性研究报告，申请办理中外合资企业、内资企业项目确认书的项目需要提供项目可行性研究报告。申请办理内资项目确认书的项目需要提供由具有相应资质的咨询机构编制的项目可行性研究报告，其中项目用汇额超过 100 万美元（含 100 万美元）或国产设备投资额超过 1000 万元人民币（含 1000 万元人民币）的项目，应提供由具有甲级资质的咨询机构编制的项目可行性研究报告。

5. 用于境外投资项目核准

企业在实施走出去战略，对国外矿产资源和其他产业投资时，需要编写可行性研究报告，报给国家发展和改革委员会或省发展和改革委员会，需要申请中国进出口银行境外投资重点项目信贷支持时，也需要编写可行性研究报告。

在上述五种可行性研究报告中，第 2、4、5 类准入门槛最高，需要编写单位具有工程咨询资格，该资格由国家发展和改革委员会颁发，分为甲级、乙级、丙级三个等级。

（二）可行性研究报告的特点

1. 行文的论证性

可行性报告是在一个项目实施之前对其进行的论证和把关，直接关系项目的成败，因此必须严格论证。在论证的过程中不仅要从经济、技术、财务、市场等方面对工程项目进行全面科学的分析论证，还要从法律、政策、环境及社会影响等方面进行科学的评估。论证必须充分透彻、实事求是、合情合理。

2. 缜密的科学性

可行性研究报告不仅要对某一项目进行定性的分析，还要进行定量的分析。在论证的过程中，更需要运用大量的数字、资料、技术性指标、图表，通过介绍、分析、比较等方法增强其科学性。

3. 分析的系统性

对于一个项目的论证分析，必须将这一项目置于社会和自然生态系统中进行全面系统的分析，既要进行微观上的分析，又要进行宏观上的分析。有些项目从局部看是有利的，但从全局着眼，则并非如此。有些项目经济效益好但社会效益差，也有一些项目经济效益差而社会效益好，等等。所有这些都必须进行全面系统地分析。这就要求在进行市场分析时要结合实际，对多种方案进行比较，从中选出最佳方案。

4. 结论的预测性

可行性研究报告要根据市场调查的情况，分析潜在市场、潜在用户变化和潜在竞争形势变化、风险与潜在风险，具体分析项目的可行性并提出应变措施，把意外情况的影响控制在最低水平。可行性研究报告要分析的问题包括投资必要性、技术可行性、财务可行性、组织可行性、经济可行性、社会可行性这六个方面，再根据市场调查基础，结合有关的产业政策等因素得出对市场预测的结果，来论证项目投资建设的必要性。

（三）可行性研究报告的种类

可行性研究报告按不同标准，可划分为不同的类型。

（1）根据篇幅长短，分为大、中、小型可行性研究报告。

（2）根据难易程度，可分为一般可行性研究报告和复杂可行性研究报告。

（3）根据内容的性质，可分为科学研究型可行性研究报告、技术开发型可行性研究报告、项目建设型可行性研究报告等。

（4）根据不同的决策阶段，可分为机会可行性研究报告、预测可行性研究报告、详细可行性研究报告。

（四）可行性研究报告的写法

1. 可行性研究报告的结构

可行性研究报告的结构包括封面、编制说明、目录、正文、落款和署名，以及附件六个部分。

（1）封面。大型的可行性研究报告设有封面，封面包括项目的名称、编制单位的名称、成文时间。

（2）编制说明。编制说明通常包括项目名称、主办单位、技术和经济负责人、进行可行性研究的人员等内容。应用简洁明了的语言概括介绍项目的概况、市场情况、可行性研究的结论及有关说明或假设条件，要突出重点，假设条件要清楚，使阅读人员在短时间内能了解报告的精要。

（3）目录。由于一份可行性报告少则十余页，多则数十页，为了便于写作和阅读人员条理清楚地编写和掌握报告的前后关系、假设条件及具体内容，必须编写目录。

（4）正文。正文是可行性研究报告的主体部分，一般来讲，应包括以下内容：①项目概况（包括项目名称及背景、项目开发所具备的自然、经济、水文地质等基本条件，项目开发的宗旨、规模、功能和主要技术经济指标、委托方、受托方，可行性研究的目的、可行性研究的编写人员、编写的依据、编写的假设和说明）；②市场调查和分析（包括开发成本、市场售价、销售对象及开发周期、销售周期等）；③规划设计优选方案（包括选定方案的建筑布局、功能分区、市政基础设施分布、建筑物及项目的主要技术参数、技术经济指标和控制性规划技术指标等）；④开发进度安排；⑤项目投资估算；⑥项目资金筹集方案及筹资成本估算；⑦项目财务评价；⑧不确定性分析和风险分析（包括盈亏平衡分析、敏感性分析和概率分析等）；⑨可行性研究的结论；⑩研究人员对项目的建议。

（5）落款和署名。该项包括项目主办单位、负责人、主要技术负责人、经济负责人及时间等。

（6）附件。附件包含可行性研究的主要依据，是可行性研究报告必不可少的部分。一些不宜放在正文当中，但又具有一定的参考价值或补充作用的材料，可作为附件附在最后，如相关政策文件、调查资料、统计图表、设计图样、专题说明材料等。

2. 可行性研究报告的内容

根据国家计委《关于建设项目进行可行性研究的试行管理方法》（1983 年颁发）的有关规定，以建设项目可行性研究报告为例，主要包括以下内容。

（1）项目的基本情况。主要有中外合资经营企业名称、法定地址、宗旨、经营范围和规模；合营各方名称、注册国家、法定地址和法定代表人姓名、职务、国籍；企业总投资、注册资本股本额（自有资金额、合营各方出资比例、出资方式、股本交纳期限）；合营期限、合营方利润分配及亏损分担比例；项目建议书的审批文件；可行性研究报告的负责人名单；可行性研究报告的概况、结论、问题和建议。

（2）产品生产安排及其依据。要说明国内外市场需求情况和市场预测的情况，以及国内外目前已有的和在建的生产装备能力。

（3）物料供应安排（包括能源和交通运输）及其依据。拟建项目的建设和生产所需要的物料清单，选择物料供应方案，并最终编制主要的物料供应表。

（4）项目地址选择及其依据。包括项目地址的自然条件、经济条件、社会条件和交通条件等。

（5）技术装备和工艺过程的选择及其依据（包括国内外设备分批交货的安排）。也可将这两方面的内容统称为设计方案，在选择时遵循先进实用的原则，主要包括技术名称、技术水平、技术引进、工艺流程和要求，在选择设备时与工艺技术的选择结合起来考虑。

（6）生产组织安排（包括职工总数、构成、来源和经营管理）及其依据。

（7）环境污染治理和劳动安全保护、卫生设施及其依据。建设项目特别是工业项目，不可避免地会给环境带来或多或少的污染，在进行研究时，应遵照国家环境保护委员会的有关法律法规，为建设项目提出经济有效的环境保护措施或治理方案。

（8）建设方式、建设进度安排及其依据。该部分具体编制内容包括签订相关合同、各类设计、工程施工、设备供应、生产准备、何时生产和验收等环节安排，项目实施工作时间一般用月数来计算。

（9）资金筹措或外汇收支安排及其依据（包括厂房、设备入股计算的依据）。投资估算和资金的筹措是投产前的一项重要的经济活动，建设项目的总投资主要包括固定资产投资、固定资产投资方向的调节税、建设期借贷利息和流动资产四大块，这里主要注意投资概算和项目流动资金估算。当然，如果项目中有外资注入，还要对外汇收支情况进行说明。

（10）综合分析（包括经济、技术、财务和法律方面的分析）。要采用动态法和风险法（或敏感度分析法）等方法分析项目效益和外汇收支等情况。

（11）必要的附件。一些不宜放在正文当中，但又具有一定的参考价值或补充作用的材料，可作为附件附在最后，如统计图表、设计图样、合营各方的营业执照副本；法定代表人证明书；合营各方的资产、经营情况资料；上级主管部门的意见等专题说明材料。

（五）可行性研究报告的写作要求

可行性研究工作对于整个项目建设过程乃至整个国民经济都有非常重要的意义，为了保证可行性研究工作的科学性、客观性和公正性，有效地防止错误和遗漏，可行性研究报告的写作，主要有以下三个方面的要求。

（1）实事求是，客观公正。做好基础资料的收集工作。对于收集的基础资料，要按照客观实际情况进行论证评价，如实地反映客观经济规律，从客观数据出发，通过科学分析，得出项目是否可行的结论。

（2）内容完整，深入浅出。可行性研究报告的内容深度必须达到国家规定的标准，基本内容要完整，应尽可能多地占有数据资料，避免粗制滥造，搞形式主义。在做法上要掌握好四个要点：①先论证，后决策；②处理好项目建议书、可行性研究、评估这三个阶段的关系，哪一个阶段发现不可行都应当停止研究；③要将调查研究贯彻始终，一定要掌握切实可靠的资料，以保证资料选取的全面性、重要性、客观性和连续性；④多方案比较，择优选取。

（3）认真负责，论证有力。为保证可行性研究的工作质量，应保证咨询设计单位有足够的工作周期，防止因各种原因的不负责任、草率行事。文中的论据要准确、详实，要能有力地证明论点。在论证时，可运用列举归纳论证、逐层推进论证、对比分析论证等多种论证方法。

❦ **范文**

××旅游生态乐园可行性研究报告

项目名称：旅游生态乐园　　　　　　项目地址：××省××市吴江镇
规划面积：200亩（133333平方米）　　计划投资：2000万元

一、建设理念与经营目标

依托自然风光优美、文化传统深厚的××景区，开发建设以植物园为主题，集观赏娱乐、休闲度假、科普教育于一体的主题生态园。将自然、生态、休闲、趣味作为主题，树立以人为本，人性化的服务理念，综合养殖、种植、农业培育示范、观赏农业、休闲度假、商务会议、餐饮娱乐等多功能的设施，给人们提供周末游、回归自然、放松心情的旅游度假胜地。该项目是建设以自然山水为依托，以"走龙路，游龙湖，吃龙虾，住农舍"及"品荷叶晨露沏茶"为特色，集新农村建设和生态保护为一体的生态园区。

二、项目背景

××旅游生态乐园位于××景区，景区位于××省××市吴江镇，是××风景区的重要组成部分，自然风光优美，文化传统深厚，宗教文化源远流长。2003年被国家旅游局详定为"AAA"级风景区，同年被市政府授予"文明风景区"。该景区的三十六景遍布其间，云雾缭绕，流泉飞瀑，石壁陡峭，宛如一幅画中仙境。

三、项目开发条件

（一）交通便利，区位条件良好（略）
（二）资源特色鲜明（略）
（三）科研实力提供技术保障（略）

四、客源分析与市场竞争力分析

基础客源：前期主要是该市区的周末游客人。
潜在客源：附近几省观光旅游客人，其他内地游客。
市场分析：在该地区，以旅游生态乐园为主题的生态旅游产品在市场上是空白，该市现有人口60万人，由于城市建设的发展，园林城市的雏形已显。该地物产丰富、物价低廉，人民安居乐业，成功人士日益增多，市民旅游休闲的支出在消费中的比率逐年提升。加之交通便利，外地游客云集。通过现状分析，本项目市场前景可保证年接待游客10万人次。随着景区休闲度假设施的完善，年接待游客可达50万人次。.
因此，本项目将有十分广阔的发展空间。

五、项目规划

（一）总体规划（略）
（二）拟建项目
停车场：1500平方米；观赏小道：1500平方米；百果园：2500平方米
米香餐厅：200平方米；游客中心：180平方米；展览馆：500平方米

观光酒店：10000 平方米

建设工期为三年

六、投资预算及回收期

投资预算：总投资为 2000 万元，三年内完成。其中，停车场 70 万元，观赏小道 90 万元，百果园 70 万元，米香餐厅 50 万元，游客中心 90 万元，展览馆 100 万元，观光酒店 530 万元，相关配套设施 1000 万元。

回收期：预计年接待游客 10 万人次，以人均消费 50 元计算，年收入可达 500 万元，回收期为 4 年。

七、项目评价

该项目的开发建设，可完善该景区的旅游服务功能，挖掘其旅游价值。丰富旅游资源，提升该景区的总体品位。同时，在项目的建设和运营过程中，可对贫困农民就近安置务工，提供就业岗位。

八、结论与建议

综上所述，该项目的开发建设是可行的，是低风险、高回收的项目。景区分期投入运营后，可通过边收益、边投入的方式，形成良性资本环链。项目设施单位不断加强宣传，提供园区知名度，同时积极争取纳入市级旅游规划，加强与周围景区的合作，共同开发、壮大市场。

点评： 该文是一个旅游项目的可行性研究报告。文章内容全面、结构完整，较好地介绍分析了该项目的基本情况、背景依据、可行性和预期目标。文章论证详实、思路缜密、分析完备，具有较高的说明性及参考价值。

✎ **训练设计**

自主选取合适的创业项目，分析该项目的可行性，完成一篇项目可行性研究报告。

第四节　经济合同

一、经济合同的概念

经济合同是由双方或多方当事人为了实现各自的经济目的，按照法律规定，在平等互利、协商一致的原则下，明确各自的权利和义务而共同订立和遵守的具有经济关系的契约，亦称协议书或议定书。

二、经济合同的特点

1. 合法性

经济合同的合法性首先表现在签订经济合同的双方或多方当事人必须具有合法的资格。经济合同的主体是具有平等民事权利的法人、其他经济组织或自然人。未成年者、精神病患者、醉酒者和被剥夺政治权力的人，以及丧失语言思维能力的人不能作为立约人。订立经济合同时必须遵守法律和行政法规。当事人任何一方不履行合同，都要承担由此引起的法律后果。如果订立的经济合同符合当事人双方的意愿，但损害国家利益和社会公共利益，也是违法的。

2. 合意性

经济合同的成立必须是双方当事人相互进行对应的意思表示，并达成双方意志、意愿的一致。《中华人民共和国合同法》（以下简称《合同法》）规定："当事人依法享有自愿订立合同的权利，任何单位和个人不得非法干预。"订立合同，当事人任何一方不得把自己的意志强加给他方。各方当事人必须平等相待，协商一致，本着自愿、公平、诚信的原则，订立互利互惠的合同。可见，经济合同是双方当事人意思表示一致的法律行为，合意性是其显著特点。

3. 公平性

经济合同是一种以公允为取向的法律行为。《合同法》规定："当事人应当遵循公平原则确定各方的权利和义务。"当事人的法律地位平等，无论是法人，还是自然人，均为平等的民事主体；无论是国有经济企业，还是个体经济企业，均有权平等地同对方当事人签订合同，享受平等的权利。当事人双方应采取自愿协商、自主自由的方式来达成合意，任何一方均不得把自己的意志强加给对方，不允许以大压小、以强凌弱。显失公平的合同、趁人之危情况下签订的合同、以胁迫手段签订的合同，都存在着被撤销的可能。

4. 诚实性

《合同法》规定："当事人行使权利、履行义务应当遵循诚实信用原则。"在签订经济合同时，当事人双方均应当诚实地表达自己的意思；在履行合同时，均应当信守自己的承诺。隐瞒真相、制造销售假冒伪劣产品、拖欠供货或货款等，都是违背合同的诚信性原则的。

5. 规范性

经济合同的书面形式较为统一、固定，即内容的构成、先后顺序都有一定的要求。《合同法》明文规定："法律、行政法规规定采用书面形式的，应当采用书面形式。当事人约定采用书面形式的，应当采用书面形式。"为规范合同的体式，国务院曾于1990年3月20日批准在全国推行合同统一文本格式。原国家工商行政管理局编制的《中国合同范本》为各类合同的正确制作提供了依据。为了保证合同的合法性、公平性、完备性，撰写合同应当符合规范化的要求。

三、经济合同的种类

按照经济合同履行时间的长短分类，经济合同可以分为长期经济合同、中期经济合同和短期经济合同。

按照经济合同的表达形式分类，经济合同可以分为书面经济合同和口头经济合同。

按照经济合同的内容分类，经济合同可以分为买卖经济合同、供用电经济合同、赠与经济合同、借款经济合同、租赁经济合同、融资经济合同、承揽经济合同、技术经济合同等。

《合同法》中按照合同内容的分类方式，将合同分为 15 种，即买卖合同、供用电水汽热力合同、赠与合同、借款合同、租赁合同、融资租赁合同、承揽合同、建设工程合同、运输合同、技术合同、保管合同、仓储合同、委托合同、经纪合同、居间合同。

按照格式和写法分类，经济合同则可以分为三种类型。

（1）条款式合同。即用文字记叙的方式，将当事人各方协商一致的内容逐条记载的合同。

（2）固定式合同。即把合同中必不可少的相关内容分项设计，印制成一种固定格式的合同。各方当事人在签订合同时，只需把达成的协议逐项填写到表格或文字空档处即可。

（3）条款和表格结合式合同。这种合同，用表格形式固定共性内容，而对须经各方当事人协商才能形成的意见，则用条款的形式加以记载。

四、经济合同的写法

经济合同的写法是根据《合同法》规定的主要内容确定的。经济合同的写作一般有固定的结构形式，具体由以下几个部分组成。

（一）首部

首部包括以下内容。

1. 标题

标题即合同的名称。在确定标题时可以直接将合同的种类作为合同的名称写在第一行。标题在文本中应写在合同首页上方居中的位置，字体稍大。要写清合同的名称，指明合同的性质，如《借款合同》《租赁合同》等。

2. 当事人

当事人，即具有法人资格的法人单位和具有公民资格的自然人。在合同标题的左下方，分行并列写明签订合同当事人的单位名称及法人代表或自然人姓名。名称第一次出现时要写全称，为了行文方便，可分别在名称或姓名前面注明谁是"甲方"，谁是"乙方"；或者谁是"买方"，谁是"卖方"。也可在名称或姓名后面加括号注明"甲方"与"乙方"，"买方"与"卖方"。甲乙双方注明后，下文使用时不可混淆。

3. 合同编号与签订地点、时间

在合同标题的右下方，分行并列写明该合同的编号、签订地点及时间。

（二）正文

正文是合同的主要内容，一般包括以下两项内容。

1. 引言

引言在合同标题的下方，第一段开始。一般开头先用一两句话说明双方签订合同的依据和目的。例如，"兹因甲方向乙方定购下列货物，经双方协议，订立本合约如下"，或者"经双方协商签订本合同，并共同信守下列条款"等。还可以采用与此类相似的写法，如"为了……目的，根据……的规定，经双方充分协商，特订立本合同，以便共同遵守"。

2. 合同条款

该部分是合同的主要内容，是合同的重点，是双方实行权利、享受义务的依据，按照《合同法》的规定，合同应具备以下主要条款。

（1）标的。标的是当事人双方权利和义务共同指向的对象，可以说是货物、劳务、工程项目、智力成果等，如购销合同的标的是货物，建筑工程承包合同的标的是劳务。专利技术转让的标的是专利技术。所有的经济合同都必须有标的，没有标的或标的不明确的合同，双方的权利和义务也就没有了确指对象，合同也就不能正常履行。在签订合同时，应将标的明确加以说明，如商品货物的标的就应包括商品名称、规格、型号及商标等。

（2）数量和质量。数量和质量是衡量标的的尺度。在签订合同时，数量必须按照国家法定标准和计量单位计量。质量是标的内在的素质和外观形态的总和反映，它可以体现商品、产品或劳务的优劣程度，质量条款也必须符合《中华人民共和国标准化法》和《中华人民共和国产品质量法》的规定。

（3）价款和酬金。价款或酬金统称为价金。价款是指为获取标的物而交付的货币数量。运输合同中的运费，财产租赁合同中支付的租金，借款合同中支付的利息等都属于价款。价款和酬金应写明单价、总价和货币单元。如果是涉外合同，价格方面还应标明是"FOB"还是"CIF"等价格方式。酬金是指为获取标的物而支付的佣金。价款和酬金的标准，当事人可以议价商定。价款和酬金还应规定支付方式，如信用证，汇票等。

（4）履行的期限、地点和方式。

① 履行期限是指履行合同标的和价金的时间界限。合同履行期限分为合同的有效期限和合同的履行期限。合同的有效期限是指合同有效时间的起、止界限，如长期合同、年度合同、季度合同等。合同的履行期限是指实现权利义务的具体时间界限。合同的履行期限可以按日、按旬、按月、按季分期交付。有些合同的履行期限就是合同的有效期限，如仓储保管合同、财产保险合同等。有些合同既要规定有效期限，又要规定履行期限，如供应合同的有效期限可能是一年，而履行期限可能是按月、按季分期供应。对于履行期限，必须规定得明确、具体。在涉外合同中应注明以何时何地为准。

② 履行地点是指交付或提取标的物的地方。经济合同必须对履行地点作出明确规定。在购销合同中，供方送货（由需方支付运费）或者采用代办托运的，履行地点为产品发运地；需方自提的，履行地点为产品提货地；交付建筑物的，履行地点为建筑物所

在地；给付货币的，履行地点为接受给付的一方所在地。购销合同的供需双方在两地的，为避免错发同名地点，交（提）货地点应冠以省、市或县的名称。涉外商品交易合同中，应注明港口名称，并写清港口所在地、所在国家。

③ 履行方式是指当事人采用什么方式履行合同义务。经济合同的履行方式，首先取决于标的的性质，不同性质的标的，有不同的履行方式。但是，无论当事人的目的和合同标的有何不同，都必须明确规定是一次履行还是分期分批履行，是当事人自己履行，还是由他人代为履行等。经济合同的履行方式包括标的的交付方式和价金的结算方式。

标的的交付方式，通常包括送货方式、自提方式、代运方式。送货方式一般由供方承担，一切风险由供方自己负责，但需方必须向供方支付相应的运输费用。自提方式是需方按照约定的提货时间到供方交货地点，凭合同自己提取货物。代运式，即代办托运方式。代办托运应明确规定何种运输工具、运输方式和运输路线。如果双方未能约定采用哪种运输方式和路线，供方应选择合理的运输方式和路线办理托运。

价金的结算方式分为现金结算和转账结算两种形式。现金结算是指用人民币直接进行货币收付的行为。转账结算，又称非现金结算。是指不使用现金人民币，而是通过银行从付款单位账户将款项划拨到收款单位账户进行货币收付的行为。《中华人民共和国经济合同法》第十三条第二款规定："除国家允许使用现金履行义务的以外，必须通过银行转账或者票据结算。"

（5）违约责任和争议的解决方法。违约责任是指合同当事人因违反合同义务应承担的责任。对违约责任的追究，可以用支付违约金、支付赔偿金、继续履行合同等方式解决。《合同法》第一百零七条规定："当事人一方不履行合同义务或者履行合同义务不符合约定的，应当承担继续履行、采取补救措施或者赔偿损失等违约责任。"《合同法》第一百一十三条规定："当事人一方不履行合同义务或者履行合同义务不符合约定，给对方造成损失的，损失额应当相当于因违约所造成的损失，包括合同履行后可以获得的利益，但不得超过违反合同一方订立合同时预见或者应当预见到的因违反合同可能造成的损失。经营者对消费者提供商品或者服务有欺诈行为的，依照《中华人民共和国消费者权益保护法》的规定承担损害赔偿责任。"

3. 结语

结语是对合同的有关事项的说明（也可以放在约尾部分）。说明合同的文字、效力、有效期、份数、保存者、附件等。合同如果有附件，如图样、表格、实物等，应在正文后注明附件的名称及件数。例如，"本合同一式两份，双方各执一份，副本若干份，呈送主管部门。"，"本合同有效期自 2016 年 4 月 6 日双方签字盖章起生效，至 2020 年 4 月 6 日止。"

（三）约尾

这部分主要是双方当事人的落款，要写清楚双方当事人的有关情况。

正文的下方写明双方单位的全称及代表姓名，并签名盖章。如果需要上级机关或鉴证机关的同意，应写明双方上级机关或鉴证机关的名称和意见，以及签订合同的日期并盖上印章。

五、经济合同的写作要求

（1）内容必须合法。经济合同所涉及的内容必须符合国家的有关法律、法规和有关职能部门或行业的管理规定，使合同的内容建立在合法的基础上。同时，合同的内容应是当事人意愿的共同体现。

（2）格式必须规范。撰写经济合同时，一定要按规定的文本格式和要求进行。要严肃认真，不得随意涂改。合同如果有错误或遇到特殊情况确需修改时，应将双方同意的意见作为附件附上。如果在合同原件上修改，应加盖双方印章。

（3）条款必须完备。必须按照《经济合同法》的规定条款来撰写。

（4）语言必须准确。不允许出现含糊不清或模棱两可的句子或语言，以避免在合同的履行中出现不必要的争执和纠纷。合同中使用的概念，当事人应有一致的理解，以防歧义产生。经济合同的语义应该准确，应避免使用"希望""尽可能""争取"等模糊性用语，不说空话、套话。经济合同的数字应核对无误，金额应大写。同时还要注意正确使用标点符号，防止句号、逗号用错或点错而造成不必要的纷争或造成损失。

范文

房屋租赁合同

订立合同双方：出租方：＿＿＿＿（以下简称甲方），承租方：＿＿＿＿（以下简称乙方）

根据《中华人民共和国合同法》及有关规定，为明确甲、乙双方的权利义务关系，经双方友好协商一致，签订本合同。

第一条 甲方将自有的坐落在＿＿＿＿市＿＿＿＿街＿＿＿＿巷＿＿＿＿号第＿＿＿＿栋房屋＿＿＿＿间，建筑面积＿＿＿＿平方米、使用面积＿＿＿＿平方米，类型＿＿＿＿，结构等级＿＿＿＿，完损等级＿＿＿＿，主要装修设备＿＿＿＿，出租给乙方作＿＿＿＿使用。

第二条 租赁期限及终止合同情形

租赁期共＿＿＿＿年，甲方从＿＿＿＿年＿＿＿＿月＿＿＿＿日起将出租房屋交付乙方使用，至＿＿＿＿年＿＿＿＿月＿＿＿＿日收回。

乙方有下列情形之一的，甲方可以终止合同，收回房屋：

1. 擅自将房屋转租、分租、转让、转借、联营、入股或与他人调剂交换的；

2. 利用承租房屋进行非法活动，损害公共利益的；

3. 拖欠租金＿＿＿＿个月；

合同期满后，如甲方仍继续出租房屋的，乙方拥有优先承租权。

租赁合同因期满而终止时，如乙方确实无法找到房屋，可与甲方协商酌情延长租赁期限。

第三条 租金和租金交纳期限、税费和税费交纳方式

甲乙双方议定月租金＿＿＿＿元，按年交，由乙方在每年的＿＿＿＿月＿＿＿＿日交纳给甲方。先付后用。甲方收取租金时必须出具收租金凭证。无收租金凭证乙方可以拒付。

甲乙双方按规定的税率和标准交纳房产租赁税费，交纳方式按下列第＿＿＿＿款执行：

1. 有关税法按××部发〔××〕号文件规定比例由甲、乙方各自负担；

2. 甲、乙双方议定。

第四条　租赁期间的房屋修缮和装饰

修缮房屋是甲方的义务。甲方对出租房屋及其设备应定期检查，及时修缮，做到不漏、不淹、三通（户内上水、下水、照明电）和门窗好，以保障乙方安全正常使用。

修缮范围和标准按城建部〔××〕号通知执行。

甲方修缮房屋时，乙方应积极协助，不得阻挠施工。

出租房屋的修缮，经甲乙双方商定，采取下述第_____款办法处理：

1. 按规定的维修范围，由甲方出资并组织施工；

2. 由乙方在甲方允诺的维修范围和工程项目内，先行垫支维修费并组织施工，竣工后，其维修费用凭正式发票在乙方应交纳的房租中分_____次扣除；

3. 由乙方负责维修；

4. 甲乙双方议定。

乙方因使用需要，在不影响房屋结构的前提下，可以对承租房屋进行装饰，但其规模、范围、工艺、用料等均应事先得到甲方同意后方可施工。对装饰物的工料费和租赁期满后的权属处理，双方议定：

工料费由_____方承担（　）；

所有权属_____方（　）。

第五条　租赁双方的变更

1. 如甲方按法定手续程序将房产所有权转移给第三方时，在无约定的情况下，本合同对新的房产所有者继续有效；

2. 甲方出售房屋，须在三个月前书面通知乙方，在同等条件下，乙方有优先购买权；

3. 乙方需要与第三人互换用房时，应事先征得甲方同意，甲方应当支持乙方的合理要求。

第六条　违约责任

1. 甲方未按本合同第一、二条的约定向乙方交付符合要求的房屋，负责赔偿_____元。

2. 租赁双方如有一方未履行第四条约定的有关条款的，违约方负责赔偿对方_____元。

3. 乙方逾期交付租金，除仍应补交欠租外，并按租金的_____%，以天数计算向甲方交付违约金。

4. 甲方向乙方收取约定租金以外的费用，乙方有权拒付。

5. 乙方擅自将承租房屋转给他人使用，甲方有权责令停止转让行为，终止租赁合同。同时应交纳违约金，违约金标准以约定租金的_____%计，以天数为单位由乙方向甲方支付。

6. 本合同期满时，乙方未经甲方同意，继续使用承租房屋，按约定租金的_____%，以天数计算向甲方支付违约金后，甲方仍有终止合同的权利。

上述违约行为的经济索赔事宜，甲乙双方议定在本合同签证机关的监督下进行。

第七条　免责条件

1. 房屋如因不可抗拒的原因导致损毁而造成乙方损失的，甲乙双方互不承担责任。

2. 因市政建设需要拆除或改造已租赁的房屋，使甲乙双方造成损失，互不承担责任。

若因上述原因而终止合同，租金按实际使用时间计算，多退少补。

第八条 解决争议的方式

本合同在履行中如发生争议，双方应协商解决；协商不成时，任何一方均可向房屋租赁管理机关申请调解，调解无效时，向市工商行政管理局经济仲裁委员会申请仲裁，也可以向人民法院起诉。

第九条 其他约定事宜

1. ……

2. ……

第十条 本合同有效期限：_____年_____月_____日 至_____年_____月_____日。

第十一条 本合同未尽事宜，甲乙双方可共同协商，签订补充协议。补充协议报送市房屋租赁管理机关认可并报有关部门备案后，与本合同具有同等效力。

第十二条 本合同一式 4 份，其中正本 2 份，甲乙方各执 1 份；副本 2 份，分别送市房管局、工商局备案。

出租方：（盖章）　　　　　　　　承租方：（盖章）

法定代表人：（签名）　　　　　　法定代表人：（签名）

单位联系地址：　　　　　　　　　单位联系地址：

电话：　　　　　　　　　　　　　电话：

委托代理人：（签名）　　　　　　委托代理人：（签名）

点评：这是一份租赁合同。标题由合同类别和"合同"组成。导言写立合同人、立合同的目的，并说明订立本合同双方经过了友好协商。第一条至第十条为主体，分别写明经双方协商约定的各自承担的法律责任、享有的权利、解决争议的方式和有效期。第十一、十二条作为结语内容，分别写明未尽事宜的解决方式、执合同者及合同的备案单位。本合同条款具体，格式规范，语言明晰，行文周密，可以说详尽地包揽了房屋租赁合同的写作内容。

航空运输合同

托运人（姓名）_____与中国民用航空_____航空公司（以下简称承运人）经友好商定，由_____（发货地点）空运_____（货物名称）到_____（到达地点），双方特签订本合同，并共同遵守下列条款：

第一条 托运人于_____月_____日起需用_____型飞机_____架次运送_____（货物名称），其航程如下：

_____月_____日自_____至_____，停留_____日；

_____月_____日自_____至_____，停留_____日；

运输费用总计人民币_____元。

第二条 根据飞机航程及经停站的条件，可供托运人使用的载量为_____公斤（内含客座）。如因天气或其他特殊原因需增加空勤人员或燃油时，载量照减。

第三条 飞机吨位如托运人未充分利用，承运人可以利用空隙吨位。

第四条 承运人除因气象、政府禁令等原因外，应依期飞行。

第五条 托运人签订本合同后要求取消飞机班次，应交付退机费_____元。如托运人退机前承运人为执行本合同已产生调机费用，应由托运人负责交付此项费用。

第六条 托运人负责所运货物的包装。运输中如因包装不善造成货物损毁，由托运人自行负责。

第七条 运输货物的保险费由承运人负担。货物因承运人一方的人为问题所造成的损失，由承运人赔偿。

第八条 在执行合同的飞行途中，托运人如额外要求停留，应按规定收取留机费。

第九条 本合同如有其他未尽事宜，由双方共同协商解决。凡涉及航空运输规则规定的问题，按运输规则办理。

托 运 人：_____   承 运 人：_____
开户银行：_____   开户银行：_____
银行账号：_____   银行账号：_____
_____年_____月_____日   _____年_____月_____日

点评：这是一份分条例项式经济合同。合同精短，语言简洁，格式规范。首部写明当事人姓名和事由，第一至九条写明标的、数量和质量、价款和酬金、履行期限、地点和方式等合同必备条款，不足之处是漏写出现纠纷如何处理及合同份数和保存方式等。

训练设计

根据下列材料拟写一份买卖合同，要求：符合合同写作的规范格式，且要素齐备。

杭州崀山水果批发公司（以下简称甲方）的代表许三多与杭州大观园鲜果种植公司（以下简称乙方）的代表赵国宏在 2007 年 1 月 9 日签订了一份买卖合同。合同中提到甲方今年购买乙方种植的水蜜桃 2 万千克（单个 50 克以上），杨山梨 3 万千克（单个 100 克以上），苹果 4 万千克（单个 100 克以上）。各分 5 批交货，从各类水果上市起，每隔 10 天交货一批，每次交货量为平均数。每次交货由乙方用省统一标准定制的水果纸箱包装，包装费用由乙方负担。乙方要按时将货运到甲方指定的水果仓库（凯旋路 61 号），运输费由甲方负担。各类水果按质论价，以当地的平均收购价为准，货款在甲方验收货物后立即支付。本合同一式五份，双方各执一份，交各自的主管部门保存一份，公证机关一份。

第五节 招标文书和投标文书

一、招标文书

（一）招标文书的概念

招标是指政府、单位或企业在兴建工程，合作经营某项业务或进行大宗商品交易时，先把有关要求和条件等对外公布，招人承包或承买，从中选择价格和条件最优者为中标人的经济活动。

招标文书是指招标的政府、单位或企业按照《中华人民共和国招标投标法》（以下简称《招标投标法》）及《中华人民共和国招标投标法实施条例》所规定的法定程序，在招标过程中所制发的各类文书的总称。

（二）招标文书的特点

（1）公开性。公开性主要表现在招标文书一般通过一定的媒体广泛传播，招标者将自己的标的物、招标意图、招标范围、招标条件、招标步骤等公布于众，投标者可参与公开竞争。此外，招标人要当众公开标的。

（2）竞争性。招标的动机是寻找和选择最理想的合作伙伴，尽可能广泛地造成竞争局面，以获取最佳的经济效益。

（3）保密性。保密性一是指标的在公布之前不得泄密，否则对责任者要严肃处理，直至追究法律责任；二是指投标文件在开标之前也要保密，在规定的开标时间之前不得启封。未密封、未盖印及过期的投标文件无效。

（4）约束性。招标文书是招标单位以法人的名义向投标单位提出的约言，招标文书一经发出就不能更改，如果违背约言就要承担法律责任，要赔偿由此给投标单位造成的损失。对于投标单位而言，要对招标文书提出的条件和要求作出承诺，接受招标文书的约束，投标文件寄出后不能反悔或更改，如果违背承诺将承担法律责任。

（三）招标文书的种类

招标是个系统过程，依据招标活动的程序，招标文书可分为招标申请书、招标公告、招标邀请书、招标文书、招标章程、投标企业须知、招标技术质量要求书、中标通知书。

1. 招标申请书

（1）招标申请书的概念。招标申请书是指准备进行招标的单位，向招标、投标办事机构递交进行招标活动的申请，是一种成批性文书。

（2）招标申请书的写作格式。

① 标题。一般由事由和文种构成，如《教材招标申请书》《工程招标申请书》。

② 主送机关。即主管招标事宜的办事机构的名称，是招标的管理部门，如"××市政府采购中心""×××采购管理办公室""招投标管理委员会""×××招投标中心"。

在书写时应该在标题的下一行，顶格书写，注意使用全称或规范化的简称，后面跟冒号。

③ 正文。正文中应说明招标的原因、招标的目的、招标的项目、招标单位的资质、招标要求、申请招标的意愿等。最后还要向主管部门提出希望审批的要求，一般用"请审批""请批复"等结束正文。

④ 附件。用于进一步补充说明招标事宜情况的有关资料。附件中要写清楚附件文件的名称及份数。各文件应用编号有序排列。

⑤ 落款。写明申请招标的单位名称（使用全称），联系人和日期并加盖印章。

📖 **范文**

××大学教材采购招标申请书

××省政府采购中心：

　　我校根据据教学的需求，需要为 2016—2017 学年第二学期征订一批教材，教材的购置费已列预算并经省财政厅批准，文号为"×教字〔2015〕6 号"。经费已经通过专项拨款拨入，采购条件已具备，特申请通过招标采购。请批准为盼。

　　附件：《教材一览表》3 份

　　　　　《招标准备概览》3 份

　　　　　《××大学教材采购招标文件申请书》6 份

××大学教务处

负责人：××（签章）

××大学（公章）

2015 年 2 月 26 日

　　点评：这篇招标申请书结构完整，招标项目基本情况介绍明确、清晰。附件说明材料也具体详实。因为是呈批性文件，因此往往在文尾加一句"请批准为盼"，表达招标单位的期待答复的心情。

┌─────────────────────────────
　训练设计
　　查阅 3 份招标申请书，学习写作结构并体会语言特点。
└─────────────────────────────

　　2. 招标公告

　　（1）招标公告的概念。招标公告也叫招标通告、招标启事，是招标单位或者受其委托的招标代理机构通过各种新闻媒介，向国内外招标对象发布招标信息及招标事宜的文件，是一种告知性文书。

　　（2）招标公告的写作格式。招标公告由标题、发文字号、正文和落款组成 。

　　① 标题通常有以下四种格式。

- 由招标单位、事由和文种构成，如《××大学体育馆大楼建筑设计招标公告》《××教育局关于修建办公楼招标公告》。

- 由招标单位和文种构成，如《××公司招标公告》《××省××厂招标公告》。

- 由事由和文种构成，如《修建××居民住宅小区公告》。

- 仅以文种作为标题，如《招标公告》。

　　② 发文字号通常有以下两种形式：一种是按本招标机构所发的公告顺序排列，在标题之后用括号注明；另一种是按国家标准规定编排的，如"编号 IrCG-42503"。由建设单位自行发布的公告，一般没有发文字号。

　　③ 正文是招标公告的核心部分，其结构由前言、主体和结尾组成。

　　前言用以简要说明公告缘由和根据，应写明招标项目名称、招标目的，经谁批准等内容。该部分要简短，表述应具体、明确。

主体用以说明公告事项，要具体说明招标项目的情况和招标步骤，要用准确无误的文字依次写明招标性质、招标范围、招标方式、招标组织程序、招标项目简况、投标单位的条件、发售招标文件的时间地点、投标文件送交的地点、投标文件的份数、提交投标文件的截止时间、提交投标保证金的规定额度和时间、现场考察和召开标前会议的具体时间地点、开标的具体时间和地点等内容。本部分也可采用招标一览表的形式来说明有关招标的相关事项。

结尾提出要求，并以"特此公告"等惯用语结束。

④ 落款包括招标单位名称、地址、电话、传真、电挂号码、开户银行及账号、邮编及联系人等，并加盖公章。

📖 范文

北京××招标有限公司招标公告

招标编号：0610-BJN02042

北京××有限公司受北京市××区政府采购中心委托，对下列所需产品及服务进行国内外公开招标。现将有关事宜公布如下。

一、招标产品的名称、数量：

（1）项目名称：空调集中采购；

（2）数量：511 台；

（3）详细项目清单及技术规格见招标文件。

二、招标文件售价：人民币 300 元/套，售后不退（邮购须另加 100 元）。

三、发售招标文件时间：3 月 29 日起每天 9:00～16:00（北京时间），节假日除外。

四、发售招标文件地点：北京市东城区×××××（北京××招标有限公司）。

五、投标截止时间和开标时间：4 月 16 日上午 10:00（北京时间）。

六、开标地点：北京××招标有限公司。

联系人：×××

地址：北京市东城区×××××　　　邮编：100010

电话：010-×××××××　　　传真：010-×××××××

开户银行：中国工商银行北京市分行王府井支行东四南分理处

账号：×××××××

点评：招标公告是广而告之性的文体，因此用语庄重，表意准确，以避免产生歧义。本文格式规范，内容简洁，读起来让人一目了然。

✍ 训练设计

学校准备为下学期的教材举行招标活动，请按照招标公告的格式要求，拟写一份招标公告。

3. 招标邀请书

（1）招标邀请书的概念。招标邀请书是招标单位，即建设单位或受其委托的招标、投标代理机构，选择邀请招标方式进行招标时，向经资质审查合格的承包商发出投标邀请的文书。邀请招标是公开招标的补充形式。一般情况下，在发出招标邀请书的同时，还要随函寄上招标公告。

招标邀请书是招标单位根据自己的经验和各种信息资料，对其认为有能力承担承包项目的承包商发出的文书，具有较强的针对性，受文对象是特定的。同时，招标邀请书作为发出邀请的文书，还具有社交礼仪性。

（2）招标邀请书的写法。

① 标题一般由事由和文种名称构成，即《招标邀请书》，有的在前面加有"××建设项目"等限定语，如"××工贸大厦建设项目施工招标邀请书"。

② 称谓相当于通用公文的主送机关，顶格写明邀请对象的全称，后面用冒号。

③ 正文结构由前言、主体和结尾三部分组成。

前言要阐明发函的缘由、目的、根据和招标的项目名称，并对被邀请单位表示赞赏和肯定，再用过渡语"现将有关事宜函告如下"引至主体。

主体用以说明有关招标事项，也可以用表格式，应依次写明如下内容：

● 业主单位、招标性质；
● 资金来源；
● 工程简况、分标情况、主要工程量、工期要求；
● 承包商为完成本工程所需提供的服务内容，如施工、设备和材料采购、劳务等；
● 发售招标文件的时间、地点、售价；
● 投标文件送交的地点、份数、截止时间；
● 提交投标保证金的规定额度和时间；
● 开标的日期、时间和地点；
● 现场考察和召开标前会议的具体时间和地点。

结尾处向对方提出希望、要求。

④ 落款处写明制发文书单位的全称和年、月、日，并加盖印章。

🍃 **范文**

××职业大学图书采购招标邀请书

新华图书：

　　××职业大学就 2015—2016 年中文纸质图书采购进行公开招标，诚邀合格的投标人参与竞标。

一、招标项目：××职业大学图书馆 2015—2016 年中文纸质图书采购。

二、招标内容

新书：2010—2015 年出版的，以科技、经济、艺术、英语等类为主的正价书。

三、投标要求

1. 具备一定的图书经营、服务能力的公司。

2. 需事前提供本公司简要文书。

3. 满足招标文件规定的要求。

四、日程安排

1. 招标文件的购买

投标单位可直接到××职业大学图书馆（一楼采编部）领取招标文件或从××职业大学图书馆网页上下载，递交投标文件时须付资料费 150 元（或邮寄）。无论是否中标，资料费均不予退还。

2. 投标截止时间：2015 年 3 月 12 日上午 11:00 前

3. 开标时间 2015 年 3 月 12 日下午 14:00

4. 开标地点：××职业大学图书馆二楼会议室

五、联系方式

地址：××市×××路 139 号××职业大学图书馆

联系人：×××

电话：××××××

邮编：×××××

电子邮件：hf@162.com

点评：这篇范文标题规范，主送对象清晰，内容分条列项，层次分明，邀请意图明确，表述简明扼要。

训练设计

查阅 3 份招标邀请书，学习写作结构并体会招标邀请书的特点。

4. 招标文件

（1）招标文件的概念。招标文件是指招标项目的具体说明书，是招标单位对招标的相关事项和要求作出的具体解释和说明。

（2）招标文件的写作格式。招标文件由标题和正文组成。

① 标题。招标文件的标题一般有以下几种格式。

● 由招标单位、项目和文种名称组成，如《湖北省高速公路招标文件》。

● 只写招标单位和名称，如《××大学招标文件》。

● 只写招标项目和文种名称，如《建筑工程招标文件》。

● 广告式标题，如《试试看，你行不行》。

● 简明性标题，只写《招标文件》或《招标说明书》。

② 正文。招标文件的正文由引言和主体两部分组成。

引言应写明招标目的、依据、招标项目及招标单位的基本情况等，语言要精炼，开宗明义。

主体是招标文件的核心，通常采用横式并列结构，逐条写明招标的有关内容，力求详尽、具体、准确。

这一部分必须具备如下几方面的内容：

● 招标方式。说明是公开招标还是邀请招标。

- 招标范围。说明是国际范围还是国内、省内、市内或是其他范围。
- 招标内容及具体要求。如果是基层单位招标承包，应写清地理位置、固定资产、流动资金、人员情况、经营情况等；如果是工程项目招标，须写综合说明。无论何种招标，都要写明承包者在承包期内要达到的各项指标。
- 招标程序。写明招标、议标、开标、定标的方法和步骤，注明时间、地点。
- 双方签订合同的原则。明确双方的权利和义务。
- 其他事项。一般指上述内容未尽事宜。

结尾处写明招标单位名称、地址、电话、电挂、传真、邮政编码、联系人等。

落款处招标单位加盖公章，在招标单位的右下角，另起一行署上制发的日期。

附件是为了使正文简洁，而把繁复的专门内容作为附件列于文后或作为另发的文件，如项目的具体内容数量、工程一览表、设计勘察资料及有关的说明书等。

📖 范文

×××集团公司局域网楼内布线工程项目招标文件[①]

×××集团公司（简称××公司）就公司局域网楼内布线工程项目进行公开招标，欢迎本市有同类工程经验的公司参加投标。具体内容如下。

（一）招标内容

局域网楼内布线工程包括：11 座楼宇内 469 个信息点布线（见下表），以及每座楼中配线间的布线。

序号	楼房名称	布线点数	序号	楼房名称	布线点数
1	新办公楼	112	7	东楼	19
2	产研楼	117	8	北楼	61
3	西楼	14	9	南楼	32
4	营销楼	46	10	湖楼	12
5	绿楼	18	11	后服集团楼	8
6	红楼	30		总布点楼	469

详见《×××集团公司局域网楼内布线各楼楼层布点表》和《×××集团公司局域网楼内布线各楼楼层布点图》。

（二）技术要求

1. 符合布线工程要求的技术规范和施工规范。
2. 符合 EIA/TIA—568B 标准。
3. 网线、配线架、理线器、全套信息座、RJ-45 水晶头及护套均要求为 Lucent 超五类产品。
4. 配线间、配线架、跳线缆上均要有清晰永久的位置标签。
5. 各种线槽、管材要求质量可靠，施工美观整齐、经久耐用。

[①] 范文内容仅列出招标文件的主要条款，供读者参考。

（三）施工注意事项

要求避开上班时间，在晚 10 时～次日早 7 时施工。

（四）验收方式

由公司组织工程验收。要求施工方提供的布线工程文档齐全，提交布线工程图，包括每楼层的布线平面图、配线架与信息插座对照表等，图、表要求用 A4 型纸。全部工程完成后，按照 ELA/TIA-568B 标准进行验收，要求施工方提供所有信息插座及配线间的技术认证检测报告。

（五）维护要求

项目验收合格后，要求免费维护 1 年。

（六）付款方式

项目验收合格后，付合同总金额的 90%，余款一年内付清。

（七）发售招标文件时间

2005 年 4 月 16 日。

（八）投标截止时间

2005 年 4 月 26 日。

（九）议标时间

2005 年 4 月 29 日。

联系人：张××，李××

地点：×××集团公司新办公楼 3 楼网络信息中心

联系电话：6575927

传真：6500629

Email：×tg@impu.edu.cn

×××集团公司
二○○五年四月八日

点评：这篇招标文件的标题由单位名称、招标项目和文种构成。引言介绍事由。主体部分陈述了招标工程的具体内容、技术要求、施工的注意事项、验收方式、维护要求、付款方式、招标的工作时间安排。结尾部分标明署名和联系方法。文章事项全面具体，表达明确简洁。不足之处是前言部分缺乏对招标单位的简要介绍。

××大学购买仪器设备招标文件①

××大学（招标方）就实验台、仪器柜等采购项目对国内从事相关专业的公司进行

---

① 范文仅列出招标文件的主要条款，供读者参考。

有限竞争招标。请参加投标的公司仔细阅读本总则和相关细则，并按要求提供有关信息。

1．项目概况

（1）项目名称：实验台、仪器柜等采购
（2）项目地点：××大学××校区
（3）项目内容：见技术文件
（4）项目范围：见技术文件

2．投标文件内容

（1）请简介贵公司的基本情况并提供资信证明

① 公司营业执照复印件、组织机构代码证、税务登记证等；属于分公司或代理商或办事处性质的须附总公司或总部的委托授权书。

② 公司实力、信誉及可以说明贵公司在国内的范例工程（最好是成都地区或国内高校的工程），包括用户单位名称、项目名称、负责人姓名、联系电话等。

③ 以上资料需装订成册作为投标文件附件并在首页附目录。

（2）招标方发出的招标文件附表内容，投标方不得有任何改动。如果投标方对其中内容有其他更好的建设性意见或方案，可另作方案并报价，并请注明建议方案的特点，供招标方参考。但必须在开标前向招标方作出口头申明并同时提供书面资料，专家评标时，建议方案将与原投标方案同等对待。

（3）投标方须按投标函附件的要求完成相关的投标文件。

（4）投标人须编制 1 份投标文件"正本"和 5 份"副本"，并明确标明"投标文件正本"和"投标文件副本"。如果投标文件正本与副本有不同之处，以正本为准。投标文件正本与副本均应使用 GB/T 148—A4 型纸打印，图表等可按同样规格的倍数扩展，不允许手写和随意改动，除非这些删改是根据招标单位指示进行的。如果是投标单位必须修改的错误，则修改处应由投标人加盖法人单位公章和法定代表人或委托代表人印章。

投标文件一式 6 份，必须在附表的每页上加盖投标单位公章，整体密封后并加盖骑缝章递交。如果没有按上述规定密封并加盖公章和印章的投标文件，招标人将不承担投标文件错放或提前开启的责任，由此造成提前开启的投标文件将予以拒绝。

（5）投标人在收到招标文件后，若有问题需要澄清或修改，应当在招标文件要求提交投标文件截止时间至少 2 日前，以书面形式向招标人提出，招标人认为有必要澄清的将以书面形式予以答复。该答复将送达所有投标单位，并作为招标文件的组成部分。补充通知作为招标文件的组成部分，对投标单位具有同等约束作用，投标单位在编制投标文件时应将补充通知内容考虑进去。

3．日程安排

（1）发售招标文件时间：2016 年 4 月 5 日至 4 月 6 日，每天 08:30～17:00。
（2）发售招标文件地点：××大学行政楼 546#。
（3）投标截止时间：2016 年 4 月 29 日下午 14:00～14:30。
（4）投标地点：××大学行政楼 546#，（电话：87635640）。
（5）开标时间地点：2016 年 4 月 29 日下午 14:30，在××大学行政楼第五会议室。

请投标方准时派员出席，每一投标单位限 2 名以内代表参加，投标单位法定代表人或法人委托代表人必须参加，否则该投标单位的投标将视为废标。开标时，允许各投标人有五至十分钟的口头补充表达（也可以放弃）。招标人在招标文件规定的时间、地点进行开标。

4. 有关费用

凡自愿参与投标的单位需支付标书费人民币 100 元，不论中标与否，该项费用均不退还。中标单位在合同签署时支付合同总额 0.8%的招标服务费。

5. 供货要求及付款方式

（1）供货期限：接中标通知后 30 天内完成。

（2）运输方式：由供货方负责。

（3）运杂费：由供货方负责。

（4）本项目付款方式为分期付款，第一期，合同签署后支付总额的 30%；第二期，货到验收合格后十个工作日内支付总额的 65%；第三期，正常使用一年后支付总额的 5%。

6. 投标文件作废条款

（1）未正式购买投标文件的。

（2）投标者在投标和评标期间有企图影响招标结果等不公平竞争行为的。

（3）未按照总则和招标文件内容要求制作投标文件的。

（4）投标文件未按招标文件要求密封和加盖投标方公章的。

（5）对招标文件内容作擅自改动的。

（6）在规定的投标截止时间未能投标，或者开标时未准时到达者。

（7）最低报价大大高于市场平均价格的。

（8）参与投标者数量不足以产生有效竞争的。

（9）投标者在投标过程中向招标方提供虚假证明材料的（包括资信证明、业绩、配套设施的产品性能、生产厂家等）。

7. 评标原则

（1）招标方承诺评标工作由招标方依法组织有关评标专家组建的评标委员会进行，本着"公开、公平、公正、科学、择优"的原则进行严格评标，以充分保证各投标商的合法利益。

（2）评标过程中本着规范性和灵活性相结合的原则，不采用最低价中标的方式，以综合考虑投标方的设计方案、公司的技术力量、资质及业绩、用材品质等因素为前提，进行综合评价。

（3）评标委员会完成评标后，现场统计各投标单位的分值，评标委员会和招标方按综合得分的高低确定中标单位。

（4）评标结果出来后，招标方在 5 个工作日内向中标人发出《中标通知书》，并将中标结果正式通知各投标方。

（5）招标方正式通知中标者后，招标单位与中标单位在规定的时间和地点，根据

《中华人民共和国合同法》及其有关规定，依据本次招、投标文件及其附件中的有关内容，正式签定合同。

8．其他说明

（1）请投标方认真审阅招标文件中的各项要求，对投标价格及承诺慎重填报。如果投标人编制的投标文件不能响应和满足本招标文件的要求，责任由投标人自负，其投标文件将被招标人拒绝或被视为无效投标文件。

（2）各投标方请仔细阅读招标文件及附件（表），它们包含了即将写进合同中的大部分条款，一旦投标方正式投标，即被视为已对招标方作出了具有法律效力的相关承诺，除非不可抗拒因素不得随意更改。

（3）对恶意投标、中标后不按合同要求保证材料质量和供货质量的商家，招标方保留维权行为。

（4）不论投标结果如何，投标人的投标文件均不退回，且不对未中标单位作任何解释。投标人在投标过程中产生的一切费用，不管投标结果如何，均由投标人承担。

（5）供货商使用材料必须符合行业标准。

招标单位（公章）
2016 年 4 月 24 日

点评：这篇范文对招标项目的基本情况、投标要求、投标日程安排、费用说明、供货要求、付款方式、评标原则等都做了详尽的说明，内容完整，读起来思路清晰，明白易懂。

训练设计

查阅 3 份招标文件，学习写作结构并体会招标文件的特点。

5．招标章程

招标章程是招标过程中的纲领性文件，用以明确招标的宗旨、范围、要求、做法和程序，对招标双方都具有较强的约束力，其正文一般包括八大部分：宗旨；招标管理；招标；投标；开标；中标；合同；其他。要求条文化，用章、条、款、项表述。

6．投标企业须知

投标企业须知是招标单位发送的文件中的必备条件，用于详细说明投标程序中一些具体事务性问题，并提出相应的要求。如填送投标文件的份数、填写的要求、有关咨询的规定、中标后应履行的手续等，对投标过程中的琐碎事宜均应作出完整的说明。

7．招标技术质量要求书

招标技术质量要求书，是专业性很强的技术性文书，是就招标项目提出详细的具体的技术质量要求，是中标后签订合同的重要依据，也是今后验收的重要依据。用条文写作，专业术语要准确，名称要规范，标准引用不能有差误，并要说明技术质量的依据。

8. 中标通知书

1）中标通知书的概念

中标通知书是招标单位经过招标、投标、开标、评标、定标程序后，给中标单位发送的告知性文书。它是投标单位中标和招标单位签订承包合同的依据。中标通知书应于评标、决标结束，对中标候选人并以公示后再发出。

2）中标通知书的写法

（1）标题。一般由事由和文种构成，如《××工程中标通知书》《××采购中标通知书》，也可以直接用文种作为标题，如《中标通知书》。

（2）发文字号一般由发文机关代字、年份和序号组成，如"×标（2015）第×号"。

（3）主送机关即中标的投标单位，应顶格书写全称，后面用冒号。

（4）正文包括前言、主体、结尾三个部分。

① 前言，写明中标依据和中标结果，如在××招标活动中或根据第××号招标文件，经评定，确定贵单位中标。

② 主体，写明中标决定，如工程造价或采购商品价格、工期、质量标准等，邀请其什么时间到什么地方签订合同。

③ 结尾，提出执行要求。

（5）落款。在正文右下方写明签发中标通知书的单位名称，并在其下写清年、月、日，加盖公章。

中标通知书内容单一，文字应简短，常用一段或两段文字表述，应注意用语要准确。

📖 **范文**

××高速公路建筑工程中标通知书

××道路工程公司：

（2015）0810-2C 工程招标文件的××高速公路建筑工程通过评定，确定贵单位中标。

中标总价为×××万元人民币，工程定于 2017 年××月××日开工至 2019 年××月××日竣工。工程质量必须达到国家规定的特级标准。请贵公司于××月××日到××省交通厅高速公路招标委员会，签订工程承包合同。

特此通知。

××省交通厅公路管理局（公章）

2015 年××月××日

点评：中标通知书属于告知性文书，目的明确，内容精准，表达准确，结构完整。

🖋 **训练设计**

查阅 3 份中标通知书，学习写作结构并体会中标通知书的特点。

二、投标文书

（一）投标文书的概念

投标是指投标方按照招标方提出的标准和条件，在广泛深入的调查研究后，申请承卖、承包或合作，填具表单，参与竞标以争取中标的经济活动。

投标文书是指投标单位根据招标文件的要求，在投标过程中所制发的各类文书的总称，包括招标投标申请书、投标文件、投标保函、辅助资料表、有关资格证明表、替代方案等文书。

（二）投标文书的特点

（1）针对性。投标文书的内容皆是按照招标文件提出的项目、条件和要求而写，针对性强。

（2）求实性。投标文书对投标项目的分析、对己方的介绍、拟采取的措施和承诺等都具有求实求真，忌虚假的特性。

（3）合约性。投标文书以追求合作，签署合同为目的。

（4）竞争性。作为投标人来讲均以竞标成功作为自己最终的目的，而招标单位只能选择其一，这就要求投标文书中竞争意识的强化。充分展示自己的实力和优势，才能在竞争中脱颖而出。

（5）约束性。投标文书具有严格的法律约束力。投标文书和招标文书一样，均为日后签订承包合同提供了原始依据，它本身必须是在法律许可范围之内的。而它的条款一经写入投标文书中，就具备了严格意义上的法律约束力，投标人应完全按照其拟定的各项经济指标进行工作。

（三）投标文书的种类

依据投标活动的程序，投标文书包括投标申请书、投标文件和投标保证书。

1. 投标申请书

（1）投标申请书的概念。投标申请书是指投标者在招标公告或招标邀请书规定的时限内向招投标管理部门递交的申请参加投标的文书。它是投标程序中使用的第一个书面材料，是供招标者审定投标资格的。只有当投标申请获准之后，投标者才能制作投标文件，参加投标。

（2）投标申请书的写法。

① 标题。一般由事由和文种构成，写明"投标申请书"即可。

② 主送机关。即招标单位的全称，写在标题下方，顶格写，后面用冒号。

③ 正文。概括说明参与投标的意愿、参加竞标的态度及有关保证事项，如"我公司决定参加湖里小区住宅安装工程项目的投标。保证遵守招标文件的各项规定，按时完成施工任务"。

④ 结束语。一般以"特此申请"的惯用语作结束语。

⑤ 附件。即投标者的资格说明，包括对投标者基本情况的介绍，以及与招标项目

有关的资质证书等。投标企业资格审查表，有的由招标单位统一印发，投标者填写之后，随申请书递送招标单位。

⑥ 落款。写明申请投标单位的全称、法定代表人的姓名和日期，并加盖公章。

范文

投标申请书

××省交通厅招投标办：

我公司根据现有施工能力及人力资源情况，决定参加长虹高速公路工程投标。我公司是 AAA 级企业，有条件、有能力更有决心按招标文件的要求和标准创优质工程，能在施工过程中遵守各项规定，如期完成工程任务。特此申请，请批准为盼。

附件：《企业简介表》一份

《投标资格审查文件》一份

《AAA 级企业证书》一份

××省××市第二公路工程总公司（印章）

负责人：×××（签字）

2016 年××月××日

点评：作为明确参加投标活动的文书，简明扼要地表达了申请参加投标的意愿，并且对企业自身的实力条件做了简要的说明，提供材料准确、完整、具体。语言表达简洁，条理清晰。

训练设计

作为一名图书供应商，准备参加学校的教材招标，请按照格式要求，拟写一份投标申请书。

2. 投标文件

（1）投标文件的概念。投标文件是按照招标文件提出的条件和要求，向招标者报价并填具标单的书面材料。它要求密封后邮寄或派专人送到招标单位，故又称标函。它是对招标文件提出的要约的响应和承诺，是投标者的意见书，又是对招标者的要约，是最重要的投标文书，是招标人组织议标、评标、定标的主要依据。

（2）投标文件的写作格式。

① 常见的标题有三种类型：

● 直接标明文种，如《投标文件》；

● 由投标单位名称和文种名称组成，如《大华建筑公司投标文件》；

● 由投标项目名称和文种名称组成，如《××高速公路工程投标文件》《××承包经营投标文件》。

- 其他灵活性标题，主要是指个人投标，如《我有妙招、必获成功——我的投标文件》。

② 正文一般由前言、主体和结尾三个部分构成。

前言，应用简练的语言说明投标目的、依据，交代投标的缘起，表明态度。有的投标文件前言还注明投标单位名称、地址、性质、隶属关系、负责人姓名等，并阐述投标理由。

主体，是投标文件的核心部分，要写明投标项目的具体指标和实现措施，主要包括以下内容：

- 标的内容，即招标项目的名称、地点、包干形式、数量等。
- 标价，包括完成招标项目的总金额、单位金额（如每建筑平方的造价），以及完成项目的分解金额。
- 保证完成的工期或交货期，具体时间和总计天数。
- 质量保证即可达到的等级和保证质量的有效措施。例如，投标大宗货物，应当写明保证按合同履行责任义务等。实现指标的措施要包括技术、管理、组织等方面的内容。

结尾，一般是向招标单位提出要求，请求招标方予以支持配合等。

③ 附件。投标文件一般都有附件，如就建筑工程投标文件而言，一般要附具体的工程清单、图样、单位工程主要材料、设备标价明细表等。内容应详尽、具体，表述要力求规范、明确。一些重要的大型工程还要附上投标保证书。

④ 落款。写清投标单位名称、联系人姓名、电话、电报挂号、传真、邮政编码、地址、日期等，以便招标方进行联系。另外，投标文件制有封面。封面上要写明标题，如××工程投标文件，然后按顺序写明投标工程名称、投标单位名称、投标单位负责人姓名，在封面的右下角写上送投日期。

表格式投标文件，一般由招标单位制发，投标单位只需按要求填写即可。

范文

培训楼工程施工投标文件[①]

根据××铜矿兴建培训楼工程施工招标文件和设计图的要求，作为建筑行业的×级企业，我公司完全具备承包施工的能力与条件，决定对此项工程投标。具体说明如下。

（一）综合说明

工程简况（工程名称、面积、结构类型、跨度、高度、层数、设备）：培训楼一幢，建筑面积 $10700m^2$，主体 6 层，局部 2 层。框架结构：楼全长 80m，宽 40m，主楼高 28m，二层部分高 9m。基础系打桩水泥浇注，现浇梁柱板。外粉全部，玻璃马赛克贴面，内粉混合砂浆采面涂料，个别房间贴壁纸。全部水磨石地面，教室呈阶梯形，个别房间设空调。

---

① 范文仅列出招标文件的主要条款内容，供读者参考。

（二）标价（略）

（三）主要材料耗用指标（略）

（四）总标价

总标价 3408395.20 元，每平方米造价 370.23 元。

（五）工期

开工日期：×××年2月5日；

竣工日期：×××年8月20日；

施工日历天数：547 天。

（六）工程计划进度（略）

（七）质量保证

全面加强质量管理，严格操作规程；加强各分项工程的检查验收，上道工序不验收，下道工序决不上马；加强现场领导，认真保管各种设计、施工、试验资料，确保工程质量达到全优。

（八）主要施工方法和安全措施

安装塔吊一台、机吊一台，解决垂直和水平运输；采取平面流水和立体交叉施工；关键工序采取连班作业，坚持文明施工，保障施工安全。

（九）对招标单位的要求

招标单位提供临时设施占地及临时设施40间，我们将合理使用。

（十）坚持勤俭节约原则，尽可能杜绝浪费现象

投标单位：××建筑工程总公司（公章）

负责人：李××（盖章）

电话：×××× 传真：××××

电报：××××

附件：本公司基本情况介绍

点评：这是一篇工程建设项目投标文件。正文先介绍了工程简况，然后说明了标价、耗材指标、工期、计划进度等，对招标文件作出了明确的回答。这可以说是投标单位的正式报价单，是评标、决标的依据。本投标文件还包括了保证工程质量的措施和达到的等级、主要施工方法、安全措施和对招标单位的要求等。文末附上公司基本情况，让他人对己方建立信心，是一份写得较完整、较规范的投标文件。

训练设计

查阅3份投标文件，学习写作结构并体会投标文件的特点。

3. 投标保证书

投标保证书又称投标保函，是为保护招标方的利益，防止投标方中途撤标或拒签合同而通过银行开立的书面保证文件，具有法律效力。

📖 **范文**

投标保证书

根据保函，我们双方即：委托人＿＿＿（投标人）和保证人＿＿＿（银行或金融机构）保证在业主（或招标人）的利益受到损害的情况下承担总金额为＿＿＿（金额大写）的保证金。我们双方及我们的继承人或受让人对该项金额的支付均应不折不扣地共同或独自履行义务，直至＿＿＿。

本保函表明委托人已在截止＿＿＿年＿＿＿月＿＿＿日的期限内将其为承担＿＿＿工程而制定的投标文件寄存。

如果委托人在招标文件规定的有效期内未经业主同意而撤回投标件，或者在收到中标通知（意向）书后＿＿＿日内未签署合同，或者未能按招标文件规定提出履行保证金或银行保函，本保函的支付义务应即予执行。

为此作证。上述受约双方已于＿＿＿年＿＿＿月＿＿＿日派出签字代表按照其主管部门的授权按时签字盖章，以使本函合法生效。

保证人：×××　　　　　　　　　　　　委托人：×××
地址：×××　　　　　　　　　　　　营业地址：××××
　　　　　　　　　　　　　　　　　　保证人：×××
　　　　　　　　　　　　　　　　　　营业地址：××××

第六节　意向书和协议书

一、意向书

（一）意向书的概念

意向书是协作各方通过初步谈判，就合作事宜表明基本态度、提出初步设想、表达某种意图或目的的协约文书。也就是说，意向书是国家、单位、企业及经济实体与个人之间，对某项事务在正式签订条约、达成协议之前，由一方向另一方表明基本态度或提出初步设想的一种具有协商性的应用文书。意向书的主要作用是传达"意向"，提请对方注意或供参考，可以约束双方的行动，保证双方的利益；反映业务工作上的关系，能保证业务朝着健康有利的方向发展；可为正式签订协议或合同打下基础。

（二）意向书的特点

1. 临时性

意向书只是表达谈判的初步成果，为今后的谈判作铺垫，一旦经过深入谈判，最终确定了合作双方的权利和义务时，意向书的使命便告结束。意向书不像协议、合同那样具有法律效力。

2. 协商性

意向书是共同协商的产物，也是今后协商的基础。在双方签署之后，仍然允许继续进行协商修改，有时甚至可以提供几种方案，供今后谈判协商时选择。写意向书多用商量的语气，不带任何强制性。有时还用假设、询问的语气。

3. 一致性

意向书虽然只是谈判的某一阶段而不是最终阶段的成果，但它的内容应是经过双方协商一致同意的，能反映双方的共同意愿。只有具备了一致性，意向书才能成为双方认可的今后谈判的基础。

4. 灵活性

意向书的灵活性主要体现在两个方面：一是可以随口改变自己的主张，意向书发出后，对方如有更好的意见，可以直接采纳，部分改变或全盘改变都是可能的；二是在同一份意向书里可以提出多种方案供对方选择，或者对其中的某项、某款同时提出几种意见或调查，让对方比较和选择。

（三）意向书的种类

意向书按其签署方式可分为单签式意向书、联签式意向书、换文式意向书，其中最常用的是联签式意向书。

（四）意向书的写法

意向书的结构一般包括标题、正文、落款三个部分。

1. 标题

意向书的标题有三种形式：一是只写"意向书"三个字；二是在"意向书"前写出协作内容，如《合资经营冰箱厂意向书》；三是在协作内容前标明协作各方的名称。如《无锡××大学与无锡××科技有限责任公司联合开发××产品意向书》。

2. 正文

正文包括引言和主体两部分。

（1）引言。引言写明签订意向书的依据、缘由、目的。有的意向书的引言写得比较简单，与经济合同的引言大致相似；有的意向书的引言写得较具体，要说明双方谈判磋商的大致情况，包括谈判磋商的时间、地点、议题、考察经过等，篇幅相对较长。有的意向书不在标题下单独列出立约当事人的名称，而在引言部分交待清楚签订意向书各方的名称，并在名称后加括号注明"简称甲方""简称乙方"等。

（2）主体。联签式意向书的主体部分通常采用条款的结构形式表达合作各方达成的具体意向。例如，中外合资经营企业，须就合资项目整体规划、合营期限、货币结算名称、投资金额及规模、双方责任分担、利润分配及亏损分担等问题，表明各方达成的意向。一般来说，主体部分还应写明未尽事宜的解决方式，即还有哪些问题需要进一步洽谈，洽谈日程的大致安排，预计达成最终协议的时间等。最后应写明意向书的文本数量及保存者，如果是中外合资项目，还应交待意向书所使用的文字。主体部分的语言相对比较平和，具有相互协商的性质，一般不随便使用"必须""应为""否则"之类的词语。另外，意向书因不具有法律约束力，所以不必写违反约定应承担什么责任的条款。

3. 落款

意向书的落款包括三项内容：签订意向书各方当事人的法定名称、谈判代表人的签名、签订意向书的日期。

（五）意向书的写作要求

（1）坚持平等互利的原则。不分国家大小、单位大小和资本多少，都应一视同仁，平等对待；既不能迁就对方，也不能把自己的要求无原则地强加给对方。

（2）是非要分明，态度要诚恳，做到不卑不亢，礼貌客气。

（3）内容要明确，条款要具体，用词要准确，不能含混不清，模棱两可。

📖 **范文**

合资兴办一次性餐具加工厂意向书

××省××包装印刷厂（以下简称甲方）与香港××贸易公司（以下简称乙方）本着平等互利的原则，先后于 2000 年 3 月 2 日、2000 年 4 月 5 日两次就合资兴办一次性餐具加工厂事宜进行了协商，达成如下合作意向。

一、双方按《中华人民共和国中外合资经营企业法》及其他有关规定合资兴办一家一次性餐具加工厂。合资企业名称暂定为"华利快餐餐具有限公司"。

二、甲方以现厂区东部的 4 幢车间、1 幢办公楼、20 亩厂区空地和其他生产生活资料作价入股。作价入股股份的计算以双方认可的资产评估机构、土地评估机构评估结果为准。乙方一次性投入约人民币 550 万元。其中包括提供全套一次性餐具生产机器 4 套，生产和工作用车 5 辆，现有企业改造、配套资金和企业生产周转金。具体投入数额视甲方资产、土地作价情况而定。甲乙双方的投资比例确定在甲方占 55%，乙方占 45%。

三、合资企业的主导产品是纸饭盒、纸碟、纸碗、纸杯等各式纸质餐具，预计年产量为 1.2 亿只。其中 60% 由乙方负责出口销售。

四、甲方负责合资企业的申报立项、登记注册、场地设施改造、财产保险等工作，乙方负责提供和安装设备、培训技术人员、提供国际市场信息。

五、合营期限定为 12 年整，即 2001 年 1 月 1 日起至 2012 年 12 月 31 日止。期满后如需继续合作，应经双方协商同意，并向有关部门申报办理延期手续。

六、产品价格由双方协商确定。所需原材料根据出口需要，可由乙方进口，或者由甲方在国内采购。

七、合营期满后，其固定资产残值归甲方所有。

八、双方按认可的投资比例分配利润及承担亏损责任。

九、未尽事宜，双方在今后协商补充。甲乙双方在完成合资办厂的准备工作后，约定时间进行磋商，签订正式协议。

十、本意向书用中文书写，一式六份，双方各执三份。

甲方：××包装印刷厂（印）　　　　乙方：香港××贸易公司印）

代表：张××（签名）　　　　　　代表：王××（签名）

　　　陈××（签名）　　　　　　　　　厉××（签名）

　　　　　　　　　　　　　　　　　　二〇〇〇年四月五日

点评：该意向书结构完整，内容要素齐全，语言表达准确。其中，意向内容用分条列项的方式来组织，条理清晰，思维缜密。

建立合资企业意向书

一、甲、乙双方愿以合资或合作的形式建立合资企业，定名为××有限公司。建设期为×年，即从×年—×年全部建成。

双方意向书签订后，即向各方有关上级申请批准，批准的时限为×个月，即×年×月×日－×年×月×日完成。然后由××厂办理合资企业开业申请。

二、总投资×万元。××部分投资×万；××部分投资×万。甲方投资×万（以工厂现有厂房、水电设施、现有设备等折款投入）；乙方投资×万（以现金投入，购买设备）。

三、利润分配：各方按投资比例或协商比例分配。

四、合资企业自营出口或委托有关进出口公司代理出口，价格由合资企业定。

五、合资年限为×年，即×年×月—×年×月。

六、合资企业其他事宜按《中外合资法》有关规定执行。

七、本意向书生效后，双方必须严格遵守意向书的规定，任何一方在未经协商的前提下不得违约。否则，违约方将承担全部责任。

本意向书一式两份。作为备忘录，各执一份备查。

　　甲方　　　　　　　　　　　　　　乙方

　　××××厂　　　　　　　　　　　××××公司

　　代表：×××　　　　　　　　　　代表：×××

点评：这份意向书有多处错误。

（1）格式不合要求。意向书的结构一般由标题、正文、签署三部分组成。这份意向书不完整，正文缺少了开头部分，使得签订意向书的双方交代不清楚，应加上"××厂（甲方）　××××公司（乙方）。双方于×年×月×日在×地，对建立合资企业事宜进行了初步协商，达成意向如下："。

（2）主体部分的内容过于具体。它对投资金额、利润分配、合资年限等实质性的内容都做了具体的规定，协议（合同）的内容写了进去；另外，意向书是没有法律效力的，因而也不存在违约责任，主体部分的第七项应删去。

（3）有些语言表达不够准确。如"定名为××有限公司"的"定名"改为"暂定名"较为准确；"总投资×万元"一句有歧义，"元"是指"美元"还是"人民币"？应写清楚。

训练设计

仔细阅读下面的材料，写一份意向书。

香港××油漆有限公司（甲方）与上海××造漆厂、××进出口公司上海分公司、××有限公司（乙方）于2004年5月26日在上海商谈后决定在香港开办合资公司，公司名称暂定为"××有限公司"。双方同意资本为××万港元，可用现金、设备、实物（包括厂房）等进行投资。实物作价的原则为设备按同类产品的国际市场价，原公司的设备、物资及厂房由公证行估价和友好协商相结合的办法解决。产品销售以香港本地销售为主，如果出口到其他国家和地区，应以不冲击××进出口公司上海分公司现有的销售网点为原则，合营公司应在出口前征求乙方的意见。合营公司的投资争取在四年内收回，具体方案由董事会根据公司盈利情况讨论决定。同时为了维护合营公司的利益，甲方不再以任何名义和方式在香港、深圳经营同类产品的生产和销售，乙方也不再在该地段设厂生产同类产品。公司合营生产的××牌产品，按产品销售金额向上海××造漆厂交付若干商标使用费。关于参股比例、人事安排，双方同意由甲方到港后与乙方代表××有限公司商讨。

二、协议书

（一）协议书的概念

协议书是国家、政党、社会团体、企事业单位或个人，对某一事项，某个问题或某项工作，经过谈判协商，取得了一致的意见后，共同订立的具有政治或经济的，或者其他关系的契约性文书。

为了实现共同的目的，保障共同和各自的权益，明确相互之间的权利、义务关系而制订的书面契约，应遵守合法、平等互利、协商一致、等价有偿、信守承诺等原则。

在经济生活中，协议的使用一般有以下三种情况。

1. 作为正式合同的"前奏"

有些初次建立的或者较为复杂的经济关系，需要经过反复多次的谈判、协商才能取得最后的结果。这时，为了表明双方合作的意向，肯定初步洽谈的结果，便于实际工作的开展，往往先签订纲要性的协议书。《中华人民共和国中外合资经营企业法实施细则》中就涉及这种"协议"："本章所述的合营企业协议，是指合营各方对设立合营企业的某些要点和原则达成一致意见而订立的文件。"

2. 作为已订合同的补充或修订

合同签订后，有可能出现下列情况：发现合同某些规定欠妥；出现预料不到的影响合同履行的情况；一方出现履行合同不当的情况，但经过协商对解决办法取得了一致意见，原合同仍可继续执行。在这些情况下，就可以订立协议书，作为原合同的补充或修订。

3. 当作合同使用

随着社会的发展，改革开放的深入，经济事业日益繁荣，经济关系日趋复杂，需要订立合同的地方越来越多。《合同法》只对经济生活中最常见的 15 种合同关系作了明确具体的规定，凡《合同法》未作规定的领域，都可以用协议书替代。

（二）协议书的特点

协议书也具有合法性、制约性、对等性、一致性等特点。

1. 正式合同的意向

作为正式合同之前签订的比较原则的协定，起意向作用。有时当事人双方在商谈内容比较复杂的问题时，需要多次协商、谈判，时间就会很长。为了表明双方的合作诚意，肯定开始谈判的成果，在签订正式合同之前可先签订协议书，对某些问题作出规定。

2. 正式合同的补充

用于规定对已签订的合同的修订补充意见。有的合同在执行过程中，会发现有些条款不够完善，双方当事人同意对合同进行补充，这时可以使用协议书，这种协议书经双方签字盖章并报原合同鉴证机关后，就成为已订立合同的组成部分。

（三）协议书的写法

协议书一般包括标题、协议单位名称、正文和落款。

1. 标题

由表明协议书性质的事由和文种组成。一是完全性的，由合作方名称、合作项目与文种组成；二是简洁性的，由事由和文种组成；三是文种性的，只有"协议书"三个字。

2. 协议单位名称

写明签订协议书双方或多方当事人的单位和姓名。

3. 正文

正文包括协议目的、原因、依据、双方的权利与义务、价款、酬金、期限、违约责任等条款内容。

4．结尾

结尾写明执行要求，注明有关事项。

5．落款

落款包括单位名称、双方单位代表或者当事人签名（盖章）、日期和公章。

（四）协议书的写作要求

（1）由于协议是一种契约活动，一旦签订，就具有法律效力，因此内容必须遵守国家法律、法令，符合国家政策要求，任何单位和个人都不能以协议为名进行违法活动。

（2）平等互利、协商一致、等价有偿的原则。协议必须是出于当事人的真正自愿，在双方自由表达意志的基础上，经过充分协商而达成协议。同时要体现协作的精神，遵循等价有偿的原则，符合价值规律的要求。

范文

购 房 协 议

出售方：_____（以下简称：甲方）

购买方：_____（以下简称：乙方）

经甲乙双方友好协商，就乙方向甲方购买房屋，达成如下协议：

第一条　房屋基本情况

1．甲方所售房屋所有权证号为"_____号"，房屋土地使用权证号为"_____号"；该房屋的土地使用权取得方式为：_____，土地使用年限自_____年_____月_____日 至_____年_____月_____日止；

2．甲方所售房屋位于都江堰市奎光路_____号营业房第_____楼（现为梧桐花园商务酒店所在房屋）。

第二条　房屋价格及其他

1．甲方所售房屋建筑面积为：_____平方米（以房产证面积为准）；

2．甲方所售房屋单价为：_____元/平方米；房款总计为_____。

3．因甲方与现有租房人签订的租房价格低，甲方同意在按每平方30元的标准对超出现有租房价格的部分在房屋售价中提前进行抵扣(计算时限为2010年6月1日至2022年7月31日，计算面积以房产证上的面积为准)，经过甲乙双方共同测算，抵扣的总价款为：_____（大写：_____）。

4．乙方实际应付甲方的房屋总价款为（抵扣后的总价）：_____（大写_____）

5．以上房屋买卖的一切过户手续的办理及其所产生的一切税收和其他费用，全部由甲方负责承担并支付。

第三条 双方权利义务

1. 甲方协助乙方在 2010 年 5 月 31 日前与现有租房人新的租房协议签订完毕，租房费用及租房时间等相关事项另行协商，新的租房协议作为本协议的补充协议，新的租房协议自签订之日起生效，同时乙方即成为房屋新的出租方。

2. 乙方在与现有租房人签订新的租房协议生效后，于 2 日内支付甲方购房订金_____元（大写：_____）。待甲方将房产证、土地使用证过户办理到乙方或乙方指定人的名下后，乙方在办理完房屋抵押贷款手续后，将剩余房款一次性支付给甲方，不得以任何理由拖欠甲方剩余房款。

3. 新的租房协议签订后，甲方于 3 日内负责将房屋及房屋相关手续交接给乙方。

4. 甲方在收到乙方购房定金后，在 3 个月内负责将该房屋产权证、土地使用证过户到乙方或乙方指定人名下，否则造成的损失由甲方承担。

5. 甲方保证在交接房屋时没有产权纠纷和财务纠纷，有关按揭、抵押债务、税项、水电、物管费等甲方均在交接前办妥。交接后如有上述未清事项，由甲方承担全部责任。甲方对该房屋地震修复后的工程质量（工程质量应是国家规定的相关部门验收合格）负责。

第四条 违约责任

1. 该协议签订生效后，甲乙双方不得以任何理由违约。

2. 如乙方违约，甲方不退还乙方交纳的购房定金，该定金作为甲方的经济损失赔偿费。

3. 如甲方违约，甲方按乙方支付的定金总额 2 倍赔偿给乙方，作为乙方经济损失赔偿费。

第五条 其他

1. 本协议未尽事宜，由甲、乙双方另行议定，并签订补充协议，补充协议与本协议具同等法律效力。

2. 协议在履行中发生争议，由甲、乙双方协商解决。协商不成的，甲、乙双方可依法向该房屋所在地人民法院起诉。

3. 本协议自甲、乙双方签字之日起生效。

4. 本协议一式两份，双方各执一份。

　　　　甲方：　　　　　　　　　　乙方：

　　年　 月　 日　　　　　　　　年　 月　 日

点评：该协议书，结构规范，内容要素详尽，分条列项，意思表达清楚明白，没有歧义性的词句表达，用词严谨，符合协议书的语言特点。

训练设计

根据就业意向拟写一份就业协议书。

第七章 法律文书

第一节 法律文书概述

一、法律文书的概念

法律文书是法律行为及其相关活动的具体文字表述。一般的法律文书是指我国司法机关、公证机关、仲裁机关、案件当事人、律师和律师组织依法制作或自书代书的处理诉讼或非诉讼案件的、具有法律效力或法律意义的文书的总称。

本教材所讲的法律文书不包括国家正式颁布的法律条文和立法文书，而是指我国各法律主体依照法律规定，按照各自的职权或权利，在办理各类诉讼案件和从事非诉讼事件的活动中，为正确运用、实施法律而依法制作具有法律效力或法律意义的文书。

二、法律文书的特点

法律文书是司法活动中的一种专用文书，除了与其他文书具有共同的特征以外，还具有自身的一些基本特征。

（一）合法性

法律文书在各类法律活动中的制作和使用，它的出具和使用直接反映诉讼活动的进程，体现法律的公正性，因此法律文书必须依照程序法的有关规定制作。只有依法制作，文书才有合法性。

法律文书的合法性体现在：制作时限的合法性，制作和使用手续的合法性，制作主体的合法性，以及制作内容的合法性。

（二）规范性

法律文书的制作有固定的格式，这是在长期的法律实践中不断发展、总结、创造和改进形成的，它既能保证法律文书的完整性和严肃性，也便于全面有力地发挥法律文书的作用，又能保证制作的标准统一、简易、方便和科学。

1. 格式的规范化

近年来，为了使法律文书更加科学和规范，我国相继颁布了规范法律文书制作的相关标准文书格式文件。公安部 2002 年 12 月 18 日印发了《公安机关刑事法律文书格式（2002 版）》，2003 年 5 月 1 日启用。公安部 2012 年 12 月印发了《公安机关刑事法律文书式样（2012 版）》，2013 年 1 月 1 日启用。最高人民检察院的《人民检察院法律文书格式（2012 版）》样本于 2013 年 1 月 1 日启用。最高人民法院印发的《法院刑事诉讼文书样式》（样本），于 1999 年 7 月 1 日起施行。司法部监狱管理局 2002 年 5 月 17 日印发的《监狱执法文书格式（试行）》，于 2002 年 7 月 1 日起执行。这些新样本格式的颁布，标志着我国法律文书格式的进一步发展与完善，它对提高法律文书的制作质量及提高办案质量都是一个有力的保证。

2. 结构的固定性

各种法律文书，其行文表述大都有固定的格式。一般有首部、正文、尾部三个部分的内容。首部由文书标题、文书编号、当事人职业、案由、案件来源等项目组成；正文包括案件事实、证据、处理理由、处理决定（意见）四项内容；尾部由有关事项、签署、日期、用印、附注事项等组成。结构的固定化是法律文书的一大特点。

3. 用语的规范化

各类法律文书内部组成部分的表达，多有规范的固定术语。也就是说，书写其中每一项目时只能如此表述，没有任何变通的余地。在表述法律文书的内容时，语言要准确、简洁、朴实、庄重，行文不得出现歧义。语言的规范化是制作法律文书必须遵循的，它是法律文书行文用语的重要特征。

4. 实施的强制性

法律文书是为具体实施法律而制作的，是法律权威的具体体现。其主要特点除具有合法性外，还有效用性和约束力，即法律的强制性和制约性。其强制性是以国家权力及其暴力机关为后盾来保证其实现的。例如，搜查证、逮捕证等是实施诉讼活动的文书凭证，一经出示，即产生法律的强制力。对于被拘留、逮捕的犯罪嫌疑人而言，意味着将被剥夺人身自由，不得抗拒，否则执行人员可以强制执行。

法律文书非经法定程序不可改变，这也是法律文书的强制性的体现。例如，公安机关的立案决定书，经县级以上公安机关负责人批准立案后，就必须展开侦察活动。公安机关报经人民检察院批准逮捕的案件，如果经过查证，需要撤销案件，则必须由报请机关制作撤销案件通知书报人民检察院，才可以撤销。

三、法律文书的作用

在我国的法律工作中，公安机关的侦查，人民检察院的批准逮捕和起诉，人民法院的审理或判决，公证处的公证，仲裁机关的仲裁，案件当事人和律师机构为其代理辩护、诉讼等的活动，都要出具相关的法律文书。案件当事人提起诉讼，要出具自诉书。自诉书就是一种很重要的法律文书，否则，人民法院进行的审理和被告人进行的辩护便失去了依据。人民法院在进行审判活动中，要制作笔录、裁定书和判决书，而这些笔录、裁定书和判决书都是极重要的法律文书，这也是这一系列法律活动合法运行的重要依据和保证。此外，公证处进行公证、仲裁机关进行仲裁、律师进行辩护都要制作相关的公证书、仲裁书和辩护书。总之，任何司法机关或案件当事人，要实行具有法律意义的行为，都离不开法律文书。

法律文书除具有以上作用外，还可以用来存档，是重要的司法历史档案，它是保证执法公正和公平的重要依据，也是研究、检验和纠错司法活动的重要凭据和材料。

四、法律文书的种类

法律文书的内容复杂，种类繁多，性质特殊，体系庞大，分类相当复杂。目前法律文书有多种分类体系，没有统一模式，从不同的角度、不同的标准可作不同的分类。

（一）按制作主体分类

按制作主体分类，可分为公安机关的法律文书，检察机关的法律文书，法院的法律文书，狱政机关的法律文书，公证机关和仲裁机关的法律文书等。

（二）按文书性质分类

按文书性质分类，可分为侦查预审文书、行政裁判文书、狱政文书、公证文书、仲裁文书、律师业务文书、诉状类文书等。

（三）按制作方式分类

按制作方式分类，可分为表格填写类文书和叙议类文书。

（四）按处理问题的途径或方式分类

按处理问题的途径或方式分类，可分为诉讼类和非诉讼类。诉讼类案件按诉讼性质可分为刑事的、民事的（含经济的）和行政的三种。非诉讼类活动包括公证证明的，仲裁裁决的，协商调解的，行政机关处理、处罚和行政复议的等。

（五）从文书整体看，可分为两大类

从文书整体看，可分为两大类，一种是专属公、检、法、司等司法职能部门为实现其职能而制作的文书；另一种是一般性的法律文书，即司法机关以外的国家机关，法定的组织、团体和公民等在运用法律手段处理法律事务的过程中制作的文书。

五、法律文书的写法

法律文书作为一种书面文体，其制作成文离不开主题、材料、结构、语言。研究这些要素的运用规则及表达要求，对于制作高标准、高质量的法律文书，确保法律的正确贯彻实施非常必要。

（一）法律文书的主旨

1. 主旨的概念

法律文书的主旨是制作主体在文书中所表现的写作目的及其主张。不同文种的法律文书，其主旨又有不同的表现。例如，起诉书的制作目的是把构成犯罪的被告人交付人民法院审判，即从被告人实施构成犯罪的事实、证据出发，引用《中华人民共和国刑法》和立法机关的其他有关规定加以衡量，拟提出明确的定罪和量刑建议，提请人民法院审

理并作出最后裁决；上诉书的目的是针对一审法院在审理过程中所依据的事实、引用的法律的错误和偏颇，要求二审法院对一审法院的判决、裁定予以变更或撤销。

2. 主旨的表述要求

（1）正确。正确是要求法律文书的主旨要以事实为依据，以法律为准绳。

（2）鲜明。鲜明是指文书中反映的问题要态度明确、立场分明，一目了然。肯定什么，否定什么；维护什么，反对什么，都要做到态度明朗，观点鲜明。

（3）集中。集中是指一篇法律文书中只能有一个主旨，阐明一个基本观点，说明一个基本问题。

（二）法律文书的材料

法律文书的材料是指文书制作者从一定的制作目的出发，从办理的诉讼案件及非诉讼法律事务中，搜集、提取并经过分析、归纳、取舍后写入文书中的一系列事实、证据，以及法律条款和法学理论。此外，法律文书的材料还包括：制作文书的主体、当事人和其他诉讼参与人的基本情况等。

法律文书的材料不同于其他文体的材料，有其自身的特点。

1. 事实的真实性

法律文书的事实材料要求真实，所反映的细节必须是客观存在的真实情况、事实的本来面目；引文材料必须经过反复核对，出处准确无误；使用的数据要求非常精确，绝不允许夸大或缩小事实，更不允许歪曲甚至虚构、捏造事实。

2. 法定的权威性

法律文书往往反映党的方针、政策，符合国家的法律、法规。并且一经核实，有国家的行政力量保证其实施。

3. 适用的现实性

法律文书的材料是为了解决当下案件的具体问题而使用的，目的是为了正确适用法律，制裁犯罪，解决纠纷。其立足点仅涉及本案现时的法律活动，而不涉及过去或今后的人和事，因此具有很强的现实性和针对性。

法律文书的材料可分为以下几类。

（1）按照材料的来源分类，有来自诉讼参与人的材料，有来自其他人的材料，有来自司法机关主动搜集取证的材料等。

（2）按照材料的性质分类，有诉讼案件的材料和非诉讼法律事务的材料。

（3）按照材料形式分类，有口头材料、书面材料、视听材料和实物材料。

法律文书材料的运用过程可分为以下四个环节。

（1）要全面占有材料。其中包括认真阅读卷宗，全面掌握案情，并做好阅卷笔录；根据案情需要有目的地深入实际，调查取证，收集相关证据；从法律、法规中获取与之相关的材料。

（2）要科学地分析材料。其中包括对材料真伪的分辨，对材料来源的核实，对材料性质的确定，以及判断材料的客观性和主观性成分的大小。分析材料还要科学归类，严格把关，确保质量。

（3）要适当地选择材料。从法律文书的主旨出发，合理地选择材料，一要选择真实的材料，二要选择准确的材料，三要灵活地处理材料。

（三）法律文书的结构

法律文书的结构是指将收集的材料如何组织成文章，包括分几个写作层次，先写什么，后写什么，详写什么，如何开头，怎样结尾，是并列还是因果，等等。所有这些问题，都要根据主旨的要求，从全局着眼，统筹安排，合理组织。结构安排的优劣，直接影响文书质量的高低。

1. 基本结构格式

法律文书的形式主要有条款叙述式和表格填写式两大类。其结构一般由首部、正文和尾部三个部分组成。

首部包括文书制作机关名称、文种名称、编号；当事人身份事项；案由、案件来源等情况。

正文包括事实、理由和处理结论。

尾部包括交代有关事项；签署、日期、用印；附注事项。

2. 正文部分结构形式

法律文书正文的结构形式主要有以下几种。

（1）三段论式结构。即有关案件事实、根据理由和处理结论。案件事实是形成根据理由的基础和依据；根据理由是针对事实提出的，对照法律条款的具体规定，二者应保持高度一致；根据事实和适用的法律条款得出处理结论。

（2）纵向式结构。纵向式结构又分为直叙式和递进式两种。直叙式是指文书的内容按照从重到轻，从大到小，从主到次的一种纵深方向发展。例如，法律文书中主犯在前，从犯在后；主罪在前，次罪在后。直叙式的方法，使文书看上去脉络清晰，主次分明，轻重有别。递进式是指文书内容按照事理的层递关系或认识过程安排结构，多采用因果结构，由外到内，由浅入深，由易到难，摆情况，找原因，下结论，说理透彻，论辩性强，符合人们认识思维的过程。一些司法活动过程中的报告类文书多采用此种结构方式。

（3）横向式结构。横向式结构是指文书内容按并列关系展开，一是按照事物内部的组成元素展开；二是按照事物的空间分布展开。横向式一般有条款式和列举式两种。条款式也称"简单列举法结构"，其特点是内容单一、眉目清晰、简洁明了，一般用来规范人们的各种权利义务关系和具体行为；列举式结构是指文书正文有多个分论点，各自独立，互不关联，但它们又同时围绕总论点进行布局和论述，其特点是理由充分集中，说服力强。

（4）纵横结合式结构。纵横结合式结构是指文书在组织材料时既考虑时间发展顺序，又顾及事物的性质及事物间的内在联系。

总之，法律文书的结构安排一是要准确地反映诉讼案件或非诉讼法律事务的客观规律及其内在联系；二是在结构上要服从文书主旨的需要；三是要适合各文种的特点和要求。

（四）法律文书的表达方式

1. 叙述

叙述一般用于人物的经历、行为或事件的发生、发展、变化及结局过程的叙述。

法律文书中关于案情事实的叙述，最基本的方法是顺叙，按照案件发生发展的时间、逻辑，客观地将案情叙述出来。在立案报告和破案报告中，往往使用倒叙，即先从犯罪的结果写起，然后追述犯罪过程；对于较为复杂的案情，也可采用插叙或补叙；对于集团犯罪的案件，也可根据不同案情，或者以不同的角度（时间或地点）平叙（也称分叙），或者以不同罪犯平叙，或者以不同罪行平叙。总之，由于案情事实的特点、性质不同，文书主旨不同，从而形成了几种常用的法律文书叙述方式。

2. 说理（议论）

说理，就是讲道理，评说事件的是非曲直，也称作议论。说理是制作者根据事实材料，运用逻辑推理的方式来表明自己观点的一种表达方式。法律文书中的"理由"一栏，就是说理的过程，这是法律文书中的重要组成部分，是连接事实和结论不可或缺的一环。它主要有两方面的内容：一是认定事实的理由，证明司法机关认定的案情事实是确凿无疑的；二是适用法律的理由，证明对案件的处理是合情、合理、合法的。总之，说理要遵循"以事实为根据，以法律为准绳"的基本原则。

3. 说明

说明是对客观事物的性质、状态、特征、成因、关系、功用或发生发展的解释、介绍，使人们对事物有着明晰的、完整的了解和认识的一种表达方式。

说明的叙述方法在法律文书中的应用也非常广泛。一是部分文书以说明为主，如法院传票、送达回证、拘传票、执行通知书、现场勘查笔录、科学技术鉴定等文书，几乎全用说明。二是在叙述、说理之间，有些地方需要使用说明，如判决书中关于处理决定的说明等。

（五）法律文书的语言

语言是思想的外在表现，一切文字的材料都离不开语言，法律文书也是如此。由于法律文书是法律实施的依据和手段，它的实施直接涉及国家、集体及有关当事人的利益乃至个人的生命。因此法律文书的语言运用显得尤为重要。

语体，即语言的体式，是根据语言风格的区别划分的语言类别。正像人们在不同的社会领域进行交流时，根据不同的目的、内容、对象和环境而选择语言材料及表达手段，并形成特定的语言风格体系。

法律文书是以公文语体为主体的书面语体。公文语体以实用为目的，其语言运用有特殊标准。叶圣陶先生说得好："公文不一定要好文章，可是必须写得一清二楚，十分明确，句稳辞妥，通体通顺，让人家不折不扣地了解你说的是什么。"因此，明确性和简要性是公文语体的最基本要求。但法律文书因其自身特点的原因，除具有一般公文语体的共性外，还有其自身的特点。法律文书的语体特征概括如下。

（1）明确。即明白、准确，是指法律文书遣词造句要准确，语义要单一。显然任何语体都讲究用词准确，但法律文书写作中对字、词、句的要求更为严格。例如，"违法"与"犯罪"，"不起诉"与"免予起诉"，"无罪释放"与"免除刑罚"，每组词都是前者表示无罪，后者表示有罪，这涉及罪与非罪的界限的问题，含糊不得。又如，"抢劫"与"抢夺"，"盗窃"与"贪污"，"强奸"与"奸污"均构成不同的罪名和案由，写作时应认真对待。因此，具有法律属性的词语在公安应用写作中要做到"各司其职"、准确无误，因为词语的失之毫厘，带来的将是对当事人处理结果的差之千里。

（2）规范。即标准。法律语言的规范性主要体现在五个方面：一是法律文书的遣词造句、表情达意要遵循汉民族共同语——普通话的词语含义及语法规则；二是使用规范正确的法律术语；三是不使用方言、土语，不滥用外来词语；四是不生造词语，不使用已废用的古词语；五是不乱用异体字、繁体字及未经国家批准公布的简化字。

（3）简朴。即简要、质朴，一是指语言要简明扼要，在表意明确的前提下，不重复、不啰嗦，不写废话、空话、套话，做到惜墨如金。二是指语言要质朴平易，力戒华丽词藻，不用过分的修辞、描写抒情，不搞强外之音，不铺陈夸张，不故作高深。对案件中的一切事实、情节都恰如其分、实事求是的反映，不做人为的夸大或缩小，尤其是归纳概括表述时，不能改变案件的性质，必须完全符合法律要求，无懈可击。

（4）庄严。即庄重、严肃，是指法律文书的语体特色必须与法律的权威性和庄严性相一致。言必有据，不言过其实，不带个人感情色彩，不引用秽语、黑话、行话。法律文书常常涉及社会的阴暗面，如反映奸情案件的文书，语言应着力克服叙述可能给社会带来的负面影响，最好用概括叙述，尽量避免原始引用。

第二节　起诉状和上诉状

一、起诉状

（一）起诉状的概念

起诉状又称诉状，是在刑事、民事、行政案件的诉讼过程中，诉讼当事人为了维护自己的合法权益，依法向人民法院提出某种诉讼请求的文书。

（二）起诉状的特点

1. 目的性

起诉状是维护自身的合法权益，这是目的，它体现在诉讼请求里。因此诉讼请求必须具体，目的要明确，这样法院和被告才知道原告的要求是什么，要达到什么目的。

2. 充分性

法院审理的依据是事实，因此必须把事实叙述清楚，然后经过合理地推理，得出孰是孰非。充分性体现在两个方面，清楚的事实和充分的理由，前者是后者的基础，后者是前者的结果。

3. 程式性

最高人民法院《法院文书样式（试行）》对起诉状的内容要素、称谓、位置、结构和语体都有明确的要求。

（三）起诉状的种类

起诉状有三种类型：民事起诉状、行政起诉状和刑事自诉状。民事起诉状是民事案件的原告，为维护自己的民事权益，就有关民事权利和义务的争执或纠纷向人民法院起诉，要求依法处理的书状；行政起诉状是指公民、法人或其他组织，认为自己的合法权益受到行政机关及其工作人员的具体行政行为的侵犯，依法向人民法院提起诉讼，要求给与裁判的书状。刑事自诉状是指刑事案件的自诉人（被害人或其法定代理人），根据事实和法律向人民法院控诉被告人侵犯自身权益，要求追究被告人刑事责任的书状。

这里特别注意的是，在刑事案件中，按照性质来划分，起诉类文书有两种。一类是与公诉案件有关的称为起诉书，它的制作主体是人民检察院。根据我国法律，绝大多数刑事案件应由人民检察院代表国家向人民法院提起公诉。《中华人民共和国刑事诉讼法》（以下简称《刑事诉讼法》）第一百七十二条规定："人民检察院认为犯罪嫌疑人的犯罪事实已经查清，证据确实、充分，依法应当追究刑事责任的，应当作出起诉决定，按照审判管辖的规定，向人民法院提起公诉并将案件材料、证据移送人民法院。"另一类与自诉案件有关的称为刑事自诉状（书）。根据《刑事诉讼法》第一百七十条规定和有关司法解释，自诉案件的范围有三类：一是告诉才处理的案件；二是被害人有证据证明的轻微刑事案件；三是被害人有证据证明对被告人侵犯自己人身、财产权利的行为应当依法追究刑事责任，而公安机关或人民检察院不予追究被告人刑事责任的案件，以及被害人根据《刑事诉讼法》第一百四十五条的规定向人民法院直接起诉的其他案件。

本章主要讨论民事起诉状、行政起诉状及刑事自诉状的写法。

（四）起诉状的写法

起诉状由标题、当事人的基本情况、案由及请求事项、事实和理由、结尾和附项等内容构成，一般分为首部、主体和尾部三个部分。

1. 首部

（1）标题。第一行居中写明起诉状名称，如"民事起诉状"、"刑事自诉状"或"行政起诉状"。

（2）当事人基本情况。民事起诉状和行政起诉状中称当事人为原告、被告，刑事自诉状中称当事人为自诉人或被告人，应依次写明诉讼当事人身份的基本情况。当事人为公民，应写明姓名、性别、出生年月、民族、籍贯、职业或工作单位和职务、住址等内容；当事人如系未成年人，应写明其法定代理人的基本情况和与当事人的关系；如果当事人为法人或其他组织，应写明单位或组织的全称、地址和法定代表人的姓名、职务和电话；有委托代理人，还要写明代理人的基本情况。行政起诉状当事人中，被告必须是作出具体行政行为的行政机关或法律法规授权的组织。

同案原告为两人以上的，应当逐一写明；被告为两人以上的，应按责任大小的顺序写明。

2. 主体

（1）案由和诉讼请求。刑事自诉状的案由是被告人所犯罪名。诉讼请求一般是自诉人请求法院追究被告人的刑事责任。如果请求事项较多，应逐项用序码分列。

民事自诉状和行政自诉状的案由部分可省略。民事诉讼请求是民事权益争议的具体问题，如请求与被告离婚、请求解除合同或请求经济赔偿等。行政诉讼请求应针对被告具体行政行为提出撤销、部分撤销或变更，请求行政赔偿等。诉讼请求要求明确、具体、合法且合乎情理。

（2）事实和理由。事实和理由是起诉状的核心内容。事实是提起诉讼、实现诉讼请求的前提和根据，也是人民法院进行裁判的基础和依据。理由是对事实的概括与评说，可以依事论理，以事实为根据，击中要害；也可以依法论理，引用法律条款，佐证诉讼请求。写作时应注意事实与理由一致，先叙后议，因果论证，详略得当。不同性质的起诉状，写作时有不同的侧重点。

① 刑事自诉状。要写明被告人犯罪的具体事实，重点写明被告人实施犯罪的时间、地点、动机、手段、情节、危害和结果等，还要依据案件事实和有关法律规定，说明被告人犯罪行为的性质、危害，重申起诉理由。

② 民事起诉状。事实应写明当事人之间民事权益纠纷的由来和发生、发展的过程和结果，围绕诉讼请求反映案件全貌。理由要根据法律条文说明被告实施的侵权行为或者双方发生争议的权益的性质，造成的后果及应承担的民事责任。

③ 行政起诉状。事实部分应写明被告行政机关及其工作人员侵犯原告合法权益的事实经过、原因及其结果。理由应当提出对具体行政行为的不服之处，恰当引用法律条文，说明行政机关处理或处罚的错误所在，表明自己的行为不应受到此种处理、处罚或对待。

3. 尾部

（1）写明起诉状送达法院的名称，如"此致××人民法院"。
（2）起诉人签名或盖章，注明日期。
（3）附项注明诉状副本份数，所附证据的情况，代书人等。

✿ 范文

民事起诉状

原告人：杨××，男，出生于一九七五年八月九日，汉族，务农，住××县××镇王庄村五组。

原告人：张××，女，出生于一九七六年十月七日（系杨××之妻），汉族，务农，住××县××镇王庄村五组。

被告人：赵××，男，汉族，51岁，务农，住××县××镇王庄村五组。

被告人：周××，女，汉族，49岁（系赵××之妻），务农，住××县××镇王庄村五组。

被告人：赵××，男，汉族，23 岁（系赵××之子），务农，住××县××镇王庄村五组。

案由：人身损害赔偿。

诉讼请求：

1. 请求人民法院判决被告赔偿原告的医药、误工、营养等费用 9000 元。

2. 本案件受理费由被告承担。

事实和理由：

被告赵××家的田坎因下暴雨垮塌一丈多远，堆积在原告杨××的承包田里，垮塌的泥土占农田面积 0.9 平方丈。原告家人曾多次要求被告家人将垮塌的田坎泥土搬运出去，可被告却置之不理，并在垮塌的泥土上种上了农作物。

二〇一四年九月二十七日上午九时许，原告杨××将被告家垮塌在田里的泥土搬走，准备种小麦。被告以原告杨××搬土时挖了他家的庄稼为由，对原告杨××进行殴打，此时原告之妻张××闻讯前去劝解，也遭到了被告家人的无端殴打（以上伤情详见医院鉴定）。

原告受伤后在××镇卫生院治疗 20 天，共花去医疗费 7000 元。

本纠纷经××镇派出所于二〇一四年十月十五日立案解决，划分被告承担本纠纷 80% 的责任。付原告医药费 5600 元（误工费、营养费未算）。被告不服，也未给付。据此，根据《中华人民共和国民法通则》第 119 条之规定，请求人民法院判决被告三人赔偿原告二人的医药费、误工费、营养费，共计 9000 元。

此致

××县人民法院

具状人：杨××（手印）

张××（手印）

二〇一四年十二月二十九日

附：1. 本状副本一份。

2. 医院证明一份。

点评：该民事起诉状格式规范，叙述事实清楚，援引法律条文正确。被告赵××家的田坎因暴雨垮塌，垮塌泥土推挤在属于原告的田内，影响了原告种田，还想当然地认为垮塌的泥土属于自己的田地，这纯属无理取闹；并且无视原告移走垮塌泥土的要求，又打伤原告。在文中，原告对自己的经济损失的计算非常清楚，也能正确地援引法律条文。这些都是本起诉状的亮点。

行政起诉状

原告人：周××，男，出生于 1963 年 5 月 14 日，汉族，××县人，住××县×× 街 12 号

被告人：××林业局   地址：××县××街 1 号

法定代表人：朱××   职务：局长

案由：原告不服被告的（2013）×字第×号行政处罚决定，特提起诉讼。

诉讼请求：

1. 依法撤销被告（2013）×字第×号行政处罚决定。

2. 判决被告赔偿原告经济损失 2000 元。

事实与理由：

2013 年 3 月 8 日，原告驾驶×A65481 东风车一辆，运输木材 9.3 立方米。当原告行至××县时，被告工作人员拦截原告车辆，强行对原告作出罚款处罚。被告作出行政处罚的依据是××县人民代表大会通过的《木材运输管理规定》第 25 条的规定，即未持有木材及其成品半成品运输证明及自用木材运输证运输木材的，为非法运输木材，应当没收木材并处以罚款。而原告替张×和王×运输木材持有林业主管部门核发的运输证明，并交纳了育林基金、林政费等，因而不属于非法运输，并且原告运输的木材数量未超过林业主管部门在运输证上注明允许运输的数量（10 立方米），故被告认定的"证货不符"是与事实不相符的。

综上所述，根据《中华人民共和国行政诉讼法》第 54 条第二款的规定，原告认为被告据以作出行政处罚的事实认定不准确，引用法律错误，作出的行政处罚不当，请求人民法院依法判决撤销被告的（2013）×字第×号行政处罚决定，并判决被告赔偿原告经济损失 2000 元。

此致

××县人民法院

原告：周××（签字）

2013 年 5 月 17 日

点评：该行政起诉状格式正确规范，事实清楚，理由充分。原告运输木材持有林业主管部门核发的运输证明，并交纳了育林基金、林政费等，不属于非法运输；××县工作人员根据该县的有关规定认为原告是非法运输，这表明国家的政令政出多门，自相矛盾，这就占据了充分的法理，较容易达到行政起诉的目的。

刑事自诉状

原告：曹××，男，住××县××乡××村。

委托代理人：王××，××县律师事务所律师。

被告人：胡××，男，住××县××乡××村。

案由：故意伤害罪

事实与理由：我和胡××是邻居，以前我们因生活琐事发生过争吵，他一直怀恨在心。今年 7 月 3 日，被告人胡××外出归来，见我在地里犁田，就过来把我打了一顿，我伤势很重，住了很长时间的医院，花了很多钱，共计人民币 3000 元。

被告人胡××侵犯了我的权利。为了维护我的合法权益，特向法院起诉，请追究被告人胡××的刑事责任，并判处赔偿我的经济损失 3000 元。

此致

××区人民法院

原告：曹××（签字）

××××年××月××日

点评：这份刑事自诉状存在以下问题：

（1）刑事自诉状的诉讼人应写作"自诉人"。自诉人和被告人的介绍应该更详细一些，如年龄、民族、职业、籍贯等，以便法官掌握更多的信息判案。

（2）没有诉讼请求。诉状须在事实与理由前先把请求的事项写明，如果请求过多，可逐一写出。

（3）事实与理由部分矛盾产生的过程太简单，也不具体。应把事件发生的时间、地点、主要过程及结果具体写出来。例如，本诉状诉的是打架，怎么打，打了哪里，伤得怎样，什么时间治疗，如何治疗，花了多少钱，花在哪些方面，有什么证据都要写清楚，只有这样，法官在判案时才能依据事实，分清责任及责任大小，准确进行判决。理由一部分应把适用的法律条款具体写出来，法律条款是判决的理论依据和准绳，因而应具体写明。

二、上诉状

（一）上诉状的概念

上诉是指当事人对人民法院一审判决不服，通过原审法院或者直接向上一级人民法院提起申诉的法律行为。《刑事诉讼法》第十条规定："人民法院审判案件，实行两审终审制。"这种两审终审制既适合刑事案件，也适合民事案件和行政案件。

（二）上诉状的特点

上诉状针对的不是对方当事人（反诉除外）提要求，而是一审中错误的判决和裁定，围绕它进行反驳，要摆事实讲道理，因此，上诉状的文字具有很强的说理性。其目的在于有效引起第二审审判或裁定，改变第一审判决或裁定，从而维护上诉人的合法权益，因此，上诉状有很强的目的性。上诉状还具有很强的程式性。另外，《中华人民共和国民事诉讼法》第一百五十九条对上诉案件审理期限的法律规定，对判决的二审案件的审限是三个月，对裁定的二审案件的审限是一个月，因此，上诉状也具有时效性。

（三）上诉状的种类

上诉状根据其性质分为刑事上诉状、民事上诉状和行政上诉状。刑事上诉状是刑事诉讼当事人或者其法定代理人对人民法院第一审案件判决或裁定不服，在法定上诉期限内依照法定程序，向上一级人民法院请求撤销或变更原审裁决或重新审理而提出的诉讼书状。民事上诉状是民事诉讼当事人不服人民法院一审判决或裁定，依法定程序和期限，向上级人民法院提出上诉，请求撤销、变更原审判决或裁定，或者重新审理的书状。行政上诉状是行政诉讼当事人不服一审法院对行政案件作出的裁定或判决，在法定期限内依法向上一级法院提出上诉，要求撤销、变更原裁判的一种法律文书。

（四）上诉状的写法

上诉状由标题、首部、主体和尾部组成。

1. 标题

第一行居中写明"刑事上诉状"、"民事上诉状"或"行政上诉状"。

2. 首部

首部主要写明当事人的基本情况。刑事公诉案件只写明上诉人（原审被告人）的基本情况，不写被上诉人。刑事自诉案件则分别写明上诉人和被上诉人，以及在原审诉讼中的称谓（用括号注明），再写姓名、性别、出生年月、民族、籍贯、职业或工作单位、职务、住址等基本情况。

民事上诉状和行政上诉状仍按上诉人、被上诉人、第三人依次写明其基本情况。如果上诉人系被告辩护人或代理人，也应写明个人情况，再另起一行写明原审原告或被告情况。被上诉人不止一人的，按原裁定书上列写的顺序依次排列。

3. 主体

主体部分由过渡语、上诉请求和上诉理由构成。

（1）过渡语是一句程式化的句子，其固定的用语是："上诉人因……一案，不服××法院××××年××月××日×字第×号刑事判决或裁定，现提出上诉"。

（2）上诉请求。上诉请求是上诉人请求上一级人民法院解决的具体问题，即上诉人所要达到的目的和愿望。应根据原审判的不当之处，有针对性地提出撤销或部分撤销、变更原判的请求。民事案件略微复杂，要求写明如何解决本案民事权益争议的具体要求。提出的上诉请求要明确、具体，不能含糊其辞。

（3）上诉理由。这是上诉中最为重要的部分，上诉的理由是论证上诉人上诉请求的，上诉理由能否成立，关系到上诉请求有无根据和根据是否充分，必须写清楚，写明确。一般从认定事实错误、适用法律不当、违反法定诉讼程序等方面逐项论证。以刑事上诉状的上诉理由的写作为例，应从以下几方面入手。

① 认定事实方面。原审认定事实不清或遗漏重要事实，或者证据不足，上诉理由可以有针对性地陈述客观事实，补充新的重要事实，或者举出确实、充分的证据，驳倒原判所认定的事实，改变结果。

② 确定性质方面。在案件定性和处罚尺度方面有问题，造成量刑不当，据此为由提出上诉，应先根据本案客观事实和有关刑法条文，说明本案应如何定性，再指出原判是怎样定性的，论证其错误和原因。

③ 适用法律方面。原审违反法律条文或引用法律条文不准确，或者误解法律规定、立法精神，以致量刑不当、罪罚不符。上诉人要依法论理，提出适用法律及其理由和自己相关的意见。

④ 审判程序方面。审理活动违反法定程序和有关制度，上诉人要指出其违反的具体程序环节，并分析其对定罪量刑的影响，提出纠正的法律依据。

上诉理由的写法，类似于反驳文章，一般是先摆出反驳的论点，然后进行反驳。反驳要针锋相对，有的放矢，并在反驳过程中阐明和确立自己的观点，以达到上诉请求的目的。这一部分可以采用分条列项法或综合法行文。

4. 尾部

（1）写明送达人民法院的名称。

（2）上诉人签名或盖章、具状日期。

（3）注明附交本状份数和有关证据情况说明。

📖 **范文**

刑事上诉状

上诉人：马××，男，30岁，汉族，××省××县人，××会计，住××市××街××号。

上诉人因盗窃一案，不服××市××区人民法院19××年×月×日（81）刑普判字第××号刑事判决，现提出上诉。

上诉请求：查清事实，依法从轻判处。

上诉理由：上诉人于19××年×月×日盗窃了林××自行车一辆，卖给张××，得人民币100元。在被公安机关发觉后，上诉人立即坦白交代，并主动将赃物退还。在审讯中，××法院审判员张××再三追逼，说上诉人是个惯犯，决不止盗窃一辆自行车，一定还有很多，如不交代就要从严判处；如果彻底交代，保证从宽处理，不判刑或者只判很轻的刑。为了争取"坦白从宽"，上诉人就捏造事实，说从19××年元月到19××年7月一共盗窃了11辆自行车。谁知这一"交代"，不但得不到宽大处理，反而以此为依据（判决书上说上诉人供认不讳，罪行严重）判处有期徒刑10年。因上诉人所坦白的那11辆自行车全是假的，根本没有此事；只有盗窃林××的那一辆自行车是真的。根据党的政策，上诉人是符合"坦白从宽"规定和政策精神的，因此上诉人不服原判，特提出上诉，请求撤销原判重新审理，依法改判给上诉人以宽大处理。

此致
××市中级人民法院

　　　　　　　　　　　　具状人：马××
　　　　　　　　　　　　代理人：律师王××
　　　　　　　　　　　　19××年××月××日

附：1. 上诉状副本2份。
　　2. 张审判员审问我的情况，有记录在卷，请查对。

点评：这篇上诉状格式正确，事实清楚，理由充分。特别是对事情的来龙去脉叙述得非常清楚，如张××的无端猜疑，无中生有，捕风捉影，以及上诉人的急于脱罪、涉世未深和想当然的心理都跃然纸上，很容易使人产生同情之心。

行政上诉状

上诉人（原审被告）：××市××区工商行政管理局，地址：××市××区××路×号

法定代表人：骆××　　职务：局长

被上诉人（原审原告）：××汽车模型厂，地址：××市××区××路×号

法定代表人：蔡××　　职务：厂长

上诉人因××汽车模型厂商标侵权损害赔偿一案，不服××市××区人民法院2011

年 6 月 9 日（2011）×行字第×号行政判决，现提出上诉。

上诉请求：

1. 撤销××市××区人民法院（2011）×行字第×号行政判决。

2. 驳回原审原告的上诉请求。

事实与理由：

2011 年 1 月，上诉人接到××市××汽车模型制造有限责任公司的举报，称原审原告××市汽车模型厂在其生产的电动车模型上使用了与××汽车模型公司的注册商标极其近似的商标，导致××汽车模型公司的销售额下降，经济损失 10 万余元。

上诉人接到举报后，经过仔细调查，发现原审原告××市汽车模型厂确实使用了与××汽车模型公司的注册商标图形、颜色完全相同的商标，构成了对××汽车模型公司商标专用权的侵犯。由于原审原告的侵权行为，使××汽车模型公司遭受了 10 万元的经济损失。根据上述事实，上诉人于 2011 年 2 月 7 日依照《中华人民共和国商标法》作出决定，责令原审原告立即停止商标侵权行为，并赔偿××汽车模型公司人民币 10 万元。原审原告即向××市××区人民法院提起了行政诉讼，要求撤销上诉人作出的决定。××区人民法院作出了（2011）×行字第×号行政判决，认定上诉人决定的赔偿数额过高，判决将上诉人的决定变更为由原审原告赔偿××汽车模型公司人民币 5 万元。上诉人认为一审判决是错误的，理由如下。

上诉人依照《中华人民共和国商标法》作出的责令原审原告赔偿××汽车模型公司 10 万元人民币的决定并非是对原审原告的行政处罚，而是决定其承担对××汽车模型公司的民事赔偿责任。根据《中华人民共和国行政诉讼法》第 5 条的规定，人民法院审理行政案件，是对具体行政行为是否合法进行审查，而无权代替行政机关作出决定。同时，根据《中华人民共和国行政诉讼法》第 54 条第 4 款的规定，只有行政处罚显失公正的，人民法院才可以判决变更，而上诉人的决定并非行政处罚。

综上所述，一审人民法院判决超越了职权，违背了《中华人民共和国行政诉讼法》的规定，应予以撤销。

此致

××中级人民法院

上诉人：××市××区工商行政管理局
2011 年 6 月 15 日

附：本上诉状副本一份。

点评：这份行政上诉状格式正确，叙述事实清楚。关键是上诉人援引的法律条文非常清楚，有理有据，指出这 10 万元并非是对原审原告的行政处罚，而是原审原告对上诉人的民事赔偿，并且指出根据《中华人民共和国行政诉讼法》的规定，人民法院审理行政案件，是对具体行政行为是否合法进行审查，而无权代替行政机关作出决定，而一审法院恰恰就违背了此项规定，这才是问题的关键。

上 诉 状

上诉人（原审被告）：宋××

被上诉人（原审原告）：王××

上诉人因离婚一案，认为一审法院判得不公平，现提起上诉。上诉理由如下。

一审判决同意离婚，上诉人认为原判认定的事实与理由是不正确的。我与被上诉人的婚姻，虽系父母包办，但订婚后，我们不断约见，进行交流和了解，彼此印象不错。结婚也是被上诉人自愿的，没有异议，这有亲友可证。我们结婚已有几年，生下了自己的孩子，在生活中并无大的分歧。根据这些事实，是不能认定我们没有感情基础的。只是由于近一两年来被上诉人在经济上和生活上对家庭照顾不够，始有争吵。但争吵的内容毕竟只限于"家庭琐事"，原审判决也是如此认定的。因琐事争吵而判决离婚，于法无据。至于我去对方单位反映情况，方式上欠妥，但目的是为了解决问题，为了和好，原审据此为判离理由，未免武断。至于上诉人认为被上诉人另有别恋，也不是原判中所说的"毫无根据"。早在两年前，上诉人发现被上诉人与邻居郝××关系暧昧，后经多方了解，并有周围同志及邻居证实，他们的关系确已超出正常的范围。经过上诉人的劝解，被上诉人对此有所收敛，但还是背着我与郝××发展不正常的关系。去单位反映，既是为了家庭，也是为了被上诉人不致越陷越深，铸成大错。原审不查究竟，得出了错误的判断。

据上所述，只要上诉人出于至诚，放弃错误思想，改善夫妻关系，我们俩完全可以恢复和好，破镜重圆。我也有缺点，愿今后改正。为了家庭幸福，请求撤销原判，改判不准离婚。

此致

××人民法院转××市中级人民法院

上诉人：宋××（盖章）
二〇××年××月××日

点评：这则上诉状的事实分析还是很充分的，但也存在以下一些问题。

（1）标题一般要写明上诉状的类型。这是一则民事上诉，要在标题位置的正中写上"民事上诉状"几个字。

（2）上诉人信息的介绍不具体，除了名字，还要介绍性别、年龄、职业、籍贯等，越详细越好。

（3）上诉状由首部转入正文一般有一句程式化的语言："××因××一案，不服××人民法院×××年×月×字第×号的民（或刑）事判决（或裁定），现提出上诉，上诉的事实和理由如下："例文虽然也表达了这一层意思，但不是规范化的表述。

（4）文中写明了一审判决的结果，但是判决的事实依据没有写，就使得下面的批驳虽然有条理，但没有针对性，理解起来比较费力。如果在前面简要地把一审判决的事实依据一一写出来，再逐项批驳，条理就很清晰了。

训练设计

1. 分析题。

（1）下面这个起诉状的"事实"部分只有简短的三句话，写的是否合乎要求，应从哪些方面给予补充修改？

"我厂将 5000 双皮鞋发运给被告。被告拒付货款。我厂特向法院提起诉讼。"

（2）在一则索付货款起诉状中原告要求被告付清所欠货款。该起诉状的大部分内容都是叙述索要货款的经过，而被告欠款的事实及可信的证据却很少。请问这则起诉状的问题在哪里？应该如何写这部分理由。

2. 根据下面的材料，为××运输公司写一份起诉状。

案由：2008 年 5 月份，某粮贸公司到东北某县收购了 20 万公斤大豆，收好后于 6 月 1 日委托该县交通汽车运输公司承运。该公司分期运送，于 6 月 27 日将 20 万公斤大豆全部运达。粮贸公司在收货时，仅对前 4 车进行了抽样验收，后 8 车均未验收，便批发给几个个体户。

6 月 30 日，个体户邢某来公司反映，他批去的 3 万斤大豆，有 1 万斤发霉，要求退货。同日，另两位个体户也反映大豆发霉。经查验，有 5 万斤霉豆。粮贸公司即找来采购人询问，采购人员说收购时是好大豆，交给汽车公司托运时均已验收，并出具了汽车公司的检验单。显然，这批大豆是在运输期间遭雨淋或放在潮湿地方变的质。粮贸公司向汽车公司索赔，对方答曰：粮贸公司现场已收货，现在的霉豆不是运输的责任，不愿赔偿。粮贸公司于是扣下了 5 万元运费。

运输公司几次登门索要货款无果，即向法院起诉。

参考：法院经审理认为，粮贸公司当场不验货即收下承运货物，表明货物没有问题，因此，不能确定大豆变质是运输中所致，其责任不应由运输公司承担，粮贸公司扣运输公司运费没有依据，判令其付给（偿还）运费。

第三节　答辩状和申诉状

一、答辩状

（一）答辩状的概念

答辩状是诉讼活动中的被告人或被上诉人，在收到人民法院送达的起诉状副本或上诉状副本后，针对被提起诉讼的事实和理由进行答复或辩解的书状。

答辩状要在法定期限内提出，民事诉讼法规定对起诉状或上诉状的答辩都应在收到副本之日起 15 日内提出，行政诉讼法要求被告人在 10 日内提出具体行政行为的有关材料。

（二）答辩状的特点

答辩状主要是答复诉状中的诉讼请求和理由，一般以反驳为主，仍以尊重事实为原则，如实反映争执事实的真实面貌和本质，并进行合理的推理，因此答辩状具有很强的论辩性和针对性。

（三）答辩状的种类

答辩状分为民事答辩状、刑事答辩状、行政答辩状三类。民事答辩状是民事被告、被上诉人针对原告或被上诉人的起诉或上诉，阐述自己认定的事实和理由，予以答复和辩驳的一种书状。刑事答辩状是刑事自诉案件被告人针对自诉人控诉向法院以书面形式提交的辩解材料。行政答辩状是被告或被上诉人针对原告或上诉人在起诉状或上诉状中提出的起诉或上诉请求事项、事实和理由向人民法院作出的书面答复。

（四）答辩状的写法

答辩状的结构一般由标题、首部、主体和尾部四部分构成。

1. 标题

标题应包括案件性质，如"刑事答辩状""民事答辩状""行政答辩状"，不能只写"答辩状"三个字。

2. 首部

首部要写明答辩人的基本情况，答辩人是指起诉状中指定的被告或上诉状中指定的被上诉人。

答辩状的写法和起诉状、上诉状基本一致。注意此处不用写明对方当事人的基本情况。

3. 主体

（1）答辩案由。写明对何人起诉或上诉何案提出答辩，即简要说明答辩由来以引起下文。通常使用习惯用语，如"关于×××诉我××一案，现提出答辩如下"、"现将×××（姓名）为……（事）一案告我一事，答辩如下"、"因为×××一案，提出答辩如下"。

（2）答辩理由和意见。答辩理由和意见是答辩最重要的部分，也是关键性的内容。答辩理由主要针对起诉和上诉请求而答。抓住诉讼对方错误之处，如叙述事实有遗漏、事实理由虚假、对法律条文理解错误等方面作为反驳论点，列举客观事实证据作为反驳论据，全面分析批驳对方请求的谬误，正确引用法律条文并运用逻辑推理进行论证。要注意瞄准关键问题，切中要害，与纠纷无关的问题不要涉及；对上诉的答辩是针对一审裁判的，应着眼于支持原判，反驳上诉的无理要求。

答辩意见就是申明自己的意见和主张，有时还要写出反诉请求。即在阐明理由后，提出答辩主张和意见，请求法院裁判时予以考虑。

4. 尾部

（1）写明答辩状送达人民法院的名称。

（2）答辩人签名盖章及答辩状递交时间。

（3）注明答辩状副本份数，以及人证、物证、书证等（如果没有新证据可以不写）。

范文

民事答辩状

答辩人：孙××，女，32岁，汉族，石家庄市人，石家庄××中学教师，现住石家庄市××区××大街×号。联系电话：××××××××

委托代理人：吴××，石家庄市××律师事务所律师

因屠××诉孙××遗产继承纠纷一案，现提出答辩如下。

一、原告所述事实不实。原告称我虐待婆婆，未尽赡养义务，事实上我嫁入屠家时，原告已远嫁三门峡，原告只是偶尔回家探望父母，从未在家常住。结婚后我丈夫外出经商，婆婆年老体弱，家中主要靠我料理。2004年丈夫因车祸去世后，家中只有我和婆婆，两人相依为命，主要家务都是我来做，相处一直很好。后也因考虑照顾婆婆，我才一直未再嫁。我和婆婆相处和睦，对其照顾周到，从未发生过争执，邻里皆知，街道居委会也多次表扬了我们家。

二、我有合法的遗产继承权。婆婆去世后，因遗产继承争议，我找居委会调解过多次，原告均认为我无理取闹，并不许我再回屠家，称全部遗产应由她一人继承，最后还将我告上法庭。我认为我对婆婆尽了主要赡养义务，根据《中华人民共和国继承法》第12条"丧偶儿媳对公、婆，丧偶女婿对岳父、岳母，尽了主要赡养义务的，作为第一顺序继承人"，所以我与原告同属第一顺序继承人，我有权继承全部遗产的一半份额，即房屋两间（合31平方米），存款6万元人民币。

请人民法院依法对我的继承权加以确认和保护，驳回原告的无理请求。

此致

××市××人民法院

答辩人：孙××

二〇一三年××月××日

点评：本答辩状格式正确完备、事实清楚、理由充分，指出原告（答辩人的小姑）很早即已远嫁他乡，虽为婆婆的女儿，但从未尽赡养和料理家庭的义务，单凭是婆婆的女儿就想完全剥夺尽了赡养和照顾义务的儿媳的继承权，对照有关法律，显然是站不住脚的。

行政答辩状

答辩人：××省××市建设委员会   住所地：××省××市××街××号

法定代表人：常××   职务：主任

答辩人因周××不服市建委作出的（××字）第××号处罚裁决一案，现答辩如下。

××××年××月，周××向××市××镇城建办公室申请原宅基地危房翻建，同时提出要把生活间建在正房东面。而周××所造房屋在市人民路主干道40米范围内，必须统一规划。但城建办的个别工作人员，明知其生活间定向不妥，却碍于周××是本单位的技术人员，在向市建委报批房屋设计图时，除在正房南面设计了生活间外，仍同意了周××的要求。××××年×月×日，市建委批准了周××的危房翻建申请，允许其在原宅基地上北移1.5米后建造宽7.5米、长6.6米、高6.2米的二层楼房，在住宅南院内建造宽3米、长2.7米、高2.8米的生活间一间。并同时在图样上擦掉了正房东面的生活间图样。××年元旦，周××自行放线开工。在建房时，周××并没有按照批件的规定建房，而是擅自把生活间的位置移到了正房东面，并增设了二层楼梯间。与正房相比，生活间与楼梯间又向北移了1.6米，直接影响北部住户的通风采光，群众反映强烈。镇城建办领导考虑周××是其内部职工，希望调解解决。先后几次召集周××与其邻居参加座谈会，达成了先行部分纠正违章建筑的协议。但周××没有按照协议执行，反而继续修建二层楼房，导致群众意见更大。在这种情况下，镇领导和镇城建办负责同志几次亲临现场，敦促周××拆除违章建筑，但均无效果。为此，镇城建办于××××年×月×日发出书面通知，责令周××在5日内纠正所有违章建筑。在周××拒不纠正的情况下，××××年×月×日，镇城建办向市建委提交了要求裁决的报告。市建委经过实地调查核实，认为周××的行为违反了《城市规划条例》第45条的规定，依照该条例第50条的规定，作出（××）字（××）号处罚裁决，责令周××在裁决送达之日起15内自行拆除违章生活间及正房外增设的二层楼梯间。周××以"建房是经镇城建部门批准，按照城建规定施工的，市建委认定的所建房屋为违法建筑，严重违背事实真相"为由，不服市建委的处罚裁决，向人民法院提起诉讼，答辩人认为周××的理由是不符合实际情况、站不住脚的。答辩人对周××所作的处罚裁决证据充分，适用法律正确，并无不当。请依法裁判。

此致
××市人民法院

答辩人：××市城市建设委员会
××××年××月××日

点评：该行政答辩状格式规范，事实叙述清楚，理由充分。从整个事实来看，答辩人指出周××的施工方案违规，并责成整改，但周××倚仗自己是镇城建办的内部人员，公然无视住建委的整改方案，一意孤行，以"建房是经镇城建部门批准"为由，拒不整改，显然是强词夺理。

民事答辩状

答辩人：济南市××区××村民委员会，住所地该村。
法定代表人：吴××，主任。
赵××上诉答辩人土地承包经营权转包纠纷一案，答辩人提出下面的答辩意见。

一、一审法院判决确定的事实正确，依照法律要求维护原来的判决。

（一）被答辩人诉说"2012年麦收后，原告因故不能经营园林承包地，2012年7月10日，原告交纳了2012年度的租地款及其他费用，2016年以后未再交纳费用。2016年秋后，原告请求收回园林承包地……"以上被答辩人自认的事实均证实。从2012年7月至2016年四年的时间里，被答辩人离家在外，从来没有经营过他承包的园林地。虽然《中华人民共和国土地承包法》第二十条有规定："耕地的承包期为30年。"但根据《中华人民共和国土地管理法》第三十七条第三款："承包经营耕地的单位或者个人连续两年弃耕抛荒的，原发包单位应当终止承包合同收回发包的耕地"的规定，答辩人有权收回自己发包的土地。

（二）被答辩人没有什么正当理由对他承包的园林承包地放弃种植，所以要求答辩人赔偿被答辩人的损失并没有任何依据，也是毫无道理的。

二、一审法院运用法律正确，程序也合法，他们的判决依照法律应该维持。

所以，原审判决事实清楚、运用法律正确，程序比较公正、合理。请求二审法院查明事实，依法驳回被答辩人的上诉请求，维护答辩人的合法权益。

此致
××市中级人民法院

答辩人：××市××区××村民委员会
××××年××月××日

点评：这则民事答辩状存在以下问题：

（1）内容不完整。上诉人请求的事项不太明确，答辩就缺乏针对性。例如，"麦收时"，应改为具体的准确的时间。

（2）答辩事实不够充分。批驳被答辩人要求答辩人赔偿损失部分的事实材料和论证太少；答辩"（二）"的论证内容也不够充分。

（3）语言不规范。法律文书要求语言庄重，使用规范用语，该文中"提出下面的答辩意见"应为"现答辩如下"，"确定的事实"应为"认定的事实"，"依照法律要求维护原来的判决"应为"依法维持原判"等。

二、申诉状

（一）申诉状的概念

申诉状是诉讼当事人及其代理人、被害人及其家属或其他公民，认为已经发生法律效力的判决、裁定有错误，向人民法院或人民检察院或有关单位提出申请，要求复查纠正的书状。

（二）申诉状的特点

申诉状用于已经发生法律效力的判决、裁定不服而申诉；申诉没有时间限制；申诉状可向原审判的法院或原审的上级人民法院、人民检察院提出。

（三）申诉状的种类

申诉状按案件性质分为民事再审申请书、刑事申诉状和行政申诉状。民事再审申请书是民事案件的当事人对地方各级人民法院作出的生效民事判决、裁定或调解不服，按照法定的程序和期限，可以向上一级人民法院或者向原审法院提起再审申请时使用的文书。刑事申诉状是指刑事案件的当事人及其法定代理人、近亲属，对已经发生法律效力的判决、裁定，认为有错误而向人民法院提出申诉时制作并使用的文书。行政申诉状是指行政诉讼当事人和法律规定的其他人，对人民法院已经发生法律效力的裁定或判决，认为有错误而向人民法院要求复查纠正的一种法律文书。行政申诉状不受时间限制，接受申诉状的机关是原审法院或上一级人民法院。

（四）申诉状的写法

申诉状由标题、首部、主体和尾部组成。

1. 标题

标题居中写明"民事再审申请书""刑事申诉状"或"行政申诉状"。

2. 首部

首部介绍申诉人的基本情况。写明申诉人的姓名、性别、年龄、民族、籍贯、职业、工作单位或住址。刑事案件中的申诉人如果在押，还要写明现押处所。如果是被告人的辩护人、亲属或者其他公民申诉的，应写清申诉人的姓名、职业及同被告人的关系。如果是民事案件中的当事人申诉的，注意还要把当事人的个人基本情况写清楚。

3. 主体

主体一般包括以下三项基本内容。

（1）案由和不服原判决或裁定的情况。要写清申诉人是何人，因何案不服从何地人民法院的何字判决或裁定。

习惯用语是："申诉人×××因……一案，不服××人民法院的（20××）×字×号刑（民）事判决或裁定，现提出申诉，申诉的请求和理由如下"。

（2）请求事项。这是申诉的目的与要求，申诉人应简明概括地把请求人民法院解决的问题、自己所要达到的目的明白地表示出来，不论是刑事或是民事案件，应明确提出要求撤销、变更原判决或者要求重新调查审理，以纠正原裁判的不当之处。例如，"根据上述理由（据此），特向你院提出申诉，请求重新复查审理此案，撤销原裁判（裁定），依法作出公正的判决（裁定）"。

（3）事实与理由。申诉的事实与理由是申诉状的主要内容，应抓住原审裁判存在的主要问题，依据事实和法律进行充分而具体的分析。申诉状所列事实必须是案件审理前已发生的事实，不能把审理以后发生的事实作为申诉的理由。一般先概述案情事实，原处理经过和处理结果；然后针对原审原处理不当之处，重点阐述，具体说明；最后，自然引出申诉要求或申请再审的请求。叙述事实和理由通常从认定事实是否清楚、情节是否有出入、论证是否确实充分、适用法律是否恰当、定性是否准确、审理程序是否合法、量刑是否适当等方面入手，分项论述，有理有据，不能无理申诉。

4. 尾部

（1）写明送达人民法院的名称。

（2）申诉人签字、盖章及具状日期。

（五）申诉状和上诉状的区别

1. 使用范围不同

申诉的范围不仅包括已经发生法律效力的一审判决或裁定，也包括二审的终审判决或裁定，也包括正在执行或者已经执行完毕的判决或裁定。上诉只限于尚未发生法律效力的一审判决或裁定。

2. 时限不同

申诉无时间限定，只要判决或裁定已经发生法律效力，无论什么时间都可以提起申诉。上诉有时间限定，一般不服判决的，要在判决书送达之日起 15 日内提起上诉；不服裁定的，要在裁定书送达之日起 10 日内向上一级人民法院提起上诉。

3. 条件不同

申诉的提出和受理与否是有条件的。原审确有错误才可提起申诉，经法院审查确实有理由的才予受理，无理由则不受理。而上诉的提出和能否受理是无条件的，只要上诉人对原审法院的判决或裁定不服，在上诉期限内提交上诉状，不论理由正确与否，法院都必须受理。

📖 范文

民事再审申请书

申诉人：罗××，女，48 岁，汉族，四川省安岳县人，××县建材厂合同工，住××县临江路 30 号。

申诉人罗××因房屋产权一案，不服××省××县人民法院（91）民上字第 78 号民事判决，现依法申诉如下。

一、我和徐××婚姻关系存续期间所住的房子，房款是我独自筹措，也是我独自承担偿还的，有债权人张××和王××证明。

二、买房子时，我的丈夫，对方当事人的父亲徐有福公开表态，不与我共买此房。我坚持要买，故请尚××代写了不愿共买房的声明。声明内容请见代写人尚××的书面证明。

三、一审法院只是简单地认定了事实，援引法律条文。对我提出的证人证据则不加调查，不做分析。这样主观武断地认定案件事实，作出的判决怎能使人信服呢？

四、夫妻关系存续期间所得财产，应理解为包括双方的劳动所得。如属这样的性质，其产权应归夫妻所共有。我买的房子虽在夫妻关系存续期间，但买房用款完全是由我个人借债来支付的。还债则是在我丈夫死后，靠我个人的劳动所得偿还的。一审法院引用我国《婚姻法》第十三条，只讲"夫妻在婚姻关系存续期间所得财产，归夫妻共同所有"，不提该条最后一句"双方另有约定的除外"，是不适当的。

以上理由陈述，敬请××地区中级人民法院按审判监督程序调卷审理，依法判处，以维护法制，保护公民合法财产。

此致

××地区中级人民法院

申诉人：罗××

××××年××月××日

附：

1. 证明材料4份；
2. 房产证复印件1份；
3. 一审判决书、副本各1份。

点评：该民事再审申请书格式正确完备，事实清楚，理由充分。申请书中所述房产完全是申诉人独自借钱偿还的，并有债权人的证明；又有对方当事人"不与申诉人共买房"的声明，这属于双方另有约定，但原审法院却视而不见；还有买房时系夫妻关系存续期，但还房款时，申诉人丈夫已去世，所有房款均由申诉人一人偿还。这些足以证明原审法院的判决是简单武断的。

<h3 align="center">刑事申诉状</h3>

申诉人：赵××（受害人赵××之兄），男，三十一岁，汉族，××建设局第三施工队工人，住××区同胜胡同甲1号。

对方当事人：彭××，男，××岁，汉族，在押。

我因"伤害致死人命"一案，不服××市高级人民法院（12）高刑终字第××号刑事判决，现提出申诉，理由如下。

我是受害人赵××的哥哥，我于2012年4月8日下午收到××市高级人民法院（12）高刑终字第××号刑事判决书。我认为判决书对杀人犯彭××在定罪和量刑上均失公正，叙述与事实有出入，我们无法接受。

一、判决彭××为伤害致死罪是不恰当的，我认为彭××应定故意杀人罪。因为赵××并未对彭或其他人造成任何人身威胁，彭××没有必要用三棱刮刀来主持"正义"。他如果真正出于"正义"，不是出于故意杀人的动机和目的，在赵××赤手空拳的情况下，完全可以采取劝助和以理服人的方法，为什么要选择最要害的部位——心脏，并一刀刺死赵××呢？

二、判决书叙述与事实有出入。判决书说修建队党支部书记杨××要去医院看病，对赵××进行拦截和挑衅。这与事实不符。事实是：我母亲多次去找××镇修建队要求解决工作问题，均遭到修建队队长袁××毒打。为此，我母亲曾找到××区委和××法院，但都未作处理，仍叫我母亲找修建队书记。六月十九日我母亲找到杨××后，又遭到杨××的打骂。然后杨××要坐卡车上医院，我母亲拦住车不让走，因他打了我母亲，问题还没解决。可是他们强行将我母亲拉开，把车开走了。我母亲也走路去医院了。在这个过程之中，我弟弟赵××根本就不在场，怎么会拦截和挑衅呢？到了中午十二点，赵××找我母亲回家吃饭，彭××从仓库拿出三棱刮刀，一刀刺在赵××的心脏，然后穿过马路逃跑了。我弟弟只身一人，而彭××他们人多势众，我弟弟没带凶器，彭××却带有凶器，我弟弟怎么会跟他们"挑衅"？彭××刺死我弟弟并逃跑，为什么判决书对此只字不提？

三、高级法院终审判决书以《刑法》第一百三十四条第二款之规定，认定彭××犯过失致人死亡罪，判处彭××有期徒刑七年，实属定性不当，适用法律错误，判刑太轻。本案被告人犯的是故意杀人罪，应按《刑法》第一百三十二条治罪。

为此，我们全家请求法院对此案重新复查审理，依法对杀人犯彭××从严惩处，替我弟弟刘××伸冤，以维护国家法律的尊严，保障公民的人身安全。

此致
××市高级人民法院

申诉人：赵××

××××年××月××日

点评：该刑事申诉状格式正确，叙述事实清楚，理由充分，要言不烦。例如，彭××如果是出于正义，无故意杀人之动机，完全没有必要用三棱刀刺中赵××心脏，一刀致命；申诉人母亲找修建队理论，受害人赵××就没在场，而是赵××去医院叫母亲回家吃饭，彭××突然刀刺受害人；正确援引了法律条文。这几个关键点足以得出原审法院适用法律错误、重罪轻判的结论。

<h2 align="center">行政申诉状</h2>

申诉人：××公安局　　　　　住所地：××市西里街20号

法定代表人：杜××　　　　　职务：局长

案由：申诉人因行政拘留一案不服××市中级人民法院××年×月×日×行字第×号行政判决，现提出申诉。

请求事项：

1. 撤销××市××区人民法院××年×月×日×行字第×号行政判决和××市中级人民法院××年×月×日×行字第×号×行政判决。

2. 维持申诉人对阚××治安管理处罚裁决。

事实与理由：

被处罚人阚××与朱×同住一层楼，共用一条大走廊。走廊内放的自行车胎被扎跑气的现象时有发生。××年×月×日早晨，阚××在走廊给自行车打气时，朱×的丈夫黄×对他说："阚哥，你的车子可能被扎了。"阚××接口说："你装什么！有能耐明着来，别他妈的背后干损事。"朱×听见后出来问阚××骂谁，双方为此发生争吵。阚××顺手拿起放在屋门口箱子盖上的菜刀，黄×见状连忙将邻居放在走廊的一辆二六型自行车堵在刘家门口挡住阚××。阚××用菜刀比划，将黄×的右手划伤三处（均属轻微伤）。邻居张×、许×将黄×推走。阚××这时又用气筒轮打，将朱×头部右侧打伤。后被旁人拉开，阚××被110巡警带到派出所。经派出所查明事实后，申诉人对阚××作出了处罚决定。依据《中华人民共和国治安管理处罚条例》第22条第1款之规定，以第××号治安管理处罚裁决，处阚××行政拘留15天处罚。阚××不服，向××市公安局申请复议。××市公安局维持了申诉人的处罚裁决。阚××仍不服，以正当防卫为由向××区人民法院起诉。××区人民法院认为朱×的伤究竟如何形成不能确切证实，认定阚××用气筒打伤证据不足，因而判决撤销申诉人对阚××的治安处罚裁决。申诉人不服，上诉于××市中级人民法院。××市中级人民法院审理后维持了××区人民法院的一审判决。

申诉人认为，阚××用打气筒将朱×头部打伤，用菜刀将黄×右手划伤，有被侵害人指控和多名证人证实，有医院诊断证明，事实清楚、证据充分，因而申诉人的裁决在适用法律上并无不当。××区人民法院和××市中级人民法院对本案的审理，事实认定不清，适用法律有误。为此，特提出申诉，请求你院撤销××区人民法院和××市中级人民法院的判决，依法重新审理。

此致
××省高级人民法院

申诉人：××市公安局
××××年××月××日

点评：该行政申诉状格式规范，事实叙述清晰，申诉理由充分。主要抓住了对方根本就没有攻击他的行动和事实的情况下，阚××凭空猜疑，无端打人，得出与正当防卫无任何关系的结论，在此基础上作出对阚××的行政处罚并无不当。再看原审法院撤销申诉人的处罚决定，找不出任何站得住脚的理由。这样的申诉状也就很容易取得应有的效果。

训练设计

1. 以下面所给材料为准，替裴某写一份民事答辩状。
写作材料：

×××学校与飞鱼计算机公司签订了一份购销合同，×××学校购买飞鱼计算机公司50台奔腾计算机，学校使用后，发现计算机质量差，经常发生各类硬件故障，导致这些计算机无法使用，故×××学校决定起诉并已向法院递交了起诉状。

但飞鱼计算机公司认为，×××学校所述理由不实，学校认定计算机存在硬件质量问题，不是事实。实际多数是学校使用不当与软件问题，对这类问题飞鱼公司不能承担责任。

请根据上述材料，为飞鱼公司写一份答辩状。

2. 2011年10月19日，徐州卷烟厂与苏州利达公司签订了一份《烟草过滤机买卖协议》。2011年10月25日，徐州卷烟厂从苏州利达公司购入三套烟草过滤设备，2011年10月29日，过滤机安装调试完毕，开始使用。前两周内运转比较正常，但从11月中旬起，过滤机频出故障，如停机、过滤效果差等。徐州卷烟厂通知苏州利达公司后，苏州利达公司派员来检修过，但过滤机仍旧无好转。经徐州某研究所检测，这三台过滤机为质量不合格产品，其中c、f两项技术指标达不到国家标准。徐州卷烟厂因过滤设备质量问题起诉利达公司，一审卷烟厂胜诉。利达公司提出三台过滤机是他们公司从美国原装进口的，有经美国权威机构检测的质量合格证书，一审中的质量检测机构徐州市某研究所的检测报告没有审核说服力，他们属于同一地区，不能保证检测的公正性。

请以上述材料写一份申诉状。

第八章 申 论

第一节 申论概述

"申论"一词，语出孔子《论语》中的"申而论之"。"申"为引申、申述（向上陈述），"论"为议论、论证。申论是针对特定话题陈述自己的观点并展开论证的一种文体。

2000 年，国家公务员考试增加了"申论"这一新的考试科目，并在全国引起了较大的反响。随后，中组部、人事部等部门在听取各方面的意见后，将"申论"列为国家公务员录用考试的正式科目。紧接着，各省、市党政机关在录用地方各级国家公务员时，也先后将"申论"列为必考科目。不少地区公选副厅级、副县级干部，或者单位某职位竞争上岗等，也采用了申论科目进行笔试。国家机关公务员录用考试大纲指出，申论考试主要"测查报考者解决实际问题的能力，以及阅读理解能力、综合分析能力、提出和解决问题能力和文字表达能力。"

作为一种专门用于选拔录用国家公务员的应试文体，申论适当借鉴了我国古代科举应试中"政策"的一些经验和做法，但在内容上比"策论"更具有现实针对性，在形式上比"策论"更具灵活性。策论大多要求考生就某项国家政策或对策等重大问题的可行性与合理性展开论述、论证，侧重于考察应试者解决国家重大问题的能力，其"某项国家政策或对策"是试题中明确规定的。申论则要求考生从一些反映日常问题的现实材料中发现问题和解决问题，从而全面考察考生搜集和处理各类日常信息的素质与潜能，充分考虑了用人单位的实际需要，具有信息时代的特征，有更强的现实针对性和适应性。

从写作的角度看，申论是测试考生写作水平的一种方法，但区别于传统的高考作文。高考作文的考试目的是为高校选拔培养对象，考生是尚未成年的高中学生；而申论的考试目的是为机关、事业单位选拔工作人员，对象一般是具有专科以上甚至研究生学历的成年人，而且其中有些已有一定的社会阅历和工作经验。两者在命题上具有以下不同点。

（1）从命题内容、题材上看，高考作文自由度大；而申论写作考试在内容、题材上一般紧扣政治、经济、法律等社会问题和事件。

（2）高考作文命题形式呈多样化，或命题作文，或材料作文，或材料与命题的结合；而申论写作的命题仅采用材料作文的形式，题目内容也复杂得多。

（3）高考作文重点考查的是学生的基本功，同时也允许个性化，并不绝对地要求现实性和针对性。从近些年评卷情况看，评分尺度相对宽松，尽可能做到不拘一格，一般不会以既定的框子束缚和损伤学生的创造个性；而申论写作重点考查的是处理社会问题、事件的策略水平、应对能力，因而十分重视文章的现实性、实用性，评分尺度相对确定一些，客观一些。

第二节　申论考试的主要特点与试卷结构

一、申论考试的主要特点

1. 主体身份的限定性

在申论考试中，命题者会要求参加公务员考试的人员以一个设定的"虚拟身份"回答问题，提出对策。一个方案与对策的提出，与提出对策人的身份和地位是密切相关的，身份不同，地位不同，所提出的问题的角度乃至于表达问题的语气都会不相同，写出的对策也就大不相同。因此，这就要求写作者适时地调整自己的心境和心态，及时地进入"虚拟身份"角色，认真地做好一篇文章。

考生既然是以设定的"虚拟身份"作答，那么，写作时一般要用第一人称，提出对策、考虑问题都要以"我应做什么，本部门应做什么"为出发点，做到提出的对策与方案合情合理，切忌不要超越现实和说外行话。

2. 写作体式的非限定性

申论写作，既是对给定材料、事件或问题的说明、申述、见解，又是在说明、申述、见解的基础上提出方略、进行论证。申论考试虽然要求考生写作，但它没有在写作体式上进行限定，而只有内容、性质及写作主题方向的规定。

就考试的形式而言，申论写作的作答方式非常灵活。考生可以根据不同的资料和要求，具体问题具体分析，不循规蹈矩，可以巧妙地提出应对措施和解决方案。申论写作的内容由概括、方案、议论三部分组成。在概括部分，可能涉及记叙、说明、议论等表达方式，也可能综合了多种表达方式。在方案部分，主要运用说明的表达方式。在议论部分，又可能涉及记叙、说明、议论等表达方式。因此，从这个意义上来说，申论既考查了普通文体的写作能力，又考查了公文写作能力，更能体现应试者的实际能力。

申论写作体式的非限定性，要求考生在写作时，阅读材料把握重点，概括主题切中要点，针对问题构思对策，立足实际提出对策。论证方案时重点突出，深入浅出。选用文体恰当，格式规范；文章布局结构合理，中心突出，条理清晰；语言简洁流畅，准确严谨。

3. 给定材料的广泛性

申论考试的背景材料具有很强的普遍性和广泛性。首先，在内容上广泛涉及政治、经济、法律、教育等方方面面的现实问题，从不局限于某一领域。例如，近两年来各地申论考试的试题中涉及如下问题：建立见义勇为保护制度的问题、户籍制度改革问题、高校滥收费问题、节俭型社会问题、国人热心过洋节冷落传统节日的问题、资源及财富分配不均及资源享用机会不公问题、城市垃圾处理与收费问题、青少年网络成瘾问题……其次，具体到每一年的材料，虽然总体上可以归属于一个领域，但局部上却会涉及其他领域的问题。例如，某年申论考试给出的材料是关于交通问题的，内容极其丰富，将近 6000 字的材料分为 14 条逐一罗列，内容涉及城市交通状况、汽车产业发展、当前经济形势、市场营销、制度建设、市民公德等多个方面。

这些试题给予考生重要的启示：平时多关心国家大事，关心各种社会问题，尤其是"焦点问题""热点问题"。这也反映了一个公务员应具有的思想素质与政治素质。

二、申论考试的试卷结构

下面以两个例子来介绍申论试卷的结构。

试卷一

一、注意事项（时间方面）：阅读材料 40 分钟，作答 110 分钟。

二、给定材料：略。（依考试对象不同而有所不同，一般为 1500 字至 3000 字，或者更长）

三、具体答题要求：

1. 用不超过 250 字的篇幅，概述给定材料提供的信息。（25 分）

要求：概括准确，表述简洁。

2. 根据给定材料相关信息，试对给定材料中画线部分所列现象的原因进行分析。（15 分）

要求：表达准确，文字简明；字数不超过 150 字。

3. 给定材料探讨了我国文化遗产保护中的几对矛盾问题，请用不超过 150 字的篇幅归纳出这些矛盾。（20 分）

4. 假如你是政府有关部门的公务员，请就上题中的某一矛盾，自拟题目写一篇议论文（40 分）

要求：观点鲜明，分析透彻，论述详实，对策合理，字数控制在 800～1000 字。

试卷二

一、注意事项

二、给定材料（略）

三、具体答题要求

1. 用不超过 200 字的篇幅，概括给定材料所反映的主要内容。（35 分）

2. 就给定材料中反映的问题，用 1500 字左右的篇幅提出解决问题的方案并进行论述。方案要有针对性，可操作性强，论述要有条理。（65 分）

从对上述两例的分析中可以得出结论：不同试卷考察的内容角度不同，但题目的形式基本一致，应试者应注意的是"答题要求"。申论的答题要求一般包括三部分：概况主要内容、问题；给出解决问题的方案；就材料内容展开论述。

第三节 申论考试中的答题步骤与注意事项

一、申论考试中的答题步骤

1. 看清试题，心中有数

拿到试卷后，快速浏览一遍，首先找到并看清所要回答的题目及答题的要求。这样做是为了有目的地阅读，并合理支配时间。例如，第一个答题要求是概括给定材料的主要内容，那么，阅读时就要先做好归纳全文的思想准备。又如，有的题目要求在材料中找出特定内容，也要在阅读时采取相应措施。

　　2. 细读材料，积极思索

　　仔细地阅读给定材料，根据答题要求有针对性地分析。例如，针对要求归纳全文主要内容这一问题，阅读时，把每个小段的大意先用一句话归纳出来，记在草稿纸上。读完全部资料后，再将各段大意整合，就可写出全文的主要内容。又如，针对要求在给定的资料中找出符合某一要求的内容时，可以采用"画线法"，即在材料中符合特定要求的句子下面画线，然后分析所有画过线的句子，得出相关的结论。

　　3. 依照次序，逐题回答

　　可按问题的次序一题一题来答，别心猿意马，举棋不定，导致浪费时间。例如，做完第一题（概括全文大意）后，第二个答题要求是针对某一社会问题提出对策，那就根据给定的材料，结合平时自己掌握的有关知识，思考对策，并作出回答。第三个问题是要求写一篇议论文，可在前面答题的基础上，拟定某个题目，按照议论文论点、论据、论证的基本要求，对给定材料进行阐述，提出自己的观点或见解。

二、申论考试中的注意事项

　　1. 严格按照要求答题

　　答题时一定要按要求作答。例如，要求回答某题不能超过 250 字，考生就要把住这个关，不能超过。

　　2. 合理分配时间

　　申论一般设有两道大理、四道小题，回答问题必须在对所给材料熟悉之后，因此阅读分析、回答问题的时间要合理分配，特别要留出足够的时间写议论文，因为它是重中之重。

　　3. 注意文面整洁

　　如果试卷文面整洁，字迹端正清晰，让阅卷老师看得清楚，不耗费他们的精力，无疑会给老师留下好印象，分数自然会高一些。反之，即使内容写得好，文面很难辨认，老师也不会给高分。

第四节　申论考试中的议论文写作要求与试题示例

一、申论考试中的议论文写作要求

　　申论考试中的议论文，是考生德、识、才的综合体现，故务必认真完成此题。写作此题时，要注意以下几点。

1. 立意要高

要站在政府的立场上，以高瞻远瞩的姿态，思考所要解决的问题。主题要正确鲜明，要符合党和国家的方针政策，要考虑广大人民群众的长远利益和根本利益，站得高才能看得远，这是考生思想素质的反映。

2. 逻辑要严

议论文最忌讳层次不清，逻辑混乱。开头宜采用"开门见山"式，文字不长，但能抓住读者的注意力；主体内容充实，可以分几个层次，即从不同角度分析问题；结尾简短而有逻辑力量。全文要能体现考生良好的分析能力，以及提出问题、分析问题、解决问题的能力。

3. 语言要美

此出所谓"美"，即指语言要简单、凝练、庄重而有思辨特色。要体现较好的文字基本功，即不犯语法与逻辑错误，不写错别字，标点符号使用正确。

二、申论试题示例

××××年中央国家机关公务员录用考试《申论》试题（附参考答案）

一、注意事项

1. 申论考试，与传统作文考试不同，是对分析驾驭材料的能力与表达能力并重的考试。
2. 作答参考时限：阅读资料40分钟，作答110分钟。
3. 仔细阅读给定的资料，按照后面提出的"申论要求"依次作答。

二、材料

1. 未来6年里，我国将采取整村推进、劳动力转移培训、产业扶贫三大新举措，全面推进农村扶贫。这三大举措将有助于如期实现《中国农村扶贫开发纲要》所提出的2010年彻底消除全国最后2900万农村贫困人口的目标。实践表明，在已经过去的几年中，这些措施的部分试点，已经让400多万农村贫困人口脱离贫困，国务院扶贫办主任刘坚说："我们做了一项调查，（目前全国）连续两年贫困的（农村人口）76%在山区，46%人均耕地不足一亩，不但资源占用少，而且生产条件更加恶劣，所以比起八七扶贫期间来讲，（现在扶贫）难度更大，我们在新阶段的扶贫，要更加重视生产生活条件的改变，更加重视对贫困农民素质的提高，更加重视贫困地区经济结构的调整。"目前中国已经有5万多个村启动了整村推进扶贫规划，以后将扩展到14万8千个村，覆盖80%农村贫困人口；同时还将在河南、湖北等11个省市开展对1300万贫困人口剩余劳动力的转移培训，另外还将通过贷款、贴息等政策，逐步扶持2100多个国家和省级龙头企业参与引导贫困地区的脱贫致富。通过这些措施，2003年，全国592个国定贫困县农民收入增幅首次超过全国平均水平，高出了1.5个百分点，今年又将有2万6千个村整体超过贫困线。

2. 经过二十多年的努力，中国农村极端贫困人口已从1978年的2.5亿减少到2003

年底的 2900 万，贫困发生率从 30% 降低到 3% 左右，农村人口的温饱问题基本解决。中国是一个农业人口占多数的国家，长期以来形成的城乡二次元结构，造成贫困人口绝大多数分布在农村，扶贫开发的主要对象是农民。中国贫困人口的标准，是 1986 年由政府有关部门对 6.7 万户农村居民家庭消费支出调查的基础上计算得出的，即 1985 年农村人均收入 206 元人民币。到 2003 年这个标准相当于 637 元。这是一个维持基本生存的最低费用标准，也是一个符合中国国情的贫困标准，在中国被称为温饱标准。

2001 年《中国农村扶贫开发纲要》实施后，鉴于初步解决温饱的贫困人员标准低、温饱状况不稳定，政府有关部门经过测算提出了 865 元的扶贫标准（2003 年为 882 元），在中国被为低收入贫困人口。按照这一标准，目前中国农村有 8517 万贫困人口，占农村总人口的 9.1%，其中收入 637 元到 882 元的低收入人口总数为 5617 万。

3. 中国贫困人口的分布具有明显的区域特征。绝大多数分布在中西部地区、少数民族地区和边疆地区。为了集中使用扶贫资金，有效支持贫困人口，中国在上述地区确定了 592 个扶贫开发工作重点县。各省区市也从当地实际出发，确定了 14.8 万个贫困村。这些重点县和贫困村，分别覆盖了农村贫困人口的 6 成和 8 成以上。实行改革开放以后，在鼓励一部分地区、一部分人率先发展、提高总体经济实力的同时，积极采取专门扶持措施，加快贫困地区的发展。从上世纪 80 年代中期开始，我国政府设立专门机构，安排专项资金，制定优惠政策，在全国农村开展了有组织、有计划、大规模的扶贫开发。

4. 从 1980 年开始，中国政府设定并逐步增加财政扶贫资金。从 1980 年到 2003 年，中央财政累计投入达 1083 亿元，2003 年度规模为 114 亿元。同时，地方财政也设立并增加了扶贫资金投入。中国政府还定期发放扶贫贴息贷款，主要支持农户发展种植业、养殖业和小型加工业以及其他增加收入的项目。2003 年规模为 185 亿元，1980 年到 2003 年，总规模达到 1461 亿元。农户承担 3% 的年利率，中央财政对 3% 以上的利差进行补贴。此外，中国还制定了一系列主要针对贫困地区和贫困农户的优惠政策。近年来，中国不断加大了对中西部地区支持力度，出台了一批新政策，支持贫困地区的经济社会发展。西部大开发战略的实施，提升了贫困地区的整体发展水平。

5. 中国科学院可持续发展战略研究组日前指出，我国未来 50 年内必须将年均 1000 万以上的农村人口转化为城市人口，才有望实现现代化。21 世纪我国推进现代化的任务，具有二元性特征。一方面整体上我国仍需加速实现工业时代的现代化目标，同时还必须加速城市化率的增长，将城市人口和农村人口比例从现在的状态完全"倒转"过来，即从 30%：70%，转换为至少 70%：30%。

现代化的标志之一是国家的城市化水平。城市化战略的困扰将成为 21 世纪我国面临的六大基本挑战之一。在 2050 年之前，我国的城市化率必须从现在的 30% 多提高到 70% 以上，这就意味着只有年均增加一个百分点的城市化率，才能达到现代化的要求。换句话说，就是每年要有 1000 万以上的农村人口转化为城市人口。

6. 超过 1 亿的农民工在城乡之间流动，到城市里淘金，就是为了获取更多的经济利益，追求更美好的生活。在城乡互动的过程中，实现以城带乡、以乡促城、城乡互惠、城乡互利，特别是要保护进城农民的利益和合法权益。社会保障是城乡一体化的坚强后盾，同时也是难点所在。农民如果有了社会保障，就没有了进城的后顾之忧。要在实施城乡一体的最低生活保障制度的基础上，可以允许进城农民保留土地承包权，可以结合

"自愿、有偿、依法、规范"地流转农村土地使用权，可确保进城人口与老市民享受同等的待遇，千方百计加强农村社会保障制度建设。

近年来，城市规划还算有进步，城镇规划开始起步，但是广大乡村规划还是无从谈起。"走过一村又一村，村村像城镇；走过一镇又一镇，镇镇像农村"的顺口溜便是佐证。产业集聚是城乡一体化的内核。有必要通过规划产业布局纠正农村工业化的后遗症，摒弃分散的工业小区发展模式，突出国家级产业基地、特色工业园区和开发区的作用，引导特色产业向城市和中心镇集聚，通过科学规划布局和发展，形成"特大城市—大城市—中等城市—小城市—中心镇—小城镇—中心村—自然村"的体系。

改革开放以来，东部沿海发达地区乡镇企业异军突起，农村剩余劳动力大部分就地转移，农民身份没变，拥有责任田。据建设部调查，乡镇企业80%设在村落，12%设在集镇，7%设在建制镇，1%设在县城。显然，这是"离土不离乡""进厂不进城"的就地转移模式，发展了农村经济，但没有带来城市化的大发展。我国工业化发达的农村地区，要积极引导产业向城市集聚，把大量"离土不离乡"的农民工变为"离土又离乡"的现代产业工人，使"进厂不进城"的农民工成为"进厂又进城"的现代文明市民。

7. 据2000年11月1日"五普"统计数据，我国城市化水平为36.09%；2001年统计数据为37.66%，即由1988年前的年均增加不到1个百分点，提高到近三年的年均增加1.5个百分点左右。然而，我国地域转移长期滞后于产业转移的农村剩余劳动力流动，"非城市化的非农化"比较普遍，非农产业及其相关人口大量散布于农村，产生"农村病"。若以去年37.66%的城市化水平为基数，按平均提高1.5个百分点计算，到2010年我国城市化水平将超过50%的标志性水平，城市人口将首次超过农村人口。对照城乡一体化的基本规律，我国将逐渐进入城市化加速推进、城市文明加速普及、城乡加速融合乃至一体化的新阶段。

8. 全国人大代表、民革广西区委副主任何培嵩认为，进城农民工受到不公正对待，可以概括为"三不同"，即同工不同酬、同工不同时、同工不同权。证件要求繁多且交费冗杂、自身再受教育机会小、子女义务教育没着落、医疗和社会保险难以覆盖、选举权和被选举权缺失等。由此派生出来的种种社会问题，成为全面建设小康社会进程中的极大阻碍。因此，解决进城农民工"市民待遇"问题，实实在在关心农民工的切身利益，应引起各级党政部门高度重视。加强对进城农民工的技能培训，丰富农民工精神生活，使农民工真正融入城市生活当中，成为现代市民。这不仅有益于农民工的身心健康，也有助于改善社会治安状况。专家认为，加入WTO后，我国要适应统一、开放的外部市场经济环境，必须首先在内部实现市场的统一、开放和自由。而劳动力要素市场更是如此，不能受人为的、非市场因素的限制。如果各地政府积极正视农民工问题，从根本上解决进城农民应有的"市民待遇"，那么我国的经济建设必然得到持续迅猛的发展，城乡差别、工农差别也会日益缩小，全面建设小康社会的目标也会更快实现。

9. 我国农村人口多，地域广，发展不平衡，一些地区经济、文化条件比较落后，农村法制宣传教育工作是普法工作中的重点和难点，需要长期不懈的努力。要继续深入持久地开展法制宣传教育工作，努力提高基层干部法律素质，树立依法行政、依法办事自觉性和人民公仆意识，防止长官意志、强迫命令、以言代法、以权压法现象的滋生，实现领导方式的转变。在农村要建立健全法律服务工作机制，律师、公证员、基层法律服务工作者要树立为党的中心工作服务意识，积极主动地为县乡政府和领导干部当好法律顾问，为依法行政提供法律咨询。要进一步提高为农民服务的意识，特别是在土地承包、减轻农民负担等涉及农民切身利益的问题上，为农民提供必要的法律帮助。目前在全国各地建立的法律服务专用电话，即"148"，开辟了为农民提供快捷法律服务的新领域，应大力扶持和推广。同时要为农民提供法律援助。法律援助是国家和社会为贫者、弱者、残者无偿提供的法律帮助制度。这项制度对于农民特别是经济困难、无钱诉讼的农民来说，显得特别重要。它使农民的权利得以维护，充分体现社会公平、正义，体现法律面前人人平等。我们应大力发展这一制度，不断加强法律援助机构建设，切实为农民利益服务。

10. 为促进国家各项扶贫政策的落实和扶贫资金的合理、有效使用，审计署组织全国审计机关进行了五次大范围的扶贫资金审计。审计发现，扶贫专项资金再投入、管理和使用方面存在的问题主要有：挤占挪用扶贫资金 22 亿元，地方财政部门占用扶贫资金发工资，主管部门和用款单位挤占挪用扶贫资金弥补行政经费、建房购车，擅自改变扶贫贷款用途；提高利率，预购利息；地方欠配套资金 40 亿元，部分省将配套任务逐级下派，县财政无力支付，配套落空；中央安排的扶贫资金应当要集中投放在国定贫困县，审计发现有 50 亿元，安排给了非国定贫困县；扶贫贷款明显偏离扶贫目标，扶富不扶贫；一些地方将支援不发达地区发展、以工代赈等无偿财政性资金实行有偿使用，收取占用费，影响财政性资金用于基础设施建设。对上述问题，各地审计机关按规定进行了严肃处理，审计署向国务院提出了专门的审计情况报告。近几年在农业总体投入审计方面发现的问题主要有：财政预算内投入农业的资金总量不能保持稳定增长，有的地方甚至有较大幅度的下降；农业发展基金筹集政策执行不力，已征得农业发展基金有被财政占用或用于非农业的现象；相当一部分县委安排农业基本设施投资，中央关于县级政府，机动财力应主要用于农业的要求贯彻不力；资金管理使用方面存在违纪违规和损失浪费。这些问题揭示后，引起了各级政府的重视。

三、答题要求

1. 以下 5 个选项中，请选出不能从根本上改善我国农村现有问题的选项并说明理由，字数不超过 200 字。（20 分）

（1）努力提高贫困地区群众的科技文化素质。

（2）积极发展农村乡镇企业。

（3）地方各级政府要创造良好的政策环境和投资条件，吸引多种所有制经济组织参与贫困地区的经济发展。

（4）进一步增加财政扶贫资金投入。落实国家优惠政策，将补贴交到农民手上，切实减轻他们的负担，增加农民收入。

（5）大力推进城镇化建设。要把加快城镇建设与推进农业现代化紧密结合起来，疏通产业向城镇集聚，人口向城镇流动的渠道，带动乡村经济的进一步发展。

2. 认真阅读给定资料，概括出我国解决农村扶贫保障问题的两项措施。要求：文字简练，条理清晰，切实可行。字数 300 字以内。（30 分）

3. 针对我国改善农村扶贫保障问题的两项措施展开论述。要求：有理有据，文字流畅，观点明晰。字数 800～1000 字。（50 分）

参考答案:

1. 第(4)项不能从根本上改善我国农村现有问题,这是因为,扶贫资金的投入,虽然可以暂时解决农村贫困人口的眼前困难,但我国现阶段扶贫资金的使用偏重于"输血",在一定程度上会造成被扶贫对象的自卑和依赖心理的产生。因此,不能仅仅依靠加大扶贫资金的投入,应采取多种措施开发农村新产品和资源,发展乡镇企业,真正启动农村经济的发展。

2. 目前我国的农业发展处在一个关键的时期,巩固和加强农业的基础地位,实现农民增收和农业增产——解决农业、农村和农民问题,是我国政府全部工作的重中之重。关心农民、支持农业、发展农村不仅是经济问题,也是政治问题。综上材料提出以下两点解决措施。

其一,加强国家宏观调控。

(1)坚持"多予,少取"的方针是农民增收工作的重要指导思想,是促进农民增收的要求。

(2)国家支持主产区发展粮食产业。

(3)推进农业和农村经济结构战略调整。

(4)加强加大对农业生产的金融支持。

其二,从政治上保障农民各项合法权益。

(1)完善农村土地制度,严格保护耕地,改革征地制度。

(2)修改和制定有关法律法规,巩固农村税费改革成果,切实减轻农民负担。

(3)加强农民对政府的监督力度,维护自己的权益。

3. 论解决我国农村扶贫保障问题的两项措施

农业是我国国民经济的基础,农村的稳定和繁荣,将成为我国实现现代化的主要标志和根本保证。2004年中央1号文件《关于促进农民增加收入若干政策的意见》,坚持科学的发展观和正确的政绩观,以统筹城乡经济社会发展为主线,把增加农民收入作为事关全局的头等大事来抓,维护了广大农民的根本利益,体现了党中央从根本上解决贫困问题的决心和求真务实的工作作风。

笔者认为,当前我国解决农村扶贫问题,必须重点从以下两个方面入手。

其一,加强国家宏观调控。

(1)要坚持"多予、少取、放活"的方针。这是农民增收工作的重要指导思想,是促进农民增收的要求。多予,就是要加大对农业的投入,加强农村基础设施建设,推动农业科技进步,为农民增收创造条件;少取,就是要在巩固现有成果的基础上,逐步取消不应由农民承担的税费负担,创造条件最终实现城乡税制的统一;放活,就是要放开农民手脚,搞活农村经济,通过深化农村经济体制改革,激发农民自主创业增收的积极性。

(2)推进农业和农村经济结构战略调整。大力发展优质、高产、高效、生态、安全农业,提高农产品质量和竞争力,推进优势农产品产业带建设,促进农业产业化经营。积极发展畜牧业,切实做好高致病性禽流感等动物疫病的防治工作。发展农产品加工业等农村非农业化生产业,壮大县城经济。稳步推进城镇化,改善农民进城的就业环境,加强农民工培训,多渠道扩大农村劳动力转移就业。

此外，推进农村税费改革，深化粮食流通体制改革，加大对农业农村投入力度，加大和加强对农业生产的金融支持等都是国家加强宏观调控的重要措施。

其二，从政治上保障农民各项合法权益。

（1）完善农村土地承包制度。土地家庭承包经营是农村基本经营制度的核心，依法保障农民对土地承包经营的各项权益。农户在承包期内可依法、自愿、有偿流转土地承包经营权，完善流转办法，逐步发展适度规模经营。按照保障农民权益、控制征地规模的原则，改革征地制度，完善征地程序。严格界定公益性和经营性建设用地，征地时必须符合土地利用总体规划和用途管制，及时给予农民合理补偿。

（2）修改和制定有关法律法规，巩固农村税费改革成果，切实减轻农民负担，通过法律手段促进农村金融体制改革和农业技术推广体制改革，鼓励投资农业和消除农业科技成果转化的体制性障碍。

（3）通过法律手段促进和保障以棉粮为重点的农产品流通体制改革，建立统一、开放、竞争、有序的流通市场。

（4）建立健全我国农业灾害救济、农业保险方面的法律制度。

（5）加大扶贫专项资金的审计力度，使扶贫资金得到合理、有效的使用。

此外，完善农村法律援助制度，为贫困农民提供无偿法律服务，也是维护农民合法权益，解决农民实际困难的重要手段。

训练设计

根据给定材料，按要求完成下面的申论试题。

一、注意事项

1. 申论考试是对应考者阅读能理解能力、综合分析能力、提出和解决问题能力、文字表达能力的测试。

2. 作答参考时限：阅读资料25分钟，作答95分钟。

3. 仔细阅读给定资料，按照后面提出的"申论要求"依次作答。

二、给定资料

1. 南京明孝陵成功申报世界文化遗产后，南京邮政局和中山陵园管理局（后略称"南京"）共同发行5000套明孝陵申遗成功邮册。但在这件事件的背后，却有一个不为人知的事实，就是这批明孝陵纪念邮册，南京要向苏州园林局和苏州邮政局（后略称"苏州"）购买使用权。

据介绍，这套邮册内含一套5枚邮资片，分别选择了明孝陵石像、神道等富有代表性的景点作为邮资片正面图案，邮政局还专门设计了一枚纪念戳在庆典上供来宾和市民加盖，其中最引人注目的还是那枚0.8元的世界遗产纪念邮票。按照每套邮册有五枚邮票计算，南京这次共购买了25000枚世界遗产邮票。除了邮资费外，南京还得支付给苏州一定数额的使用费。一位业内资深人士告诉记者，那是因为苏州买断了这枚邮票的使用权，成了这枚邮票的"全国总代理"。

据了解，苏州方面早在5年前就专门为世界文化遗产——明孝陵设计了一枚邮票，并买断了使用权，传闻中买断使用权的费用高达600万元。不过苏州的投资绝对物有所值，除了自己使用，还可以出售使用权给国内其他世界文化遗产所在地，在南京之前已经有不少城市向苏州购买了邮票的使用权。

南京邮政局负责这项业务的是客服部，其有关负责人证实了南京向苏州购买邮票使用权一事，并表示是按照使用邮票枚数支付费用。鉴于时间匆忙，与苏州方面协商后将先使用再付费，但其拒绝透露到底支付了多少费用。记者试探性询问，是不是三四毛钱一张，这位负责人断然否认"不会这么低"。有知情人士表示，曾听说北方某城市也向苏州购买了这种邮票使用权，每张邮票使用费达到一两块之多。那么包括南京在内的其他城市，为什么不自己重新设计邮票，而是购买邮票使用权呢？据了解，邮票发行需要一个较长的申报过程，一般五年前就得报选题，只有像"非典"这样的重大事件，国家才会临时发行邮票。因此南京临时抱佛脚根本来不及。人们不禁要问：到底是南京人对明孝陵申遗缺乏自信，被打了个措手不及，还是苏州人太有先见之明了呢？

2. 质量上乘，享誉海外的天泽"鹤鹅"牌手风琴，由于没有进行国际商标注册，被日本商人抢先注册了"鹤鹅"商标，我方若再使用"鹤鹅"商标即为侵权。我方不忍心失去花费大量人力、物力、财力在国外已经取得的市场，只好重新设计，注册了"靖蜓"商标。美丽动人、悦耳好听的"鹤鹅"落入他人之手，以新面目出现的"靖蜓"又要重新开拓市场，付出的艰辛劳动和经济代价可想而知。它还会像"鹤鹅"那样再扬名海外吗？

这样的例子不胜枚举，北京的"五星"啤酒也是忽略了海外的商标注册，被美国抢注，而我们只得改注"九星"商标。

有的企业商标在其他国家被抢注后，不得不耗巨资为自己赎身。上海"芭蕾"牌珍珠霜，在国际上享有盛誉，但没有在国外销售的国家或地区取得商标权，结果该商标在香港、印度尼西亚、新加坡等地被外商抢先注册，为了不失去开拓的市场和所创的牌子，该企业用20万美元从外商手中买回了自己的"芭蕾"牌商标。

"英雄"牌金笔在日本被抢注；"青岛"牌啤酒在美国被抢注；"凤凰"牌自行车在印尼被抢注；"竹叶青"牌白酒在韩国被抢注；"阿诗玛"牌香烟在菲律宾被抢注；"龙井"牌茶叶、"杜康"牌白酒、"同仁堂"牌中药在日本被抢注……

3. 第七届全国少数民族传统体育运动会会徽，是由绿色的圆、变形的汉语拼音"n"和红色的"7"组成的。绿色的圆寓意"民族大团结"和"塞上明珠—宁夏"，变形的"n"是"宁"字汉语拼音的第一个字母，红色的"7"指第七届。会徽整体造型是一个抽象的、奋力向前冲刺的运动员，色彩艳丽、动感强烈，预示着本届民族运动会将是促进民族团结和文明进步的盛会。第七届全国少数民族传统体育运动会的吉祥物，造型是一只可爱的小羊。羊在中国传统文化中是吉祥物的象征，《说文解字》谓："羊"通"祥"，羊又和宁夏回汉各族人民的经济生活和日常生活密切相关。它性情温和，形象可爱，被取名为"慧慧"。"慧慧"不仅是吉祥的象征，而且也寓意着智慧和创新，其造型活泼可爱、动感极强，具有鲜明的地方特色和民族特色。

为加强会徽和吉祥物版权保护，有关单位已于 2002 年 10 月在宁夏回族自治区版权局进行了版权登记。业内人士目前关注的问题是，会徽和吉祥物的一些变形设计如何进行版权保护。因为随着民运会的进行，市场上已经出现了一些以这些设计为标志的旅游纪念品，而且销售情况看好，随着这些设计商品化的加深，版权保护将成为一个重要的问题。

三、申论要求

1. 对给定材料所反映的主要问题进行概括归纳。字数不超过 200 字。（20 分）

2. 就如何解决资料中所反映的问题提出解决对策或建议。要求有针对性，条理清楚，切实可行。字数 300 字左右。（30 分）

3. 针对给定材料所反映的问题阐述自己的观点，并对自己提出的对策措施加以论证。要求标题自拟，字数不少于 800 字。（50 分）

参 考 文 献

陈家生, 1999. 写作[M]. 北京: 高等教育出版社.

陈建新, 2003. 大学写作[M]. 杭州: 浙江大学出版社.

董小玉, 2000. 现代写作教程[M]. 北京: 高等教育出版社.

段轩如, 彭耀春, 2013. 应用文写作教程[M]. 北京: 中国人民大学出版社.

何永康, 1994. 应用文写作[M]. 武汉: 湖北科学技术出版社.

洪威雷, 王颖, 2004. 应用文写作学新论[M]. 武汉: 武汉大学出版社.

黄传武, 2016. 应用文写作[M]. 北京: 北京邮电大学出版社.

黄高才, 2012. 常见应用文写作暨范例大全[M]. 北京: 中国人民大学出版社.

李白坚, 丁迪蒙, 2004. 大学题型写作训练规程[M]. 上海: 上海大学出版社.

梁中杰, 2005. 现代基础写作学[M]. 成都: 四川大学出版社.

刘海涛, 金长民, 2006. 写作学新教程[M]. 南京: 南京大学出版社.

马正平, 2002. 高等文体写作训练教程（上、下册）[M]. 北京: 中国人民大学出版社.

马正平, 2002. 高等写作思维训练教程[M]. 北京: 中国人民大学出版社.

马正平, 2002. 高等写作学引论[M]. 北京: 中国人民大学出版社.

普丽华, 江少川, 2007. 现代写作概论[M]. 武汉: 华中师范大学出版社.

任文贵, 1998. 最新应用文写作指南[M]. 北京: 台海出版社.

孙莉, 邱平, 2006. 实用应用文写作[M]. 北京: 北京交通大学出版社.

王朝彦, 1999. 文笔训练[M]. 武汉: 华中理工大学出版社.

吴伯威, 1986. 基础写作教程[M]. 太原: 山西教育出版社.

夏晓鸣, 2012. 应用文写作[M]. 4 版. 上海: 复旦大学出版社.

谢亚非, 2001. 写作[M]. 上海: 华东师范大学出版社.

徐中玉, 2004. 新编大学写作[M]. 上海: 复旦大学出版社.

徐中玉, 2012. 应用文写作[M]. 4 版. 北京: 高等教育出版社.

杨戈, 2002. 实用写作大全[M]. 北京: 中国商务出版社.

张浩, 2000. 新编办公室文秘写作大全[M]. 北京: 光明日报出版社.

张芹玲, 2013. 应用文写作教程[M]. 2 版. 北京: 高等教育出版社.

张瑞年, 张国俊, 2016. 应用文写作大全[M]. 北京: 商务印书馆国际有限公司.

周姬昌, 1989. 写作学高级教程[M]. 武汉: 武汉大学出版社.

庄涛, 胡敦骅, 梁冠群, 2003. 新版写作大辞典[M]. 上海: 汉语大词典出版社.